De la modération en tout

DU MÊME AUTEUR

Aux Presses Universitaires de France

L'Âge de la négociation collective, 2019.
Décider à plusieurs, 2017.
Petit traité du compromis. L'art des concessions, 2015.
Manuel de sociologie pour ingénieurs et scientifiques, 2005 (avec Guy Minguet).
Négociations. Essai de sociologie du lien social, 2000.

Chez d'autres éditeurs

Abécédaire de la négociation collective, Paris, Librinova, 2023.
Méthode de négociation collective, Paris, Librinova, 2022.
Politique du compromis, Bruxelles, Larcier, 2019.
Faut-il prendre sa voiture les jours de pluie ?, Rennes, PUR, 2015.
Sociologie des conflits en entreprise, Rennes, PUR, 2014.
Clés de sociologie pour ingénieur(e)s, Lausanne, PPUR, 2011.
Sociologie de la négociation, Rennes, PUR, 2011 (avec Reynald Bourque).
Qu'est-ce que négocier ?, Rennes, PUR, 2010.
Des mondes bricolés ?, Lausanne, PPUR, 2010 (avec Françoise Odin).
Histoire et sociologie du management, Lausanne, PPUR, 2006.
Des mondes de confiance, Paris, CNRS, 2003(avec Vincent Mangematin).
La Négociation sociale, Paris, CNRS, 2000 (avec Annie Giraud-Héraud).
La Confiance. Approches économiques et sociologique Boucherville, Gaëtan Morin, 1998 (avec Denis Harrisson et Vincent Mangematin).
Sociologie des entreprises, Paris, La Découverte, 1996.
La Boîte, le Singe et le Compagnon, Lyon, PUL/CNRS, 1994.

Christian Thuderoz

De la modération en tout

puf

ISBN : 978-2-13-086900-9
Dépôt légal – 1re édition : 2025, février

170 bis, boulevard du Montparnasse, 75014 Paris

On n'est pas toujours obligé de prendre les voies extrêmes.

(Montesquieu, *De l'esprit des lois*,
1748, V, 7)

C'est pourquoi l'antique vertu de modération, du respect des limites, est bien l'une des vertus politiques par excellence.

(Hannah Arendt,
Condition de l'homme moderne, 1958)

Avant-propos

> Les hommes du siècle 21, le mien, étaient passionnés par la discorde. Ils faisaient des choix. Ils réduisaient les chatoiements. L'amour de la dialectique avait créé chez mes semblables une pensée de hachoir et des réflexes de charcutier : on tranchait. Soit l'un, soit l'autre. Moi, je voulais les deux puisque j'aimais les fées.
>
> (Sylvain Tesson, *Avec les fées*, 2024)

« La modération est le trésor du sage. » Le trait est de Voltaire ; il figure dans un de ses sept *Discours en vers sur l'homme*, écrits entre 1734 et 1738. Le titre du quatrième poème est : « De la modération en tout, dans l'étude, dans l'ambition, dans les plaisirs » ; il est dédié à « Monsieur Helvétius » – Claude-Adrien Helvétius – avec qui Voltaire s'est lié d'amitié durant l'été 1738. En voici quelques vers :

> Tout vouloir est d'un fou, l'excès est son partage,
> La modération est le trésor du sage ;
> Il sait régler ses goûts, ses travaux, ses plaisirs.
> […]
> La raison te conduit : avance à sa lumière ;
> Marche encor quelques pas, mais borne ta carrière.

Au bord de l'infini ton cours doit s'arrêter ;
Là commence un abîme, il le faut respecter
[...]
Modérons-nous surtout dans notre ambition
C'est du cœur des humains la grande passion.

Ce poème est voltairien : la plume est moqueuse. On y trouve les mots usuels du vocabulaire de la modération (l'excès, le désir, les plaisirs, la sagesse, la mollesse, etc.) ; et une même idée, que Voltaire décline à l'envi : *il faut savoir se tempérer*. Parlant des plaisirs comme des fleurs naissant dans les ronces, Voltaire recommande de les cueillir « d'une main légère » ; et ne pas s'abandonner : « Il ne faut point tout voir, tout sentir, tout entendre ! » Quittons les voluptés, dit-il, pour savoir les reprendre. Ce discours est celui d'Aristote ; il qualifie de vertueuse la conduite de l'homme modéré car ce dernier se tient dans un *juste milieu*, veillant à n'avoir que « l'appétit des choses que l'on doit désirer, de la manière dont elles doivent l'être et au moment convenable, ce qui est également la façon dont la raison l'ordonne[1] ».

Cicéron et Sénèque, en bons stoïciens, confirment la posture ; les Pères fondateurs de l'Église catholique l'amplifient. Cette modération individuelle est consubstantielle à notre culture occidentale ; elle est également présente dans les traditions musulmane et confucéenne. Elle confine à l'universel – et c'est heureux.

À partir de Montesquieu et de son *De l'esprit des lois* (1748), la modération conquiert le vocabulaire politique ; elle ne cessera de le régir, sous des formats différents et avec des fortunes diverses. La modération se localise : elle devient *le centre*. On eut le *modérantisme* – Danton et Camille Desmoulins, qui en furent accusés, refusèrent le terrorisme d'État et le payèrent de leur vie ; puis apparut le *juste-milieu* (avec un tiret), sous la monarchie de Juillet ; le centrisme se fit *radicalisme* à partir de 1901 ; on le tint pour du *réformisme*, ce que critiquèrent les extrêmes, de droite et de gauche.

1. *Éthique à Nicomaque*, traduction de Jules Tricot, Paris, Vrin, 1987, 1109b 15-20.

Au sortir de la Seconde Guerre mondiale, la social-démocratie européenne se refondit sur les préceptes du gouvernement et des politiques publiques modérés. Dans le dernier quart du XXe siècle, cette modération, ce réformisme et ce centrisme pâtissent du renouveau des radicalités ; celles-ci envahissent l'espace public ; on érige l'outrance en vertu, le vice devient la nuance. On diabolise ; certains (re)divisent le monde en amis et ennemis. On oublie le juriste Hans Kelsen et sa théorisation du compromis, dans les années 1930, comme mécanisme idoine de règlement des conflits dans une démocratie parlementaire[1] ; on ressuscite Carl Schmitt ; on célèbre le bolivarisme ; Chantal Mouffe théorise *l'affrontement agonistique*[2].

En ce premier quart du XXIe siècle, on ose à nouveau se proclamer *modéré* ; quelques ouvrages académiques ont remis l'idée au goût du jour. Parmi eux, celui d'un universitaire états-unien, Aurelian Craiutu. Le titre donne le ton : *A Virtue for Courageous Minds. Moderation in French Political Thought, 1748-1830*[3]. La réception de l'ouvrage permit de rouvrir le débat sur la contemporanéité de la modération en politique. Plusieurs recensions saluèrent le travail de Craiutu ; on spécula sur la nouvelle fortune d'une modération susceptible de briser la spirale de l'outrance et d'une radicalité revivifiée par les désordres du monde. Jérôme Perrier, universitaire et chroniqueur au magazine *Le Point*, titra ainsi l'un de ses articles : « Une sagesse pour temps troublés : éloge de la modération. Radicalité et promesses de révolution parsèment notre quotidien politique. Et si l'avenir était à la modération[4] ? » C'est l'objectif du présent livre : contribuer à cette revitalisation de la modération. Pourquoi ?

1. Voir, pour une présentation didactique, Sandrine Baume, *Kelsen. Plaider la démocratie*, Paris, Michalon, « Le bien commun », 2007. De la même auteure : « Légitimer l'usage du compromis en démocratie. La contribution remarquée de Hans Kelsen », dans Christian Thuderoz (dir.), *Politique du compromis*, Bruxelles, Larcier, 2018.

2. Pour une synthèse, voir Chantal Mouffe, « Politique et agonisme », *Rue Descartes*, 2010, 1-67, p. 18-24.

3. Princeton, Princeton University Press, 2012.

4. *Le Point*, 29 décembre 2018.

Craiutu, pour justifier l'ouvrage de 2012 et son petit livre, publié en 2023, *Why Not Moderation ? Letters to Young Radicals*[1], fournit plusieurs réponses :

> « Remettre en question [l']image conventionnelle [de la modération] comme une simple vertu pour esprits tièdes et indécis, à la recherche d'un centre flou entre les extrêmes. »
> « Montrer que la modération est une vertu complexe, avec une riche tradition et des côtés radicaux inexplorés. »
> « Prouver que la modération est une noble vertu pour des esprits courageux, une vertu qui, malgré toutes ses ambiguïtés et ses limites, peut rendre notre monde meilleur et plus sûr. »
> « Repenser la modération et participer à l'important débat public sur le type de société dans laquelle nous voulons vivre. »

Ce sont là de bonnes raisons. L'historien Jean-Pierre Rioux, dans son ouvrage de 2020 sur les modérés en politique, en ajoute une autre : témoigner de leurs efforts pour gouverner sans imposer[2]. Loin d'être des mollassons ou des vaincus d'avance, écrit-il, « [i]ls ont été des volontaires du bien commun et de l'intérêt général qui ont mouillé le maillot pour gouverner au mieux plutôt que d'imposer des solutions partisanes et bellicistes. Ils ont montré qu'en politique, le droit et la raison, l'équité et la solidarité ne sont pas toujours à la merci des idéologies casquées, du bloc contre bloc, des fronts vite disloqués, des majorités impotentes et des alternances sans projet ».

Dans une tribune de décembre 2023, un autre historien, Jacques Le Goff, ajoutait une autre raison, relative au débat public[3] :

> [La modération] concerne moins le contenu même des idées et programmes que la manière de les défendre dans un débat respectueux de l'adversaire. D'où son association à l'idée de limite dans une expression qui doit non seulement rendre possible mais

1. Cambridge, Cambridge University Press, 2023.
2. Jean-Pierre Rioux, *Gouverner au centre. La politique que nous n'aimons pas*, Paris, Stock, 2020.
3. Jacques Le Goff, « La "modération" : de retour ? », *Ouest-France*, 5 décembre 2023.

souhaitable la contradiction. C'est la condition élémentaire de viabilité de la démocratie dont le conflit de choix pluralistes constitue l'irremplaçable moteur.

Ne barguignons pas : ce qui est en jeu dans ces débats publics est le devenir de notre société démocratique ; elle peut être terrassée par ce qui est déjà là, de plus en plus affirmé, et que je nomme : *l'outrance contemporaine*. Quelles en sont les composantes ? La manière, sans nuance, de raisonner et d'argumenter publiquement face à autrui ; la crispation du débat politique, au fil de son appauvrissement ; l'affaiblissement de quelques vertus publiques – l'agir modéré, le sens de la mesure, la bienveillance envers autrui, etc. ; l'émergence d'une radicalité encensée. Voici quelques exemples.

« Les bisbilles fleuries et les dérapages verbaux ont toujours émaillé les débats politiques en France », indiquait sur son blog en 2013 Olivier Cimelière, journaliste et communicant, estimant qu'un seuil alarmant était franchi :

> Désormais, l'outrance et la caricature sont devenues le *modus operandi* des politiciens de droite comme de gauche. N'importe quelle opportunité est bonne pour donner de la voix, biaiser la réalité, injurier si besoin et tenter d'exister au détriment de l'autre. Au risque non négligeable de servir la communication des extrêmes, qui n'en demandent pas tant[1].

Myriam Revault d'Allonnes, philosophe, dix ans plus tard, nous alerte sur le relativisme des opinions :

> Aujourd'hui, la pluralité fondamentale propre au débat démocratique tend massivement à se dégrader en un relativisme des opinions qui ne se soucie même plus d'être étayé sur la réalité des faits. Ce relativisme s'exprime par des formules du genre « à chacun sa vérité », « c'est ma vérité » [...]. La capacité de juger des citoyens qui, encore une fois, ne peut être fondée que sur

1. Olivier Cimelière, « L'outrance peut-elle être une stratégie de communication politique viable ? », *Le Blog du communicant*, 3 avril 2013.

des vérités de fait peut se dégrader en une sorte de « marché des idées » où tout se vaut[1].

Une tribune, en février 2021, publiée par un collectif d'universitaires à l'occasion de la réception, houleuse, de l'essai *Race et sciences sociales* de Stéphane Beaud et Gérard Noiriel, décrivait ainsi l'outrage fait à l'éthique intellectuelle :

> Dans cet état du débat scientifique, les chercheurs qui ont le courage d'aborder des questions polémiques, afin d'instiller, en intellectuels, davantage de réflexivité dans le débat public, sont voués à rencontrer le silence ou les insultes [...]. Nous déplorons ces inquiétantes dérives qui voient la morale, l'émotion, l'attaque personnelle remplacer la réflexion, l'argumentation, l'intelligence collective. Il est urgent de garantir pour tous les chercheurs, quelles que soient leurs orientations, l'autonomie de la recherche et l'expression libre des idées sans risquer les invectives et les menaces gouvernementales et/ou le lynchage médiatique, en mettant en place les moyens politiques et juridiques de leur protection [...]. Lorsque le débat s'envenime, le devoir de savant et d'intellectuel est d'appeler au calme[2].

Dans l'introduction de son opus, *Le Courage de la nuance*, publié en mars 2021, Jean Birnbaum indique avoir écrit son livre car il éprouvait *une nécessité intime* : rendre compte d'un sentiment d'oppression, né d'un air devenu irrespirable, écrivait-il, quand chacun est sommé de choisir un camp, quand les arguments sont manichéens et que « la polarisation idéologique actuelle annule d'emblée la possibilité d'une parole nuancée ».

D'où son essai, « bref manuel de survie par temps de vitrification idéologique », compilation d'une série d'articles publiés dans le journal *Le Monde* l'année précédente. Birnbaum y célèbre la nuance « comme liberté critique, comme hardiesse ordinaire ».

1. Cité par Marion Dupont, « La vérité, pilier ébranlé de la démocratie », *Le Monde*, 8 juillet 2022.

2. Tribune « L'"affaire Beaud et Noiriel" est exemplaire de la dégradation de la qualité du débat public », *Le Monde*, 23 février 2021.

Avant-propos

Le projet de ce livre, *De la modération en tout*, est antérieur à celui de Birnbaum ; ce dernier l'a stimulé. Il m'a donné le courage de m'emparer des termes de nuance, d'outrance, de mesure, de juste milieu et de modération, pour les travailler comme des concepts-clés de notre modernité. Réfléchir aux conditions d'une délibération et d'une prise de décision collective efficientes fut le projet d'un ouvrage précédent, *Décider à plusieurs*. Ce dernier prolongeait *Petit Traité du compromis*, consacré à l'élucidation de ce concept et aux techniques de nouage de compromis. J'avais, pour les écrire, lu et relu *L'Homme révolté* d'Albert Camus, surtout la partie intitulée : « La pensée de midi ». Je m'étais régalé de cette prose flamboyante ; je jugeais l'analyste lucide et incisif. On ne pouvait, me semblait-il, penser le compromis sans une pensée appropriée, et celle-ci ne pouvait être qu'une « pensée de midi », celle qui équilibre la lutte entre le jour et la nuit, qui refuse de choisir « entre des Pharaons cruels et un ciel implacable » ; une pensée solaire, qui prend le parti de la mesure et restitue cette tension permanente entre des attitudes contraires, rendues compossibles.

J'avais pris quelques notes, écrit dans les marges quelques réflexions. Une chemise rassemblait des articles de presse, des références bibliographiques, des remarques éparses ; un plan d'exploration s'esquissait. Survinrent de rudes controverses politiques, exacerbées par la fin de la pandémie de Covid-19, la campagne présidentielle de mai 2022, la réforme, à la hussarde, de notre système de retraite. Des tribunes accusèrent, d'autres ripostèrent – et toutes tonitruantes ! Je revins à ce livre, un moment délaissé. Je décidai d'élargir mon sujet et, au-delà de la nuance, de promouvoir des notions familières mais en apparence surannées : la mesure, la retenue, l'équilibre, le juste milieu, etc. La nécessaire vigilance contre les débordements de la pensée n'est pas vaine. Il n'est pas infécond d'aller à contre-courant et imaginer, outre le fait de « restructurer l'espace de la délibération politique[1] », d'autres façons, modernes

1. « Alors que nous les pensions solidement installés en France, la démocratie et l'état de droit sont redevenus des enjeux majeurs du débat politique. Il ne suffit pas de

et apaisées, de dialoguer ; c'est le plus sûr moyen de rebâtir, par le bas et à portée de voix, le vivre-ensemble et la démocratie qui le garantit.

Dans une scène de *L'Homme sans qualités*, de Robert Musil[1], Agathe se dispute avec un inconnu. Ce qui l'irrite est une déclaration, qu'elle juge grandiloquente, de ce dernier : « Les grandes archives de l'humanité proclament avec une clarté insurpassable ce que nous devons faire et ne pas faire. » Comment des lois humaines édictées il y a des millions d'années conviendraient-elles encore aux circonstances actuelles, lui demande Agathe. Ces circonstances n'en sont pas si éloignées, répond l'inconnu ; et tout homme, sincèrement vivant, écrit délicieusement Musil, le sait dans son cœur – *pour peu qu'il prête l'oreille*. Cet ouvrage part d'un même postulat : la formidable utilité (et modernité) des discours savants de ceux qui nous ont précédés. On relira donc Aristote, Cicéron, Montaigne, Pascal et Montesquieu ; on butinera çà et là, au gré des concepts et de leur explicitation. Trois notions sont ici interrogées – donc trois études, nommées ici des parcours. Le premier est consacré à la nuance ; celle-ci est relative au *raisonnement* ; c'est-à-dire : notre capacité d'analyser le réel des individus, leurs actions et les situations où ils s'inscrivent. Le deuxième parcours est consacré au *juste milieu* ; il est relatif au *choix décisionnel* ; il s'incarne dans la volonté de choisir une option plutôt qu'une autre – parce qu'elle préserve l'avenir, parce qu'elle ne lèse personne ou qu'elle maximise les gains de tous. Le troisième et dernier parcours est consacré à l'*agir mesuré* et à la *modération* ; ces notions sont relatives à notre *comportement*, dans l'intimité comme dans nos communautés, ainsi qu'à la gouvernance de nos vies et des institutions dans lesquelles

dénoncer les *fake news* et le complotisme, il faut comprendre pourquoi la démocratie représentative est en crise, il faut, dans la durée, produire et diffuser les analyses qui structurent l'espace de la délibération politique et rendent le dialogue à nouveau possible » (Thierry Pech, « Oui à un Parlement des citoyens », *La Grande Conversation*, 25 novembre 2021).

1. Robert Musil, *L'Homme sans qualités*, Paris, Seuil, « Points », 2004, tome 2, p. 374.

nous agissons. S'il s'appuie beaucoup sur les penseurs grecs, s'il mobilise des politistes, parfois des économistes, cet ouvrage est d'abord celui d'un sociologue. Sa discipline, comme le disait Émile Durkheim, ne vaut pas une seule heure de peine si celle-ci ne produit qu'une pensée spéculative. Elle est vaine si elle se contente d'un discours moral. Cet ouvrage tente de maintenir en tension deux démarches : l'analyse et le conseil. La première vise à comprendre un phénomène social (l'outrance contemporaine, la péjoration d'une action publique modérée, etc.) ; la seconde s'adresse à l'acteur social, pour qu'il soit attentif à ses raisonnements, à ses choix décisionnels, à ses comportements. L'idée est de lui proposer un *horizon*, pour raisonner, décider et agir dans le monde sans brutaliser autrui ni enfiévrer nos débats.

Saint-Félicien, avril 2024

Parcours 1

Outrance, nuances

> Quand le climat idéologique est irrespirable, quand la mauvaise foi répond à la mauvaise foi, les slogans aux slogans, faire droit à la nuance devient non seulement très difficile, mais aussi courageux. Plus elle devient rare et risquée, plus la nuance est subversive.
>
> (Jean Birnbaum, *Le Courage de la nuance*)

De l'outrance

Le lendemain de l'annonce de la victoire de Joe Biden par les médias états-uniens, Steve Bannon, ancien directeur de campagne et conseiller de Donald Trump, déclare, le 6 novembre 2020, à propos de Christopher Wray, directeur du FBI, et du docteur Anthony Fauci, l'un des experts de l'administration Trump sur le Covid-19, qu'il aimerait « revenir au temps de l'Angleterre des Tudor et mettre leurs têtes au bout d'une pique. Je les mettrais à l'entrée de la Maison-Blanche afin qu'elles servent d'avertissement aux bureaucrates fédéraux ».

Quelques mois auparavant, en France et sur des ronds-points occupés par des Gilets jaunes – à Lachamp, Saint-Avold, Alençon, etc. – fleurissaient des guillotines. Un samedi de mars 2019, un journaliste du *Monde* couvre une manifestation de Gilets jaunes. Il décrit ainsi la scène[1] :

> Quand un groupe de black blocs remonta l'avenue dans la matinée pour aller charger les forces de l'ordre place de l'Étoile, il fut salué par les applaudissements de la foule. Dans l'après-midi, tandis qu'une minorité poursuivait sa guérilla, la majorité continuait à chanter les hymnes habituels, à discuter du référendum d'initiative populaire (RIC) ou des sorties en boîte de nuit du ministre de

1. Aline Leclerc, « La violence, un “mal nécessaire” pour les “gilets jaunes” », *Le Monde*, 20 mars 2019.

l'Intérieur, Christophe Castaner. D'autres, hilares, se prenaient en photo à la terrasse du *Fouquet's* vandalisé.

Des députés du mouvement présidentiel Renaissance ont publié sur les réseaux sociaux certains des messages reçus pendant la période de vaccination obligatoire, à l'automne 2021. L'un d'entre eux les menaçait ainsi : « Dites aux autres députés de bien voter car à partir de maintenant, c'est de vraies balles que vous allez prendre (je suis armé), faites attention où vous allez. Vous nous injecterez jamais le vaccin. »

« Deux balles, trois morts, ça a ricoché sur un antifa derrière », déclare dans une vidéo postée fin décembre 2021 sur les réseaux sociaux un militant, fusil en main et à visage découvert, se présentant comme un soutien d'Éric Zemmour. Son collègue, également armé, ajoute qu'il va « éclater [...] du jeune gaucho, du jeune communiste, du jeune bougnoule mental ». Fusil en joue, il mime ensuite la surprise : « Ah, Emmanuel Macron ! », et décoche un nouveau tir. Puis il s'en prend au député LFI Alexis Corbière et à sa compagne, Raquel Garrido, qu'il fait semblant d'abattre...

« Macron, j'aimerais aller chez lui en passant par les chiottes et par les tuyaux et lui péter la gueule. Un peu comme tout le monde, dans l'absolu » : la déclaration émane de Pio Marmaï, le comédien présentant au Festival de Cannes, en juillet 2021, son film *La Fracture*, consacré au mouvement de ces mêmes Gilets jaunes.

Dans un entretien au journal *Le Parisien*, le 4 janvier 2022, Emmanuel Macron déclare : « Les non-vaccinés, j'ai très envie de les emmerder. Et donc on va continuer de le faire, jusqu'au bout. C'est ça, la stratégie. » Et il ajoute : « Quand ma liberté vient menacer celle des autres, je deviens un irresponsable. Un irresponsable n'est plus un citoyen. » Le quotidien suisse, *Le Temps*, rendant compte des critiques que ces propos ont suscitées, indique qu'ils sont délibérés : « Le président français choisit l'offensive et contribue à antagoniser le climat politique [...]. Macron assume une stratégie élitiste-politiste, qui reprend dans le langage certains codes des extrêmes. »

La direction de l'IEP de Grenoble, mi-décembre 2021, décide de suspendre un de ses professeurs, Klaus Kinzler, pour des propos diffamatoires tenus quelques jours auparavant dans l'hebdomadaire *Marianne* et la chaîne CNews. Il y qualifiait l'institut, où il enseigne, de « camp de rééducation politique » ; il accusait ses collègues d'y promouvoir les théories woke et d'endoctriner les étudiants.

En janvier 2022, des manifestants font le siège du CHU de Pointe-à-Pitre ; ils séquestrent le directeur et son adjoint, exfiltrés ensuite par la police. « Coup de poing dans les côtes et un énorme coup sur la tête, j'ai perdu connaissance pendant dix secondes », a déclaré le premier à la presse. « On m'a déchiré ma chemise, j'ai reçu de l'urine sur moi pendant que je courrais vers une voiture de police », a indiqué le second. « Nous sommes venus réclamer l'argent que l'on nous doit », a expliqué l'un des manifestants, faisant référence aux salaires des agents du CHU suspendus suite à leur refus de se conformer à l'obligation vaccinale. « Ces faits [...] relèvent d'une radicalisation qui utilise la terreur », dénoncèrent ensuite quelques représentants de la société civile dans une lettre de protestation. On y lisait ceci : « Il est des espaces communs qui méritent d'échapper à la fureur et aux violences. C'est le cas des hôpitaux et des enceintes du débat démocratique. »

Terminons ce tour d'horizon par cette chronique d'un éditorialiste québécois, Stéphane Laporte. Le décor est canadien mais le propos vaut pour la France :

> Nous vivons dans un monde qui manque cruellement de nuances. Tout est noir ou tout est blanc. [...] Peu importe, le sujet, il faut être pour ou contre. Et de façon tranchée. On méprise les discours nuancés. On les trouve mous [...]. Si l'on est contre les radicaux, il faut l'être de façon radicale. Si l'on est contre les extrémistes, il faut l'être de façon extrême [...]. Ça s'obstine partout. À la télé, à la radio, sur les réseaux sociaux. Ça crie. Ça tape ses opinions en majuscules. Ça s'injure [...]. Au lieu d'imposer sa vision, est-ce qu'on peut recevoir celle de son interlocuteur ? Pas sûr. L'humain pense en guerrier. Si on n'est pas avec lui, on est contre lui. Tout est bâti de cette façon-là[1].

1. « L'éloge de la nuance », *La Presse*, 25 janvier 2015.

Et par cet extrait d'un entretien avec Fabrice Humbert, enseignant et romancier, suite à la publication de son ouvrage *Les Mots pour le dire. De la haine et de l'insulte en démocratie* :

> Ce qui prime aujourd'hui dans la communication, ce n'est plus le dialogue, l'écoute de l'autre, mais précisément de ne plus lui accorder la parole. Il faut l'écraser pour imposer son propre point de vue. Nous vivons dans une telle cacophonie médiatique, avec tellement de gens qui parlent, que seuls ceux qui tiennent des propos extrêmes parviennent à se faire entendre. La radicalité permet de se distinguer des autres. Même ceux qui veulent porter une parole sensée, sont contraints, pour être écoutés, d'en passer par l'outrance. C'est devenu une règle du jeu incontournable[1].

L'étude du nuancement dans le débat public n'échappe pas au dilemme, récurrent en sciences sociales, auquel est confronté tout analyste : considérer le phénomène social qu'il étudie comme le produit de changements structurels dans une société donnée, ou comme l'expression de pratiques séculaires, portées au jour par des esprits s'ouvrant à des vérités jusqu'alors méconnues. La division du travail social, telle que l'observait Émile Durkheim au début du XXe siècle, pouvait s'interpréter de ces deux manières : en postulant une anomie morale et juridique dans cette société industrielle naissante, avec son cortège de « conflits sans cesse renaissants et les désordres de toutes sortes dont le monde économique donne le triste exemple », ou en interrogeant les fonctions pratiques de cette division du travail, l'instituant comme une généralité jusqu'alors peu soupçonnée. Durkheim maintint en tension ces deux approches.

Ce premier propos fait de même : l'outrance est un trait de notre humaine personnalité mais aussi l'expression d'un *problème* contemporain ; ce dernier doit être traité comme une déviation entre une pratique sociale *espérée* – une délibération collective fondée sur le respect d'autrui et sa différence, sur la nuance dans le propos et la mesure dans le jugement, qu'une démocratie expérimentée se doit de

1. « On n'entend que ceux qui manient l'outrance », *Ouest-France*, 28 mai 2022.

généraliser – et une pratique sociale *constatée*, nourrie d'invectives et prompte à la démesure.

Désignons par le terme « outrance » des pratiques discursives (volontairement) non nuancées. Distinguons les locuteurs : les élus et dirigeants politiques, les intellectuels (c'est-à-dire : les essayistes, les écrivains et les universitaires) et les citoyens (tous les autres). Tous ne sont pas dotés d'un même capital culturel, et différents sont leur engagement et leur responsabilité dans le débat public ; les différencier permet d'identifier plusieurs figures de l'outrance, selon le statut du locuteur et la stratégie éristique qu'il déploie.

L'usage de la nuance, dans le débat public, vise à atténuer un contraste, une différence, ou corriger une analyse, en la précisant ou en apportant de nouvelles informations relatives au sujet traité. L'outrance est l'antonyme de ce travail d'atténuation et de correction. Elle est une stratégie langagière finalisée : elle vise l'*hégémonie argumentative*. Disposer de cette hégémonie dans un débat public est une ressource majeure ; elle permet d'emporter l'adhésion de l'interlocuteur, ou du public, et de rendre malaisée la défense d'opinions contraires. Deux stratégies sont repérables : le *forçage* et le *clivage*. La première vise à forcer l'interlocuteur à adopter un argumentaire qui n'est pas le sien, ou à renoncer à faire triompher ce dernier. D'où, par le locuteur outrancier, un travail d'imposition – que nous nommons *travail d'outranciation* – mobilisant des techniques d'*exagération*, d'*amalgame* et de *simplification* (donc de *dissimulation*). La seconde stratégie vise à transformer le forum (où l'on discute) en arène (où l'on se combat), dans l'objectif d'isoler et d'acculer l'interlocuteur (ou les interlocuteurs) par divers procédés polémiques, comme l'*antagonisation* des débats et la *disqualification* de l'adversaire. Parlons de *stratagèmes éristiques* pour désigner l'ensemble de ces procédés polémiques, et désignons par l'expression *dynamique de l'outrance* le processus collectif qui conduit des individus aux opinions différentes à surenchérir dans leurs argumentaires, confirmant ainsi la loi de Godwin, quand, emportés par leurs émotions, ces individus substituent à leurs arguments des analogies hyperesthésiées.

L'objectif de cette recherche d'hégémonie discursive est d'instituer par le verbe une *autre* réalité sociale, distincte (voire en rupture) d'une réalité jusqu'alors socialement admise et/ou défendue par l'interlocuteur. L'acte de langage outrancier, ou non nuancé, est ainsi *performatif* (et non constatif, selon la terminologie de John Austin – c'est-à-dire : descriptif) : il institue, par des énoncés fondés sur des éléments excessifs ou réducteurs, une réalité nouvelle, celle-ci produisant un effet dit « perlocutoire » sur les personnes à qui le propos s'adresse : elles *ressentent* l'effet psychologique de cette énonciation non nuancée, ce qui les affecte personnellement et affecte le cours de leurs actions ; cette affection peut se traduire par une adhésion, forcée, ou une répulsion, combattue. Dans les deux cas, le discours outrancier a rempli sa mission : modifier l'opinion de l'auditeur, ou l'obliger à *renoncer à la faire valoir* : « Dans ces conditions, l'échange n'a plus pour finalité d'enrichir la vérité commune par la vérité singulière de chacun, mais de réduire l'interlocuteur, converti en ennemi[1]. »

La philosophe Marylin Maeso résume ainsi la finalité de ce travail d'outranciation :

> Lorsqu'on veut faire taire une personne, ce n'est plus la vérité qui intéresse mais ce qui est efficace. La logique de l'efficacité est redoutable. C'est une logique de jusqu'au-boutisme. La vérité, elle, permet de poser des limites : les faits sont ce qu'ils sont, peu importe que cela nous plaise ou non. Le choix de l'efficacité, au contraire, c'est de tordre le cou à l'adversaire, quelles qu'en soient les conséquences. L'objectif n'est pas de dégager une vérité mais de faire taire l'autre et faire en sorte qu'il ne puisse plus s'exprimer[2].

Parlons de *fonction sidérante* du discours outrancier. Son efficacité est proportionnelle au choc émotionnel qu'il provoque. Cette

1. Jacques Le Goff, « La “modération” de retour ? », *Ouest-France*, 5 décembre 2023.

2. Marylin Maeso, « Le rapport à la vérité est corrompu », entretien pour *CFDT Magazine*, mai 2021, n° 473. Voir son ouvrage *Les Conspirateurs du silence*, Paris, Éditions de l'Observatoire, 2019.

sidération d'autrui par le verbe (du latin *sideratus*, participe passé de *siderati*, « subir l'influence funeste des astres ») permet à l'outrancier d'occuper seul l'espace dialogique, profitant de la difficulté de son interlocuteur, stupéfait, à réagir immédiatement à cette démesure.

On a assisté, aux premiers jours de l'agression russe envers l'Ukraine, en février-mars 2022, aux effets de cette sidération. Les mensonges et propos outranciers des autorités russes, Vladimir Poutine en tête – au sujet de prétendues souffrances des Russes du Donbass ; de leur possible « génocide » ; des dirigeants ukrainiens « drogués et nazis » ; d'une Ukraine qu'il faut « dénazifier », etc. – ont pris de cours les diplomates européens du fait de l'écart entre ces propos et ce qu'ils connaissaient de la réalité ukrainienne. Une fois le message outrancier émis, il métastase rapidement, *via* les réseaux sociaux et de multiples relais propagandistes. Si l'état de sidération dure peu, l'objectif est cependant atteint par les outranciers : obliger les contradicteurs à contester leurs arguments, plutôt qu'à promouvoir les leurs. Dans cette joute déséquilibrée, toute référence historique ou juridique est mise au service du discours outrancier. C'est pour cela qu'il est puissamment pervers : il mobilise des dates, des lieux, des termes, des souvenirs, etc., issus d'un registre pacifique ou démocratique (par exemple : « dénazification », « droit des peuples à se défendre », etc.) pour les détourner et, avec ces éléments, construire une *autre réalité* sociale et politique.

Examinons ces techniques d'outrance, souvent déployées ensemble : chacune étaye l'effet, ou amplifie celui d'une autre.

De l'exagération

L'exagération est, par définition, le propre du discours (ou du comportement) outrancier. Ce qui est *outré* est ce qui se situe *au-delà* (*ultra*, en latin) d'un certain point. Exagération, lui, provient du latin *exageratio*, accumulation de terre, lui-même issu d'*exagero*, hausser par un remblai ; puis, par métonymie : élever, amplifier. Est exagéré ce qui est grossi, rendu plus important. Ce franchissement du seuil et ce grossissement sont volontaires. Nul ne manie l'emphase par inadvertance, ou s'étonne de faire le rodomont : l'acte est délibéré. Que vise-t-il ? En forçant les termes de l'analyse, à orienter la compréhension d'un phénomène, ou le sens d'une action, vers une *lecture unique*, au détriment d'un tableau d'ensemble, plus équilibré car pluralisé. Les propos de Luc Ferry, au moment des émeutes urbaines de juillet 2023, sont un condensé de cette technique de réduction univoque de sens :

> Qu'ils se servent de leurs armes une bonne fois [...] ! Ces espèces de nervis, ces espèces de salopards d'extrême droite ou d'extrême gauche, ou des quartiers, qui viennent taper du policier, ça suffit [...] ! On a, je crois, la quatrième armée du monde. Elle est capable de mettre fin à ces saloperies[1].

1. Luc Ferry, philosophe, ancien ministre de l'Éducation, le 7 janvier 2019, au micro de Radio Classique.

Surestimer des faits, des opinions ou des événements, amplifier leurs éventuelles conséquences, donner plus d'importance à un acte ou à un événement, faire d'une personne une caricature excessive, etc., c'est, sous couvert d'hyperbole, réduire le format de certaines entités idéelles au profit d'autres, valorisées. Il s'agit d'ancrer le débat public dans une zone discursive définie à l'avance par l'outrancier, profitant de la séquence pour imposer son idéologie.

Outrer le trait, c'est préparer sa simplification : ne subsiste plus qu'une seule information, saillante. S'il s'agit d'une personne (« c'est un Juif », « c'est un franc-maçon », « c'est un musulman », etc.), elle est dépeinte comme un être unidimensionnel, figé dans une identité attribuée par d'autres que lui-même et qui ne le définit qu'approximativement, par agrégat. S'il s'agit d'une action ou d'un phénomène, elle est ramenée à son type, malgré l'écart qu'elle entretient, souvent considérable, avec lui : l'islamisme, confondu avec l'islam ; l'innovation, assimilée au progrès ; la subordination du salarié comprise comme une exigence de soumission, etc. Nommons cela : *l'excès par réduction*. Illustration : la (juste) critique qu'opère Élisabeth Badinter d'un féminisme réducteur et essentialiste :

> Les nuances n'existent plus. C'est le mythe de la pureté absolue qui domine. En se fondant sur les statistiques des violences conjugales, on essentialise femmes et hommes dans des postures morales opposées : le bien et le mal, la victime et l'agresseur. Les perverses, les menteuses et les vengeresses n'existent pas[1].

Sous couvert d'aller à l'essentiel, celui ou celle qui s'abstient de nuancer ôte à son analyse la vraisemblance du foisonnement (des idées, des arguments) pour ne retenir que les éléments confirmant *un* point de vue, le sien, et effacer ceux qui l'infirment. Des informations sont sélectionnées et déclarées seules pertinentes ; l'outrancier agit comme un réducteur absolu de complexité. Là où il faut être subtil, il est grossier ; là où la nuance s'impose, il l'oublie. Ainsi

1. Élisabeth Badinter, « Les nuances n'existent plus. C'est le mythe de la pureté absolue qui domine », *Le Journal du dimanche*, 5 septembre 2020.

décompliquée, l'analyse apparaît limpide – et l'on tient cet analyste pour un utile vulgarisateur. Il a pourtant dissimulé l'essentiel et reconstruit le réel autour de quelques éléments simples. Il ne raisonne qu'en noir et blanc ; c'est, au sens figuré, un *manichéen*.

Doctorant au MIT et normalien, Antoine Levy ne s'est pas embarrassé de nuances pour qualifier les débuts de la campagne française de vaccination contre le Covid-19. Dans sa (longue) tribune du 4 janvier 2021, on y lit ceci[1] – étonnant condensé d'outrance :

> L'ampleur surréaliste de l'échec français interroge ; elle ne devrait pourtant pas surprendre [...]. C'est le symptôme d'un déclassement et d'un appauvrissement organisationnel et technologique effarants [...]. C'est aussi le produit de l'arrogance d'un État imbu de lui-même et imperméable à la critique, de la suffisance d'une administration et d'une classe politique autosatisfaites, boursouflées et incapables de la dose d'humilité nécessaire pour faire machine arrière et s'inspirer simplement de ce qui fonctionne ailleurs. [...] Une prise de conscience est indispensable. Elle devrait peut-être commencer par un *mea culpa*. Mais elle doit se poursuivre par une remise en cause radicale et immédiate des choix faits jusqu'ici, qui impose de revenir sur des dogmes auto-imposés comme autant de boulets aux pieds du pays, comme celui de s'interdire de rendre la vaccination obligatoire, ou de passer obligatoirement par les médecins généralistes. Elle requiert un renversement total des priorités du gouvernement, qui semble s'endormir dans une lente léthargie au gré de confinements successifs imposés à une population au bord de l'explosion sociale et politique, et elle impose la réquisition de l'ensemble des forces vives du pays pour accélérer le processus de vaccination.

L'excès est ici transparent – un quasi-cas d'école : usage immodéré du superlatif (« remise en cause *radicale* », « renversement *total* », etc.), choix d'un vocabulaire outré (« une ampleur *surréaliste* », « une classe politique *boursouflée* », etc.), formulations

1. Antoine Levy, « L'ampleur surréaliste de l'échec français interroge », *Tribune juive*, 4 janvier 2021.

choc (« des dogmes comme autant de *boulets* »), renforçatifs désobligeants (« appauvrissement *effarant* ») et suggestion de choix d'action draconiens (« *réquisition* des forces vives », « vaccination *obligatoire* », etc.). Ce discours, on en conviendra, dépasse la mesure, le convenable. C'est cela l'excès discursif : un surcroît d'adverbes, d'adjectifs, d'épithètes et de locutions diverses venant recomposer une réalité donnée pour instituer, en remplacement, une autre « réalité » – qu'il s'agit de déplorer, dénoncer. Ainsi de cet apologue de Roger Scruton, philosophe conservateur britannique, rédigé par Paul Gallard, vice-président du mouvement « Droite de demain », en liminaire d'un article sur son blog[1] :

> Notre beau pays subit désormais, telle une colonie culturelle, la loi de la *cancel culture*. Un phénomène venu d'outre-Manche caractérisé par la déconstruction de toutes les structures sociales occidentales. Les opposants à notre culture détruisent une à une nos constructions historiques et anthropologiques. Pi[s], les déconstructeurs ne se gênent plus de combattre les réalités scientifiques. L'apparition de la sociologie dans le champ scientifique a légitimé l'action de ces militants, cette pseudoscience les a dotés d'un bagage intellectuel reposant sur la consécration du social sur le factuel ; la réalité est mise en touche, seule compte la construction sociale. Le sexe est remplacé par le genre, la différenciation sexuelle est remplacée par le non-genré, l'espèce par la race, la défense de l'environnement par l'écologisme… Tous les pans de la société y passent, un réel danger pour nos civilisations par des ennemis venus de l'intérieur, apparaît et prend de la place ; les idées s'imposent ; la bataille culturelle est là.

L'outrance, ici, réside dans le catégorique des formules (« la déconstruction de *toutes* les structures sociales occidentales », « *seule compte* la construction sociale ») et la création chez le lecteur

1. Paul Gallard, « Notre beau pays subit désormais, telle une colonie culturelle, la loi de la Cancel Culture », site Web « Droite de demain », 2019 (site aujourd'hui disparu ; ce billet est cependant reproduit sur le site https://historyplusart.wordpress.com/2021/10/10/28158/)

d'un sentiment d'inéluctabilité : *le mal est déjà là* (« Les opposants détruisent une à une nos constructions », « les déconstructeurs ne se gênent plus », « La réalité est mise en touche... » (sic), « Tous les pans de la société y passent », etc.). Nommons cela : *l'excès par extension*. Des personnes (concrètes) sont rapportées à des catégories (abstraites), plus vastes ; leur déshumanisation permet de les incorporer à des entités honnies (les opposants politiques deviennent des « ennemis de l'intérieur », « déconstructeurs », etc.).

Cette fabrication d'une réalité (toujours inquiétante) a pour objectif de légitimer « le sursaut » ; c'est-à-dire : le choix de solutions radicales. Zemmour a nommé son parti Reconquête ! et ne cesse de rappeler « l'imminence d'une guerre civile ». Marion Maréchal estime, quant à elle, que « nous avons rendez-vous avec l'histoire » et celle-ci nous offre le choix : « Le suicide ou le sursaut. Tâchons de répondre présents[1]. » En exagérant les faits et en excitant les passions tristes, l'outrancier cherche à abaisser le coût d'adhésion aux idées extrêmes, donc à rendre possible une radicalité politique légale (expulser les migrants, par exemple) en l'autorisant dans les esprits. Ce raisonnement est celui de Giuliano da Empoli, ancien conseiller politique du président du Conseil italien, Matteo Renzi. Le dirigeant d'un « parti à l'ère Netflix » comme Donald Trump et le Parti républicain aux États-Unis, explique-t-il, n'incarne plus la modération face aux extrêmes[2] : il *surexcite* sans cesse ces extrêmes, de sorte qu'ils puissent offrir, par leur tonitruance et la simplicité de leurs slogans, un fort pouvoir d'attraction, plus que le centre modéré. Il s'agit moins de dédiaboliser des idées extrêmes, confirme Raphaël Llorca[3], que de les rendre *désirables* – et celles-ci seront d'autant plus désirables qu'elles permettent à certains électeurs de laisser s'exprimer, sans filtre, leurs passions tristes.

1. Marion Maréchal-Le Pen, « L'ennemi est partout, il est chez nous, il est nous », *Valeurs actuelles*, 16 novembre 2015.

2. Voir le débat public entre Giuliano da Empoli et Raphaël Llorca, « La radicalité d'extrême droite à l'ère Netflix », Paris, Fondation Jean-Jaurès, 21 février 2023.

3. Raphaël Llorca, *Les Nouveaux Masques de l'extrême droite. La radicalité à l'ère Netflix*, La Tour-d'Aigues, L'Aube, 2022.

Le concept de « fenêtre d'Overton » (*Overton window*), du nom de ce politiste américain, Joseph P. Overton, vice-président du Mackinac Center for Public Policy dans les années 1990, qui l'a proposé, permet de comprendre ce mécanisme de réduction du coût d'adhésion aux options radicales. Les dirigeants politiques, disait-il, mettent dans leurs programmes des politiques publiques que les citoyens jugent acceptables car désirables. C'est cela la « fenêtre » : le périmètre de ce qui peut être dit, accepté, débattu, mis en œuvre dans une société donnée, à un moment donné de son histoire ; cette fenêtre peut donc s'agrandir – de nouvelles politiques publiques deviennent acceptables et sont rejetées d'anciennes politiques[1].

Des journalistes et des responsables politiques tentent d'ouvrir « cette fenêtre » en transgressant les limites socialement admises des normes politiques discursives. C'est le rôle des *punchlines* ; ces phrases choc visent à marquer les esprits et susciter l'adhésion du public par la simplification extrême du trait. De Donald Trump à Éric Zemmour, et de Jordan Bardella à Jean-Luc Mélenchon[2], le processus est bien rodé : il s'agit de provoquer l'indignation du public par une savante exagération. Le message outrancier, diffusé et commenté dans les médias, se propage alors au-delà du cercle que l'outrancier peut atteindre par lui-même. En répliquant au message excessif, l'antagoniste le rend audible ; en l'ignorant, il le laisse prospérer. Tel est le piège dans lequel les extrémistes nous enferment.

Autre mécanisme majeur d'excès discursif : l'invocation de la Shoah et du procédé génocidaire. Nommons cette forme : *l'excès par rapprochement*. Il consiste à rapprocher volontairement un

1. Dans la France de 2024, sanctionner les chômeurs qui refusent de travailler à des conditions qu'ils jugent défavorables semble devenir une politique publique de l'emploi acceptable.

2. Pour celles et ceux qui s'étonneraient de voir le nom du leader de La France insoumise figurer aux côtés de celui du président du Rassemblement national, rappelons le trait d'André Malraux dans *L'Espoir* (1937) : « Le grand intellectuel est l'homme de la nuance, du degré, de la qualité, de la vérité en soi, de la complexité [...]. Or, les moyens de l'action sont manichéens parce que toute action est manichéenne. À l'état aigu dès qu'elle touche les masses ; mais même si elle ne les touche pas. Tout vrai révolutionnaire est un manichéen-né. »

phénomène contemporain du génocide juif, dont il serait de même nature. Durant la pandémie de Covid-19, quand les autorités sanitaires et politiques ont recommandé la vaccination des citoyens français et instauré le pass sanitaire, ont fleuri diverses références à l'extermination des Juifs durant la Seconde Guerre mondiale et à l'ancien régime d'apartheid d'Afrique du Sud. Ce mécanisme a un nom : l'amalgame.

De l'amalgame

Le procédé est discourtois mais efficace : sont mêlées ou rapprochées des entités distinctes, à des fins de dévalorisation d'une des entités ciblées. L'élément rapproché perd aussitôt sa pureté ou sa noblesse, avili par l'élément qui lui est associé. Ainsi du trait d'Éric Zemmour au sujet de jeunes migrants lors d'une émission sur la chaîne CNews le 29 septembre 2020 : « Ils sont voleurs, ils sont assassins, ils sont violeurs, c'est tout ce qu'ils sont. »

L'individu, condamné en appel pour injures discriminatoires/racistes et incitation à la haine raciale, assimile ici un groupe social défini par un âge et un statut – des jeunes mineurs isolés – et des individus définis par leur crime ou leur délit.

L'amalgame peut s'opérer entre deux concepts, différents, que l'outrancier feint de confondre. Sébastien Lecornu, ministre des Outre-mer, le 21 novembre 2021 et en pleine crise sociale aux Antilles, s'exprime devant les journalistes. Il leur indique :

> Certains élus ont posé la question – en creux – de l'autonomie, par rapport à son statut actuel de Département/Région d'outre-mer. D'après eux, la Guadeloupe pourrait mieux se gérer elle-même. Ils souhaitent moins d'égalité avec l'hexagone, plus de liberté de décision par les élus locaux. Le Gouvernement est prêt à en parler. Il n'y a pas de mauvais débat.

Xavier Bertrand dénonce aussitôt « une forme de démembrement de l'unité nationale » et feint de confondre l'autonomie dans la République et l'indépendance. L'une n'est pas l'autre ; et il s'agissait, par ce terme d'*autonomie*, de rendre compte d'un possible traitement *local* de « certaines questions, notamment sanitaires » (l'enjeu étant le refus de nombre de soignants et de résidents de se faire vacciner). L'outrancier déforme ici le concept utilisé *politiquement* par le ministre pour apaiser une colère sociale, aux fins de délocaliser ce problème local en le généralisant « à la République » tout entière.

Autre exemple de confusion volontaire (et outrée) entre deux entités distinctes : le propos, acerbe, de l'artiste et compositrice Juliette Armanet, répondant à un média belge qui lui demandait, en août 2023, quelles sont les chansons qui l'inciteraient à quitter une soirée où elles seraient diffusées, a répondu « trois fois "*Les Lacs du Connemara*" », du chanteur Michel Sardou, ajoutant : « C'est vraiment une chanson qui me dégoûte. Le côté scout, sectaire, la musique est immonde… C'est de droite, rien ne va. »

Ce qui pose ici question est la confusion. Deux scènes sont rapprochées, relevant d'une esthétique différente : les qualités d'une chanson, et les opinions politiques de celui qui la chante. Cette mise en rapport indue vise à discréditer une des deux entités par l'évaluation critique de l'autre.

Confondre islam et islamisme traduit le même embrouillamini. « L'islam, dans sa version sunnite », rappelle Ardavan Amir-Aslani dans une tribune donnée au *Huffington Post* en avril 2013, « est un monothéisme rigoriste, qui n'instaure aucun corps ecclésial entre Dieu et l'homme et dont la croyance est basée sur l'unicité absolue de Dieu, la sacralité indiscutable du Coran et l'authenticité de la prophétie de Mahomet ».

L'islamisme, lui, est « une utopie messianiste, universaliste, théocratique et totalitaire[1] » ; elle fusionne le religieux et le politique en vue de réaliser ici-bas la cité idéale de Médine au temps du Prophète.

1. Ardavan Amir-Aslani, « Islam-islamisme, quelle différence ? », *Huffington Post*, 19 avril 2013.

L'islamiste n'est donc pas le citoyen d'un pays, comme peut l'être un musulman, mais le fidèle d'une communauté de croyants. Il considère que la loi de Dieu est supérieure à la loi des hommes. Voilà pourquoi, explique Amir-Aslani, « il existe une opposition irréductible et un antagonisme radical entre la laïcité et l'islamisme. En revanche, on peut tout à fait être musulman et laïc ».

La confusion des deux termes, on le constate ici, a une visée polémique : il s'agit, par tromperie (en banalisant les suffixes « isme » ou « iste », censés modifier le sens du mot), d'assimiler une religion et une utopie politique. Comme si « commun » équivalait à communisme, ou « social » à socialiste...

Alliance volontaire d'éléments hétérogènes, l'amalgame peut être utile (l'alliage de deux métaux rend leur union ductile, résistante, moins corrodable) ou conduire au plaisir de ceux qui s'unissent (deux êtres se désirent, deux corporéités fusionnent : c'est l'*āmalal-jamāa* – ce qui donnera « l'amalgame », l'acte de coït). Mais l'union peut générer son opposé. S'accroissent les tensions, s'exacerbent les différences, se distinguent les singularités ; de ce mélange hétéroclite surgit l'absurde, le ridicule, l'incongru. Amalgamer, c'est *fondre* dans le grand creuset des concepts divers mots ou notions qui n'ont pas vocation à se *confondre*. En ressort d'étranges figures idéelles, oscillant entre purs raccourcis de la pensée et extension démesurée du domaine de validité des vocables qui l'expriment. L'expression « Paris, c'est Beyrouth ! » – le trait est de Luc Ferry, en octobre 2021, se voulant descriptif des rues de Paris, ponctuées de chantiers et de travaux – illustre ce rapprochement polémique entre des entités distinctes. Là, l'outrance (ou le non-nuancement) se fonde sur l'intrusion inopinée par l'outrancier d'un élément à forte charge symbolique (la guerre civile au Liban dans les années 1990 et l'explosion du port de Beyrouth le 4 août 2020) pour qualifier une *situation banale* (les travaux dans les rues de Paris).

L'amalgame consiste ainsi en une double manipulation : l'une, *cognitive*, se fonde sur une argumentation bricolée, de validité douteuse ; l'autre est *émotionnelle* et résulte d'une pression psychologique de l'outrancier sur son auditoire. Un lien de causalité est introduit entre des entités distinctes (ou une contiguïté est établie entre elles), ou une déduction non logique est proposée à un auditoire (de type « Qui vole un œuf vole un bœuf », comme si l'acte de voler était intrinsèque à la personne et non pas référée à une nécessité ou à une opportunité). Il y a, dans l'amalgame, détournement du procédé d'analogie ou d'association, et recherche d'un élément repoussant, monstrueux, etc., pour discréditer l'opinion émise par l'interlocuteur. L'outrance est, par ce biais, présente dans le choix des entités rapprochées (« la plupart des trafiquants sont noirs et arabes, c'est comme ça, c'est un fait[1] ») comme dans les mots choisis pour les rapprocher (« non au pass *nazitaire* », « fausse pandémie, vraie *dictature* », etc.).

La confusion s'opère également entre des domaines (sociaux, politiques ou intellectuels) de natures différentes. L'outrance consiste ici à transférer dans l'un d'entre eux des principes propres à un autre. Le procédé a été conceptualisé par le philosophe Michael Walser dans son ouvrage *Sphères de justice*. Ce qui vaut ou prévaut dans une sphère (par exemple : les pratiques marchandes) en termes de valeurs, de critères, d'indicateurs, etc., ne peut être introduit dans une autre (par exemple : les relations amoureuses), sous peine d'établir, dit-il en reprenant le trait de Blaise Pascal, une *tyrannie* (c'est-à-dire, selon les mots de ce dernier, « un désir de domination, hors de son ordre »). On conviendra que le propos de Mahiedine Mekhissi-Benabbad, athlète français multimédaillé, dans un Tweet rageur le 1er novembre 2023 – « Adolf Hitler, c'est un enfant de chœur à côté de Netanyahu ! L'Occident, de vrais collabos » – procède d'un amalgame malvenu (et d'une discourtoisie manifeste envers son public, qu'il a probablement choqué ; il s'en est ensuite publiquement excusé).

On peut parler d'« outrance aggravée » (comme on parle, en langage pénal, de « violence aggravée », quand l'agresseur a porté atteinte à l'intégrité physique ou psychologique de sa victime) quand

1. Éric Zemmour, le 6 mars 2010, dans l'émission de Thierry Ardisson « Salut les Terriens ! », diffusée sur Canal+.

exagération et amalgame s'adossent l'un l'autre et dessinent une situation discursive non rationnellement valide. Frédérique Vidal, universitaire et qui fut ministre de la Recherche et de l'Enseignement supérieur, répondait ceci, en février 2021, à une journaliste lui indiquant qu'elle avait déclenché une tempête en annonçant une enquête du CNRS sur « "l'islamo-gauchisme" à l'université » :

> Quand je reprends le terme « islamo-gauchisme », employé par le journaliste qui m'interviewait, j'ai à l'esprit l'ensemble des radicalités qui traversent notre société. Bien sûr, l'islamo-gauchisme n'a pas de définition scientifique, mais il correspond à un ressenti de nos concitoyens, d'abord, et à un certain nombre de faits, aussi : l'empêchement, dans certains établissements, d'une représentation des *Suppliantes* d'Eschyle ou de la lecture d'un texte de Charb, des enseignants qui ne se sentent pas libres d'enseigner comme ils le souhaitent. Ce sont des attaques contre la liberté académique et la liberté d'expression en général. On ne peut pas laisser passer ça, même si c'est très minoritaire[1].

L'outrance est ici manifeste dans nombre de ses composantes : l'exagération (« des attaques contre la liberté académique », alors qu'il ne s'agit que de cas « très minoritaire[s] », reconnaît-elle) ; la simplification (sans définition scientifique du terme, l'islamo-gauchisme, dit la ministre, correspond à un « ressenti » des citoyens) ; l'amalgame (l'islamo-gauchisme traduisant à lui seul « l'ensemble des radicalités ») ; la généralisation (« nos concitoyens » : lesquels, combien, etc. ? On ne saura pas. Même incertitude sur le nombre d'établissements concernés) ; l'à-peu-près (« j'ai à l'esprit... ») ; la responsabilité non assumée (le mot a été « employé par le journaliste », la ministre n'a fait que le reprendre...), etc. On comprend l'amertume de Nonna Meyer, directrice de recherche du CNRS, accusée d'« islamo-gauchisme » alors qu'elle était en lice pour la présidence de la Fondation nationale des sciences politiques. Elle a rappelé à ses accusateurs les principes élémentaires du débat académique :

1. Entretien pour *Le Journal du dimanche*, le 20 février 2021.

Ceux qui m'attaquent ne respectent pas les règles du débat universitaire, celles d'un échange serein, d'arguments rationnels, étayés par des faits. Leur combat est politique. Il s'inscrit dans le droit fil des propos du ministre de l'Éducation nationale, Jean-Michel Blanquer, et de la ministre de l'Enseignement supérieur et de la Recherche, Frédérique Vidal, dénonçant à des fins électorales les « ravages » d'un « islamo-gauchisme » qui « gangrènerait » l'université. Ces nouveaux inquisiteurs mènent une chasse aux sorcières. Ils feraient mieux de lutter contre les préjugés bien réels qui minent la société française, quels que soient les mots utilisés pour les décrire.

De la simplification

L'outrance se fonde sur une réduction volontaire de la complexité du monde. Le discours populiste est par nature un discours outrancier : il fournit des réponses simples à des problèmes complexes. Pierre Rosanvallon nomme « émotion d'intellection » l'adhésion de certaines personnes aux thèses complotistes générées par les mouvements populistes[1]. Il cite une sentence de Tocqueville, dans *De la démocratie en Amérique* (1835), toujours d'actualité : « Une idée fausse, mais claire et précise, aura toujours plus de puissance dans le monde qu'une idée vraie et complexe »...

Qu'est-ce que *simplifier* ? Cela désigne d'abord l'action de ramener un élément à son unité la plus petite ; il s'agit d'une *réduction*. Une fraction, par exemple, est dite « simplifiée » s'il est impossible de trouver un nombre qui soit diviseur à la fois du numérateur et du dénominateur. Un deuxième sens du mot met l'accent sur l'*atténuation* : l'action d'enlever un peu de complexité à un phénomène pour le rendre moins fort, moins vif. Dernier sens du mot : la prise en compte de certains éléments (et non d'autres) d'une situation. Il y a simplification outrancière quand ces trois opérations sont effectuées dans un but polémique. Une tribune de près de 1 400 climatologues, publiée sur le site de France Info du 1er février 2022, appelant les

1. Pierre Rosanvallon, *Le Siècle du populisme. Histoire, théorie, critique*, Paris, Seuil, « Points », 2020. Voir le chapitre 5, « Un régime de passions et d'émotions ».

candidats à la présidence de la République à sortir de l'inaction[1], pointait les procédures discursives de certains candidats : « Ces simplifications finissent par créer une prison intellectuelle, qui empêche de mettre sur la table les choix qui s'offrent encore à nous, et d'en débattre de manière démocratique, c'est-à-dire publique, éclairée et contradictoire. »

Un raisonnement simpliste utilise un registre argumentaire délibérément appauvri. Mobilisant le modèle d'Albert Hirschman – distinguant *rhétorique réactionnaire* et *rhétorique progressiste*[2] –, l'économiste Antonin Pottier montre comment les discours climato-sceptiques et écologistes sont souvent prisonniers d'une grille simplifiée de lecture du monde[3] – autour d'arguments liés, pour les uns, à de prétendus effets pervers des politiques écologiques et, pour les autres, à un péril jugé imminent, nourrissant une rhétorique catastrophiste centrée sur l'effondrement de nos sociétés. Tout cela, dit-il, est du *bruit médiatique* ; cela est fâcheux car ce sont là « des positions polaires, des radicalisations intransigeantes qui bloquent tout compromis ». L'objectif, conclut-il, est « d'assainir l'espace public des facilités rhétoriques pour construire un véritable débat de société sur la politique climatique, ses nécessités et ses modalités. Nous en avons bien besoin ».

1. « Crises environnementales : 1 400 scientifiques appellent les candidats à la présidentielle et les médias à sortir "des discours de l'inaction" », France Info, 1er février 2022.

2. Albert Hirschman, *Deux siècles de rhétorique réactionnaire*, Paris, Fayard, 1991.

3. Antonin Pottier, « Le discours climato-sceptique : une rhétorique réactionnaire », *Natures Sciences Sociétés*, 2013, vol. 21, n° 1, p. 105-108.

De l'antagonisation

L'antagonisation du débat public permet d'empêcher toute fraternisation entre les locuteurs, toute convergence dans leurs propos. Il faut donc durcir les différences d'analyse pour qu'elles deviennent des divergences, puis accentuer celles-ci pour les rendre incompatibles avec d'autres opinions. Cette mise volontaire en incompatibilité des idées et des postures permet à l'outrancier d'imposer sa version du réel ; nulle composition n'étant possible, celui qui déborde du cadre policé ne peut que l'emporter.

La construction de l'univers antagoniste mobilise diverses techniques, complémentaires : nommer l'ennemi, et offrir de lui une image dévalorisante ; le disqualifier en émettant des doutes sur sa fiabilité, sa probité ou ses compétences[1] ; faire appel à un complice, qui relaiera les *punchlines* du leader ; dénoncer de prétendues « fautes » commises par son opposant, les simplifier et les amplifier ; appeler à des « universaux d'évidence » – le droit à la sécurité, le respect des traditions, l'amour fraternel ou sororal, etc. – pour montrer qu'ils sont ignorés ou bafoués par l'adversaire ; mettre en scène l'antagonisme et dramatiser la relation avec son opposant – refuser de lui serrer la main, prendre l'air outré, etc.

1. Voir Gérard Darmanin accusant, en octobre 2023, le footballeur Karim Benzema d'être un proche des Frères musulmans…

Exemple d'antagonisation volontaire : la dispute entre Albert Camus et Jean-Paul Sartre. Leurs échanges sont un modèle de dispute *per fas et nefas*, comme l'écrivait Schopenhauer un siècle et demi plus tôt dans *L'Art d'avoir toujours raison*. Nous sommes en avril 1952[1]. *L'Homme révolté*, d'Albert Camus, édité en novembre de l'année précédente, fait l'objet d'un compte-rendu, signé de Francis Jeanson, publié dans le numéro 78 de la revue *Les Temps modernes*, fondée et dirigée par Jean-Paul Sartre. Son article, « Albert Camus ou l'âme révoltée », commence par cette phrase, énigmatique : « Le cas de *L'Homme révolté* est sans doute assez unique. » Dès le premier paragraphe, le lecteur est averti : Jeanson n'aime pas Camus, ni son dernier livre. Pourtant, l'ouvrage a plu, les critiques sont élogieuses. Camus aurait-il donc découvert, écrit Jeanson en liminaire, « la commune source des revendications humaines les plus apparemment divergentes » ? La satisfaction générale face au dernier ouvrage de Camus ne trahit-elle pas « l'inconsistance de sa pensée », « indéfiniment plastique et malléable », donc apte à contenter ses lecteurs, de gauche comme de droite ? Jeanson persifle – et l'on comprend la colère d'Albert Camus. Ce dernier rédige une réponse[2], publiée dans le numéro 82 de la revue ; il ne s'adresse cependant pas à l'auteur de l'affront, Jeanson, mais au responsable de la revue, Sartre, nommé « Monsieur le directeur des *Temps modernes* ».

Relue soixante-dix ans plus tard, la recension de Jeanson a (un peu) perdu de son mordant ; certaines expressions ne sont guère bienveillantes ; et l'on discerne, au détour d'un paragraphe, l'hostilité du recenseur. Le ton n'est pas discourtois, et il y a du respect

1. Ces lignes empruntent beaucoup aux commentaires suivants : Mangesh Kulkarni, « Nouveau regard sur le débat Camus-Sartre », *Synergies Inde*, 2010, n° 5, p. 37-47 ; Jean-François Mattéi, « Camus et Sartre : de l'assentiment au ressentiment », *Cités*, 2005, n° 22, p. 67-71 ; Jean-Michel Dumay, « L'Homme révolté », *Le Monde*, 21 juillet 2008 ; Sandra Teroni, « Camus/Sartre », *Revue italienne d'études françaises*, 2013, 3, 2013.

2. « Lettre au directeur des *Temps modernes* », *Les Temps modernes*, août 1952, n° 82 ; repris sous le titre « Révolte et servitude », dans Albert Camus, *Essais*, Paris, Gallimard, « Bibliothèque de la Pléiade », 1990, p. 754-774.

chez Jeanson : s'il ne tait point son agacement et décoche des flèches acérées, sa recension est une contribution au débat que Camus s'efforçait d'instruire. On sait que Jeanson écrivit ce compte-rendu par loyauté envers Sartre, qui le lui commanda, et par profond désaccord avec Camus sur la compréhension de l'histoire et des forces qui l'animent. L'étude attentive de cette controverse entre Camus, Sartre et Jeanson éclaire l'un des opposés majeurs du discours nuancé : celui qui vise à contraindre l'autre à la reddition, non pas en produisant *un meilleur argument* que lui, plus construit, donc plus apte à rendre compte d'une réalité complexe, façon Jürgen Habermas, mais à l'issue d'une joute intellectuelle où le seul objectif est d'*avoir toujours raison* – façon Arthur Schopenhauer. Présentons ici, et dans l'ordre où Camus les déploie ou les récuse, les principaux stratagèmes d'antagonisation utilisés.

Confondre autrui et les opinions de cet autrui. C'est l'astuce première : dévaloriser le texte, l'opinion, le raisonnement d'autrui en ciblant la personne qui l'a produit, son style ou sa manière d'être au monde. Comme si l'auteur était fait d'un même granit, hier comme aujourd'hui, à la ville comme aux champs, qu'il n'était qu'intentions cachées et que son visage ou son histoire privée trahissait le désordre de sa pensée publique.

Toute controverse naît d'une idée divergente ; mais elle se nourrit d'animosités personnelles. Ce qui est combattu est moins l'idée que celui qui la porte. S'ouvre ainsi un chemin pour critiquer : pas seulement l'idée, mais le procédé qui a permis qu'elle soit émise ; pas seulement le procédé, mais la personne qui l'emploie ; et pas seulement la personne, mais l'in-dividu (ce qui ne peut se diviser), saisi dans son être. L'élargissement de la focale est infini : ce n'est pas seulement l'individu (qui écrit la recension) qui est visé, mais le directeur de la revue qui la publie (Sartre), son cercle d'amis, son camp politique, etc. Camus traite Jeanson de simple « collaborateur » ; puis il disparaît du texte de sa réponse. Ne demeure que Sartre, comme s'il avait lui-même tenu la plume (« Ces thèses, centrales dans mon livre, ne sont même pas effleurées dans *votre* article » ; « *Votre* article ne fait aucune allusion aux questions de l'heure », etc.). Jeanson et Sartre ne font plus qu'un ; l'amalgame est total.

S'adressant à Sartre mais parlant de Jeanson, Camus immortalise ce dernier en généralisant le traitement spécifique que ce dernier semble lui avoir réservé : « Il pratique l'omission, travestit la thèse du livre qu'il se propose de critiquer et fabrique à son auteur une imaginaire biographie. » En abaissant son contradicteur, l'abaissé se grandit ; il s'agit de réordonner les grandeurs. L'article de Jeanson (« dont la faiblesse m'a surpris », se venge Camus) peut alors être délaissé, après avoir été minoré (« Je ne le considère pas comme une étude »), au profit de diverses « observations touchant la méthode intellectuelle ». S'ensuit l'estocade : « Je m'excuse enfin de devoir être aussi long que vous l'avez été. J'essaierai seulement d'être plus clair. »

Assigner à l'auteur d'un propos que l'on veut critiquer une autre place, hors de son espace politique coutumier. C'est une façon, efficace, de pratiquer l'amalgame : « S'ils t'applaudissent, c'est que tu penses comme eux ! » Au début des années 1950, en France, être « de droite » ou « de gauche » était une catégorisation majeure. Reprocher à un homme de gauche que son ouvrage soit apprécié à droite, dans une société marquée par ce fort clivage idéologique, c'est, à peu de frais, le déconsidérer – ce que fit Jeanson. « En réalité », écrit Camus s'adressant à Sartre, « votre collaborateur ne peut s'empêcher de penser qu'il n'y a pas de frontière précise entre l'homme de droite et le critique du marxisme dogmatique. Selon lui, ils se touchent au moins par quelque côté, où une sinistre confusion s'opère alors. Qui n'est pas marxiste, franchement ou honteusement, s'achemine ou s'endurcit à droite, voilà le premier présupposé, conscient ou non, de la méthode intellectuelle qui fait le sujet de cette lettre ».

Plus que l'idée que l'auteur déploie, critiquer le style par lequel elle est déployée. Et s'étonner qu'on puisse savoir analyser et avoir une belle plume. L'économie est une science lugubre, pensait Thomas Carlyle. Il n'y a rien de gai ou de folichon dans la pratique analytique ; c'est un gage de sérieux. Si l'auteur écrit avec style, n'est-ce donc pas curieux ? Blaise Pascal avait saisi l'essentiel : on s'attend à lire un auteur, et on découvre un homme. Pascal ajoute : et ceux qui croient trouver un homme sont tout surpris de découvrir un auteur. Camus confirme : « Par mon style qui est de l'homme même, me voilà malgré moi renvoyé dans la tour d'ivoire d'où les rêveurs de mon genre contemplent sans réagir les inexpiables crimes de la bourgeoisie. »

Inventer une thèse, la combattre âprement, mais qui ne figure pas dans le livre. « Partant ainsi d'une hypothèse entièrement fausse, mais commode, sur le contexte d'une œuvre », écrit Camus, « votre collaborateur passe enfin à *L'Homme révolté*. Il serait plus juste de dire qu'il le fait passer à lui. Il s'est en effet énergiquement refusé à discuter les thèses centrales qu'on peut trouver dans l'ouvrage : la définition d'une limite mise au jour par le mouvement même de la révolte, la critique du nihilisme post-hégélien et de la prophétie marxiste, l'analyse des contradictions dialectiques devant la fin de l'histoire, la critique de la notion de culpabilité objective, etc. En revanche, il a discuté à fond une thèse qui ne s'y trouvait pas ».

Ce stratagème figure (le numéro 24) dans la liste des trente-huit *Kunstgriffe* (qu'on peut traduire par « trucs », « astuces », « ficelles », ou encore « stratagèmes ») repérés par Schopenhauer vers 1830 et qu'il commente dans un texte, *Eristische Dialektik*, publié en 1864 dans ses *Œuvres posthumes* (sous le titre : *L'Art d'avoir toujours raison*). « La dialectique éristique », y écrit-il, « est l'art de disputer, et ce de telle façon que l'on ait toujours raison, donc *per fas et nefas* [c'est-à-dire : par tous les moyens possibles] ».

Schopenhauer y propose une analyse originale de l'art de s'affirmer face à autrui dans une controverse, quels qu'en soient les moyens, *y compris les plus retors*. C'est une sorte de traité de malhonnêteté intellectuelle dans le débat public ; et sa lecture est fort utile... On y perçoit l'efficacité du discours sans nuances. Il ne s'agit pas de faire surgir la vérité, écrit Schopenhauer, mais de faire paraître vrai le faux, et faux le vrai. L'objectif est *la défaite* de l'interlocuteur, dit-il – car l'adversaire a su avec brio démonter nos arguments et seul l'usage de techniques outrancières évitera à son interlocuteur de perdre la face et se soumettre. Le stratagème 32 est ainsi décrit par Schopenhauer :

> On force la thèse de l'adversaire en en tirant de fausses conclusions et en déformant les concepts pour en faire sortir des propositions qui ne s'y trouvent pas et qui ne reflètent pas du tout l'opinion de l'adversaire car elles sont au contraire absurdes ou dangereuses.

Francis Jeanson, lui, écrit ceci :

> Vous baptisez Révolte le consentement... Par la même occasion vous changez l'indifférence en courage, l'inaction en lucidité et la complicité en innocence... Cette révolte commune ne vous rend pas solidaires, elle ne désigne qu'une juxtaposition de solitudes...

Le procédé est habile mais mesquin : les concepts qu'utilise l'adversaire – « révolte », « lucidité », etc. – sont remplacés par d'autres, choisis par l'antagoniste (« consentement », « innocence », etc.) ; il suffit alors de conclure que la révolte, loin d'être solidaire, ne peut être que solitaire. Relu avec attention, l'argument est inconsistant : Jeanson a créé de toutes pièces un vocabulaire et sa conclusion n'est valide que dans cet espace fictif...

Terminons ce (rapide) tour d'horizon des procédés d'antagonisation du débat public en signalant trois autres techniques. La première consiste à concéder (de façon hypocrite ou sincère) la justesse d'un argument d'autrui (ou la noblesse de l'idée, la finesse du propos, etc.), mais l'assortir de quelques réserves, en ajoutant des « peut-être », des « sans doute » ou des « probablement ». Justesse, noblesse et finesse en perdront aussitôt leur sympathique couleur ; et lecteurs et auditeurs sauront immédiatement que la thèse est fragile... La deuxième technique consiste à choisir, parmi les personnes impactées par une action (colonialiste, impérialiste, etc.), les « bonnes » victimes – et délaisser volontairement les autres. La réponse de Camus aux insinuations de Jeanson fut cinglante : « Nous ne combattrons pas, soyez-en sûr, les maîtres insolents de notre temps en distinguant entre leurs esclaves. »

Refuser que certaines personnes soient « citées à l'ordre de l'histoire et d'autres exilées dans un oubli sans âge », c'est accueillir, dans un même élan de solidarité, *toutes les victimes*. C'est le côté sombre de l'antagonisation du débat public : déplorer les morts de Gaza causés par l'offensive d'Israël mais se taire à propos des morts du Néguev, sauvagement assassinés par le Hamas. Ou l'inverse[1]...

Autre technique d'antagonisation : *critiquer l'autre pour une idée qui n'est pas la sienne*. Camus reproche ainsi à Jeanson de négliger la dimension économique des systèmes politiques. Efficacité garantie, dirait Schopenhauer : l'accusé doit, non pas défendre sa thèse, mais rejeter la thèse que lui attribue l'antagoniste... Dans les mots de Camus :

> Qu'un critique supposé qualifié, parlant au nom d'une des revues importantes de ce pays, s'autorise, sans raisons et sans preuves, à présenter comme la thèse d'un livre une proposition contre laquelle une partie du livre est dirigée donne une idée révoltante du mépris dans lequel est tenue aujourd'hui la simple honnêteté intellectuelle [...]. Pourquoi donc critiquer un livre si on est décidé à ne pas tenir compte de ce qu'on peut y lire ? Ce procédé, constant dans votre article, supprime toute possibilité de discussion. Affirmant que le ciel est bleu, si vous me faites dire que je l'estime noir, je n'ai point d'autre issue que de me reconnaître fou ou de déclarer sourd mon interlocuteur.

1. Voir l'entretien avec Arié Alimi, avocat : « Au regard de nos valeurs humanistes, les victimes palestiniennes et les victimes israéliennes devraient susciter la même indignation », *Le Monde*, 7 avril 2024.

De la disqualification

Disqualifier l'adversaire. Le procédé va de pair avec la technique précédente, dont elle est, en quelque sorte, le bras armé. Deux techniques sont déployées, souvent simultanément : la mise en cause des personnes elles-mêmes – et non les arguments qu'elles défendent ; et, parmi elles, le ciblage d'un ennemi préférentiel, choisi pour sa vulnérabilité supposée.

Différents types de disqualification sont repérables. La *disqualification par minoration* consiste à dépeindre l'adversaire comme un doux rêveur, éloigné des réalités ou, à l'inverse, comme un retors et redoutable ennemi. Camus, dans sa controverse avec Sartre et pour se défendre d'être (seulement) un « Méditerranéen », ce que Jeanson, condescendant, lui reproche, écrivit ceci :

> Il lui [*son accusateur*] suffira en effet, pour détruire le dernier obstacle à une si équitable démonstration, de refaire ma biographie au mieux des intérêts de sa thèse, d'expliquer par exemple que j'ai longtemps vécu dans l'euphorie un peu obnubilée des plages méditerranéennes, que la Résistance (qu'il faut bien justifier dans mon cas) m'a révélé l'histoire dans les seules conditions qui pouvaient me permettre de l'avaler, à petites doses et purifiée, que les circonstances ont changé, l'histoire devenant trop brutale pour mon organisation exquise, et qu'aussitôt j'ai employé les habiletés formelles dont je dispose à préparer mon repli et justifier un avenir de retraité, ami des arts et des bêtes.

L'adversaire peut être également disqualifié *par majoration*, en l'érigeant en symbole d'un type collectif honni. En mars 2013, lors d'un congrès du Parti de gauche, François Delapierre, secrétaire national, avait dénoncé les « 17 salopards de l'Eurogroupe qui ont choisi de taxer les épargnants chypriotes » ; il avait ajouté : « Dans ces 17 salopards, il y a un Français, il a un nom, il a une adresse, il s'appelle Pierre Moscovici et il est membre du Parti socialiste. »

Interrogé sur le dérapage de son collègue, Mélenchon avait ainsi décrit devant des journalistes le ministre de l'Économie : « quelqu'un qui ne pense plus en français », mais « dans la langue de la finance internationale ».

Le propos, on s'en doute, avait provoqué un tollé, tant l'antisémitisme y transpirait. Le lendemain, au congrès de son parti, Mélenchon était revenu sur l'épisode en ces termes :

> « Dire cela, ce serait de l'antisémitisme ? Plus aucune discussion n'est possible dans ces conditions ! », s'est-il exclamé. « J'ignorais quelle était sa religion et je n'ai pas l'intention d'en tenir compte dans l'avenir pas davantage que dans le passé », a-t-il assuré avant d'affirmer à M. Moscovici que « si un jour parce qu'il est juif, quelqu'un venait ou à l'insulter ou à l'offenser ou à le menacer, alors il nous trouverait tous comme un seul corps pour le défendre »[1].

Cet exemple permet d'identifier le double mécanisme de la disqualification outrancière : disqualifier une première fois, puis, face à la controverse, hausser le niveau de disqualification en prétextant sa bonne foi. Si l'expression « langue de la finance internationale » est une première disqualification, l'argument selon lequel l'accusateur ignore l'origine juive du ministre en est une seconde, cette fois-ci explicite et procédant *par minoration* – puisque Mélenchon sous-entend que Moscovici serait incapable de se défendre par lui-même... Ce même dirigeant politique, il est vrai coutumier de telles saillies, récidiva en 2017, à l'encontre de l'ancien Premier ministre

1. Extrait de l'article de Raphaëlle Besse Desmoulières, « À Bordeaux, Mélenchon réplique sur son "parler cru et dru" », *Le Monde*, 24 mars 2013.

et ancien ministre de l'Intérieur, Bernard Cazeneuve, qu'il présente comme « le gars qui s'est occupé de l'assassinat de Rémi Fraisse », ce jeune militant écologiste tué par l'explosion d'une grenade offensive tirée par un gendarme en marge d'une manifestation de protestation contre un projet de barrage dans le Tarn. Le trait avait choqué. « Législatives : Mélenchon, ou le retour de l'outrance pour l'emporter ? », avait titré l'hebdomadaire *L'Express* le 30 mai 2017[1]...

Provoquer l'adversaire est une figure obligée. Schopenhauer lui consacre plusieurs stratagèmes (les 27, 36 et 38). Parmi eux : « déconcerter et stupéfier l'adversaire par un flot insensé de paroles », et si cet adversaire semble prendre le dessus : « tenir des propos désobligeants, blessants et grossiers ». Être désobligeant, explique ensuite Schopenhauer, consiste à quitter l'objet de la querelle pour « passer à l'adversaire, et à l'attaquer d'une manière ou d'une autre dans ce qu'il est ». À l'argument *ad hominem* succède l'argument *ad personam* : « Quand on passe aux attaques personnelles [...] on devient donc vexant, méchant, blessant, grossier. C'est un appel des facultés de l'esprit à celles du corps ou à l'animalité. »

Il n'est pas anodin que Schopenhauer utilise ici le mot *Tierheit*, animalité (ou animosité) : il s'agit de mettre en scène l'affrontement et, pour l'emporter sur son adversaire, d'y engager son corps. C'est ainsi qu'il faut comprendre la photographie publiée le 9 février 2023 sur son compte Twitter par le député LFI Thomas Portes où on le voit, en chaussures de sport blanches et anorak rouge orangé, poser le pied sur un ballon de football figurant la tête d'Olivier Dussopt, alors ministre du Travail. « Monsieur le ministre @olivierdussopt retirez votre #RéformeDesRetraites », intime le député dans son tweet. La mise en scène est celle de chasseurs posant le pied sur leurs proies abattues, d'une soldatesque livrée à elle-même, comme le rappellent certains chromos datant des guerres indiennes aux États-Unis ou en Afrique lors des guerres coloniales (ou, plus récemment, des gardiens de la prison d'Abou Ghraib...).

1. Pour un rappel de ces événements : « Mort de Rémi Fraisse : six ans après, le non-lieu confirmé pour le gendarme qui a tiré la grenade », *Le Monde*, 23 mars 2021.

Idem pour les mots : ils doivent créer, ou renforcer l'image négative de l'adversaire, dépeint en ennemi. Le vocabulaire utilisé est dichotomique, et les termes s'opposent point par point : l'ennemi prétend, tergiverse, provoque, déshonore, etc., tandis que soi, cet autre odieusement agressé, dit le droit, se défend, rétablit la vérité, etc. Si les adversaires ont recours aux mêmes procédés, l'échange n'est plus qu'une succession de répliques, sans finalité de persuasion ou de démonstration, juste celle d'avoir « le dernier mot ». Exemple de cette disqualification conjointe, sans autre motif que la destruction de l'image de son adversaire : la controverse qui opposa, au printemps 2021, divers intellectuels parisiens.

Le 3 mai 2021 paraît dans l'hebdomadaire *Marianne* une tribune collective[1], signée, notamment, de Pierre-André Taguieff, politiste, Yves Charles Zarka, philosophe, et Nathalie Heinich, sociologue. C'est une violente charge contre le sociologue Michel Wieviorka, accusé, entre autres reproches, d'être « le pompier pyromane de l'antiracisme ». Le 7 mai, ce même hebdomadaire publie la réponse de Michel Wieviorka[2]. Les deux tribunes ne brillent pas par leur bienveillance et le souci de la nuance – même si l'on peut comprendre l'irritation de Wieviorka... Deux procédés de disqualification outrancière sont déployés dans la première tribune. Le premier consiste à dissimuler l'attaque *ad personam* sous un reproche *ad hominem*. Les premières lignes de la tribune critiquant Wieviorka indiquent ainsi, de façon (presque) objective, que ce dernier « a régulièrement défendu le multiculturalisme contre l'universalisme républicain ». Peu à peu, le reproche devient accusatoire puis, si l'on reprend les termes de Schopenhauer dans le commentaire du stratagème 38, le propos devient « vexant, méchant, blessant, grossier ». Ce qui donne, en parlant de Wieviorka : « Connu moins pour ses travaux que pour ses aptitudes à parvenir à des postes de pouvoir »...

1. « Michel Wieviorka n'est que le pompier pyromane de l'antiracisme », *Marianne*, 3 mai 2021.

2. « Michel Wieviorka répond à ses détracteurs : "C'est le degré zéro de la vie intellectuelle" », *Marianne*, 7 mai 2021.

Le second procédé consiste à réduire l'individu interpellé à ses « crimes » et/ou à son passé. L'usage en était courant dans l'URSS stalinienne. L'historien Nicolas Werth, dans ses travaux sur les procès de Moscou, rappelle[1] que Staline, le 6 septembre 1936, dans un courrier adressé à ses pairs du bureau politique du Parti communiste de l'Union soviétique, morigène Kaganovitch et Molotov pour n'avoir pas supervisé correctement la couverture par la *Pravda* du procès qui venait de se terminer contre les « zinoviévistes et les trotskistes ». Après plusieurs arguments sur les véritables enjeux de ce procès, il avance celui-ci, en parlant des accusés (qui furent aussitôt fusillés) : « Il aurait fallu dire que l'abaissement de ces salauds jusqu'à l'état de gardes-blancs et de fascistes découle logiquement de leurs péchés d'oppositionnels dans le passé. »

La tribune collective contre Wieviorka recourt *ad nauseam* à ce procédé de reconstruction de la vie d'autrui :

> Déjà en 2005 il avait contribué à un ouvrage intitulé *La Fracture coloniale* [...] coécrit par les promoteurs du courant postcolonial [...] et les futurs ténors du mouvement décolonial, parmi lesquels certains deviendront des soutiens du Parti des Indigènes de la République [...].
> En 1998 il avait dirigé la thèse soutenue par Nacira Guénif-Souilamas, l'une des figures de proue du décolonialisme, ainsi que, en 2019, celle d'Agnès De Féo [...]. Le jury était notamment composé d'universitaires acquis au port du voile [...].

Dans la réponse de Michel Wieviorka, qu'on sent irrité et blessé, d'autres mécanismes de disqualification outrancière sont déployés. Le premier vise à déconsidérer l'action de ses adversaires en leur déniant toute autonomie d'action et de pensée ; ils ne sont que des supplétifs :

> Roulent-ils pour un leader politique ? Leurs dégueulis, au plus loin des exigences élémentaires en matière de rigueur scientifique, sont un composé improbable d'idéologies initialement éloignées

1. Nicolas Werth, « La mise en scène pédagogique des grands procès staliniens », *Le Temps des médias*, 2010, n° 15, p. 142-155.

qui fusionnent dans la destruction de la vie intellectuelle. Mais ils n'indiquent pas la moindre capacité d'élaborer un contre-projet. Ils ne peuvent être que les fourriers ou les supplétifs d'un pouvoir, présent ou à venir, qui saura le moment venu instrumentaliser certains d'entre eux, ou qui peut-être a commencé à le faire, fraction droitière de la macronie, de la droite dure, ou extrême. Ils ne savent pas nécessairement où ils vont.

Un deuxième procédé, complémentaire, attribue à ces opposants des motifs cachés et malveillants :

> Les signataires de cette tribune chassent en meute, leur action est collective, le procédé – la pétition dans la presse pour en appeler à la vigilance – s'inscrit dans un processus politique. Fonctionnent ensemble ici deux logiques au moins. L'une relève d'un tropisme directement tourné du côté de l'extrême droite, et éventuellement de ses intellectuels organiques, du genre Alain de Benoist ; ceux qui la véhiculent sont parfois des déçus de la gauche. L'autre logique est un résidu de lambeaux sécuritaires et droitisants d'un socialisme déstructuré.

Un dernier procédé disqualifiant termine l'estocade : le *rabaissement méprisant*. La charge est dépréciative : il s'agit de retirer à l'opposant toute autonomie de pensée ; il n'est plus qu'un spadassin, au service du despote :

> Le néo-stalinisme, la haine de la pensée, c'est eux. Ils s'en prennent à un chercheur qui publie et est connu à l'échelle internationale, parce qu'ils n'ont pas conscience de leur « nationalisme méthodologique » qui tire la France vers l'arrière. Ils ne veulent pas pour eux de l'étiquette de néo-maccarthysme, mais ils en sont les champions, ardents. Ils font des fiches, comme les serviteurs zélés d'un régime autoritaire, peut-être établissent-ils des listes de « suspects », ils épluchent avec un regard policier les dossiers de soutenance de thèses pour mieux dessiner la carte de leurs futures opérations médiatiques. Bref, ils contribuent concrètement à la police de la pensée et à la mise en cause des libertés académiques.

Du travail d'outranciation

Techniques et stratagèmes éristiques s'inscrivent dans une *dynamique outrancière*. Cela désigne trois activités : le phénomène en mouvement ; son évolution ; enfin les lois qui président à ce mouvement et ces évolutions. Quelles en sont les composantes ? Premier ingrédient : *l'événement stimulant*. À l'instar de l'événement déclencheur des conflits (sociaux, commerciaux, internationaux, etc.), celui-ci ouvre la séquence d'outrance. Il apparaît tel – *stimulant* – lorsqu'un ou plusieurs événements, concomitants, portent à l'incandescence une situation *déjà tendue*. La controverse entre intellectuels français à propos de la guerre entre le Hamas et Israël a pris ce tour outrancier en raison de son passif ; l'outrance est une matière qui se travaille à chaud, et sur un terreau inflammable. L'agression du Hamas du 7 octobre 2023 condensa, dans sa macabre brutalité, les facteurs propices à la déflagration. Lesquels ? D'abord *l'horreur absolue* : une offensive militaire contre des civils désarmés ; une sauvagerie inouïe dans leur assassinat planifié ; la diffusion, par de multiples réseaux, d'images terrorisantes de civils décapités. Puis *un contexte géopolitique enfiévré*, où se mêlent et s'entremêlent : des comportements inadmissibles de colons israéliens dans les territoires occupés de Cisjordanie ; l'emprisonnement à ciel ouvert de plus de deux millions de Gazaouis ; une tolérance variable de l'État hébreu vis-à-vis des miliciens du Hamas pour contrecarrer l'influence de l'Autorité palestinienne et du Fatah ;

l'absence de perspectives politiques, hors le maintien indéfini du *statu quo*, et le refus du gouvernement de Netanyahou de toute négociation pour une solution à deux États d'un conflit non réglé depuis soixante-quinze ans ; une jeunesse palestinienne désespérée, donc prête à écouter ceux qui soufflent sur les braises de leur ressentiment. Nommons *contexte permissif* de telles situations d'exaspération sociopolitique. Il est « permissif » dans la mesure où les protagonistes disposent à foison d'arguments, plus ou moins valides, pour justifier leurs actes et leurs propos. Ils sont disponibles « en rayon », pourrait-on dire ; ils visent, non pas à débattre, mais à *combattre* (l'ennemi).

La polémique dont fut victime, en novembre et décembre 2023, Claudine Gay, nouvelle directrice de la prestigieuse université Harvard, aux États-Unis, et la campagne outrancière de dénigrement à son égard peuvent s'expliquer par la conjonction de ces deux phénomènes : le contexte (la guerre Hamas-Israël), qui échauffa les esprits sur le campus ; et l'exploitation des opportunités générées par cet échauffement collectif. Ont été réactivés des procès antérieurs, alourdissant le poids émotionnel du moment. Claudine Gay, de parents haïtiens, diplômée des universités Stanford et Harvard, spécialiste de la représentation politique des minorités, avait été choisie en juillet 2023 parmi six cents candidats, devenant ainsi la première personne noire et la deuxième femme à diriger cette université[1]. Le 5 décembre 2023, dans une ambiance tendue, Claudine Gay et ses collègues de l'université de Pennsylvanie et du Massachusetts Institute of Technology, Elizabeth Magill et Sally Kornbluth, ont témoigné devant les élus de la Chambre des représentants. De nombreux élus républicains lui ont reproché « une attitude ambiguë » dans sa dénonciation de l'antisémitisme. Sur fond de pressions politiques notoires, un élément sémantique, introduit par les partisans d'Israël sur le campus, a polarisé le débat public : l'appel des étudiants propalestiniens de Harvard

1. Voir l'article d'Arnaud Leparmentier, « Comment la guerre Israël-Hamas a déchiré Harvard », *Le Monde*, 17 décembre 2023.

en faveur d'une « intifada » est-il ou non un appel au génocide des Juifs ?

Tout commence lors de la grève du 29 novembre 2023 quand les animateurs de l'AFRO (African and Afro-American Resistance Organization), une association étudiante afro-américaine de Harvard fondée quelques mois auparavant[1] (reprenant le même acronyme que l'association créée en 1963 sur ce campus après l'assassinat de Martin Luther King), envahissent les salles de cours, en font sortir les étudiants, rapporte le journal local, *The Harvard Crimson* (produit par des étudiants du campus), clament dans des mégaphones « *From the river to the sea, Palestine will be free* » et « *Long live Palestine, long live the intifada, intifada, intifada, globalize the intifada* ». Ces slogans sont-ils génocidaires, ou « seulement » outranciers ? Le problème est que les deux parties aux prises usent des mêmes stratagèmes sémantiques. Assimiler le mot arabe *intifāḍa* au mot anglo-saxon *genocide*, et accuser ceux qui reprennent sur le campus de Harvard des chants palestiniens magnifiant cette intifada de vouloir exterminer les Juifs partout dans le monde est, au sens strict, un procédé rhétorique outrancier puisqu'il tente d'imposer *une* réalité dans le débat public – l'intifada comme génocide – en empêchant l'expression publique d'une *autre* réalité – l'intifada comme « révolte populaire menée contre un régime oppresseur ou un ennemi étranger », si l'on suit la définition de ce terme par *Le Petit Larousse*. L'AFRO et ses animateurs, en reprenant à haute voix un slogan dont ils ne peuvent ignorer le sens et les conditions historiques dans lesquelles il a été forgé, adoptent un discours et un comportement également outranciers – pour les mêmes raisons. Forgé par l'Organisation de libération de la Palestine, dont le Fatah constituait jadis l'ossature, le slogan « *From the river to the sea, Palestine will be free* » a été réadopté par le Hamas lorsque l'OLP abandonna la lutte armée, à la fin des années 1990. La charte du Hamas, révisée en 2017, maintient le même objectif : « La libération

1. Voir la tribune d'un de ses fondateurs : Prince A. Williams, « The new AFRO : A call for Black political organization », *The Harvard Crimson*, 2 octobre 2023.

pleine et entière de la Palestine, du fleuve à la mer. » Un article du *Times of Israël* daté du 9 novembre 2023 rapporte cependant ce qui suit :

> Les politiciens israéliens ont, eux aussi, utilisé cette formule pour désigner le territoire tout entier – quoique plus rarement. En 2020, le député de droite Gideon Saar, ancien allié du Premier ministre Benjamin Netanyahu qui est devenu l'un de ses critiques les plus féroces, avait déclaré que « entre le fleuve Jourdain et la mer Méditerranée, il n'y aura pas d'autre État indépendant » – rejetant la possibilité de l'établissement d'un État palestinien aux côtés d'Israël.
> Uri Ariel, membre du parti d'extrême droite Hatzionout Ha Datit, avait expliqué en 2014 que « entre le fleuve Jourdain et la mer Méditerranée, il n'y aura qu'un seul État qui est Israël ».

La presse propalestinienne argumente de son côté – le propos est repris dans les mêmes termes dans de nombreux articles ou billets de blog – que le parti du Premier ministre, Benyamin Netanyahou, le Likoud, représentant à l'origine les intérêts des colons juifs implantés sur les terres arabes conquises après la guerre des Six Jours de 1967, a toujours considéré qu'« entre la mer et le Jourdain, il n'y aura que la souveraineté israélienne ». Propos réaffirmés en juillet 2023 par Benyamin Netanyahou, en visite en Cisjordanie, déclarant, selon un article du *Times of Israël*, que « sa proposition consistait à offrir "une souveraineté moins que parfaite" aux Palestiniens, Israël maintenant le contrôle sur le territoire qui s'étire entre le fleuve Jourdain et la mer Méditerranée[1] ».

Se comprend mieux, remise dans son contexte, la controverse à propos du slogan « du fleuve à la mer ». Elle condense, en une formule se prêtant à toutes les interprétations, l'impossible équation politique à résoudre pour mettre un terme au conflit israélo-palestinien : deux peuples, revendiquant la même terre, chacun exigeant sa pleine

1. Jacob Magid, « Netanyahu évoque sa vision d'une future "entité palestinienne infranationale" », *The Times of Israël*, 18 juillet 2023.

souveraineté et son droit à la sécurité. La dynamique outrancière se nourrit de ces impasses géopolitiques et des rodomontades des dirigeants. Le cycle des disqualifications conjointes paraît infini, entretenu par les surenchères successives. L'idée même de nuancer son propos, au sens d'une atténuation de sa rhétorique, est impossible ; ne subsistent que la haine et la déshumanisation de l'autre, saisi dans son être collectif. Exemples :

> « "Nous avons vu des animaux de proie", a indiqué Netanyahu. "Nous avons vu le visage des barbares que nous devons affronter. Nous avons vu un ennemi cruel. Un ennemi qui est pire que l'État islamique."[1] »
>
> « "Quand on doit affronter l'ennemi iranien – le Hamas, le Jihad islamique, le Hezbollah, l'Iran – on affronte une conception nazie", a expliqué [l'ancien Premier ministre Naftali] Bennett. "Je ne l'avais jamais dit dans le passé. Jamais je n'aurais pu concevoir qu'ils viendraient ici pour commettre un carnage, pour couper la gorge d'enfants. Ce sont des animaux. Nous devons les appréhender comme s'ils étaient des nazis. Ce que nous ferions aux nazis, nous devons le faire à leur encontre."[2] »
>
> « "Israël est un pays qui n'a pas sa place sur notre terre", a déclaré M. Hamad dans une interview accordée à la chaîne de télévision LBC le 24 octobre [...]. "Nous devons éliminer [Israël] car il représente une catastrophe sécuritaire, militaire et politique pour la nation arabe et islamique. Nous n'avons pas honte de le dire." » [...] Dans cet entretien, Hamad déclare qu'Israël doit être rayé de toutes les "terres palestiniennes", c'est-à-dire qu'il doit être complètement anéanti, affirmant que son existence est "illogique"[3]. »

L'*actualisation permanente du récit outrancier* est une autre condition du travail d'outranciation. S'amenuisent, au fil des jours,

1. Carrie Keller-Lynn, « Gallant jure "de faire disparaître le Hamas de la surface de la Terre" », *The Times of Israël*, 12 octobre 2023.

2. « Guerre contre le Hamas : "Nous affrontons l'équivalent des nazis", dit Bennett », *The Times of Israël*, 9 octobre 2023.

3. Gianluca Pacchiani, « Le Hamas dit qu'il répétera l'attaque du 7 octobre jusqu'à ce qu'Israël soit anéanti », *The Times of Israël*, 1er novembre 2023.

l'indignation des citoyens, l'attention des médias et la préoccupation des élites ; il faut donc maintenir haute l'intensité outrancière en renouvelant les arguments (pour parvenir à l'objectif d'hégémonie argumentative). L'*exploitation des opportunités* est donc une variable-clé de la dynamique outrancière : moins celle-ci est diligente, et plus difficile est son maintien. Le *recrutement d'alliés* et l'*enrôlement de nouvelles recrues* en sont le moteur. Souvent, ce travail d'enrôlement est assuré par les recrues elles-mêmes qui, après avoir pris position, s'empressent de la propager ; les tribunes que publient les journaux ou les magazines sont, dans ce travail de propagation, un outil majeur : l'une répond à l'autre, déclenche la rédaction d'une troisième, qui provoque la publication d'une quatrième, etc.

La *gestion du cycle des ripostes et des contre-ripostes* est une réponse politique et organisationnelle aux efforts de la partie adverse. Il ne s'agit pas seulement d'élaborer des éléments de langage, mais de mettre en œuvre une stratégie éristique définie *ex ante*. Les cellules « riposte » au sein des partis politiques sont accoutumées à cette réactivité ; elles publicisent un dire autorisé à partir d'événements médiatisés ; elles contribuent aux dynamiques outrancières puisque ces éléments de langage, élaborés à partir d'une position officielle, vont muter, du fait de leur propagation, en de nouveaux éléments de langage, polémiques car sans nuance…

De la nostalgie

D'où provient l'outrance contemporaine ? Pour répondre, il faut d'abord distinguer l'outrance ordinaire et celle des élites (décideurs politiques et autres « influenceurs », chroniqueurs ou universitaires). Puis identifier les raisons pour lesquelles ces individus adoptent ces techniques. Enfin, articuler des constantes sociales et anthropologiques – les pulsions humaines d'hostilité, ou les alchimies de l'esprit humain – et des novations, des émergences, dans les modes contemporains d'actions réciproques des individus. La distinction entre individus et élites est nécessaire : les secondes usent de leurs positions institutionnelles ; et elles ont des compétences (sociales, relationnelles, intellectuelles, etc.) dont disposent moins les premiers ; leurs responsabilités dans les dérives actuelles du débat public sont différentes. Il y a certes un rapport étroit entre ces deux sortes d'outrance : l'ordinaire se répand d'autant plus vite que celle des élites s'affermit ; et ces dernières s'autorisent l'absence de nuances car ils pensent répondre aux exigences de leurs lecteurs ou auditeurs. Les deux démarches n'ont cependant pas la même finalité : celle des élites vise l'hégémonie pour des fins de conquête ou d'exercice du pouvoir ; celle des individus a plus à voir avec ce que nous nommons l'*exaspération*.

La question des motifs *généraux* de l'outrance contemporaine ne peut en effet se traiter sans que l'on aborde les raisons *particulières* d'agir des individus sur un mode outrancier. S'entremêlent ici *travail d'outranciation* et *ressentis* d'individus formant société. L'exercice de compréhension est double : fournir de l'outrance une explication *exogène* au jeu des acteurs (résumée par l'usage du « parce que » et mobilisant des causes générales), mais aussi une analyse *endogène* à ce jeu d'acteurs, en considérant l'outrance comme un *mode pathologique d'actions réciproques.*

Face à l'infinité des facteurs qui déterminent un événement (ou favorisent un phénomène), et en l'absence de critères, comme le rappelle Max Weber[1], permettant de sélectionner, dans ce flux de causes et d'effets, « une fraction d'entre elles comme devant seule entrer en ligne de compte », l'analyste ne peut qu'avouer, en livrant au public les résultats de son enquête, avoir isolé des « portions de la réalité singulière », du seul fait qu'elles présentaient à ses yeux *intérêt et signification.* La recherche de causalités, poursuit Weber, porte moins sur des lois que sur des *connexions causales concrètes.* Lesquelles sont-elles ?

Avant de donner la parole à celles et ceux qui outrent, invectivent et vitupèrent, pour comprendre ce qui les meut et ce qu'ils ressentent, il faut d'abord s'interroger : est-ce un phénomène récent, ou est-ce inhérent à toute société humaine ? Les deux thèses sont présentes dans le débat public ; gardons-nous ici de trancher, et contentons-nous d'apporter quelques éléments d'appréciation. Commençons par la première thèse ; ses arguments semblent solides :

> Elle est vicieuse. Elle est partout... et « mal-élevée », en plus !
> Elle : c'est l'outrance !
> Jadis bannie par nos aïeux, manzelle s'invite désormais tout'koté (à moins que ce soit nous qui l'invitions) : dans les émissions de télévision d'abord, sur la place publique entre les responsables, puis à l'école, entre élèves, avec les adultes et entre eux, dans les couples et les familles, entre inconnus, entre amoureux et entre ennemis, au travail, dans la rue et même dans l'Église ; elle est là chez elle. Elle gère désormais les rapports sociaux, elle

1. Max Weber, « L'objectivité de la connaissance dans les sciences et la politique sociales », *Essai sur la théorie de la science*, Paris, Plon, « Pocket », 1992, p. 156.

parle, commande et règne dans notre peuple… et le détruit de l'intérieur !
L'outrance, c'est la démesure, l'êguezagérassion. Avec son copain « le toupet », elle pollue nos relations. On ne comprend plus les propos modérés, les tenues discrètes ou les bonnes manières. Que ce soit le manger, le boire, la discussion, le conflit, l'habillement, les distractions, la publicité, la politique, la communication, l'art et même l'amour, on fait tout dans la surenchère et la provocation, jusqu'à la saturation, la vulgarité et jusqu'à l'écœurement. Tcha !
La culture de l'outrance se décline quotidiennement. Plus on est violent et vulgaire, plus grand sera le petit succès. Sur les réseaux sociaux comme sur les grands médias, chacun pousse son « coup-de-gueule », courageusement séré derrière un pseudonyme. Désormais, on invective nommément son prochain devant la terre entière, sans craindre d'être reconnu. « Si noutépéwouèmoun tala, chantait Dédé Saint-Prix, pèsonn pa téké jouré ! » Honte aux baptisés qui participent à ce genre de choses.
[…]
Alors, Matnik, un seul conseil pour aujourd'hui : KalméKô'w !

Ce billet d'humeur est celui de l'archevêque de Saint-Pierre et Fort-de-France, David Macaire, publié le 9 février 2018 sur le site Web de l'Église catholique en Martinique ; on conviendra que l'analyse ne manque pas de justesse. Dans les années 1970-1980, nous pouvions écouter des débats politiques télévisés sans voir les invités se couper la parole et s'invectiver ; les responsables politiques se présentaient cravatés ; ils respectaient leur temps de parole. La police matraquait les manifestants, mais des années 1960 aux années 2000, Mai 68 y compris, on recense un nombre infime de mains arrachées et de visages éborgnés. Entre 2019-2020, trente personnes perdirent un œil lors de la répression des manifestations hebdomadaires des Gilets jaunes…

D'autres exemples illustrent la thèse inverse, celle d'une outrance ordinaire, intrinsèque à notre société. Il y a à peine plus d'un siècle, l'armée tirait sur des mineurs en grève réclamant la journée de huit heures ; on déportait à Cayenne le capitaine Alfred Dreyfus, injustement accusé d'espionnage ; on assassinait Jean Jaurès, député du Tarn et directeur du journal *L'Humanité* ; on accusait Léon Blum, député de Paris puis président du Conseil des ministres d'être « un monstre de la République démocratique. Détritus humain, à traiter comme tel. [...] C'est un homme à fusiller, mais dans le dos[1] ».

Et cætera. Certes, Michel Serres, dans son essai *C'était mieux avant !*, rappelle que les personnes nées après 1945 n'ont pas connu deux guerres mondiales, ni les maladies infectieuses, les discriminations raciales, les travaux pénibles qui déforment les corps et les hivers sans chauffage[2]. Mais celles nées avant 1945 n'ont pas connu le chômage de masse, le terrorisme djihadiste et d'extrême gauche, la pandémie mondiale de Covid-19, etc. Nous pensons vivre aujourd'hui des bouleversements sociaux, politiques, économiques et climatiques considérables : les dommages de l'anthropocène, la numérisation de nos vies et de nos métiers, la fin de l'hégémonie occidentale dans le monde, etc. Nous sommes persuadés qu'ils sont sans commune mesure avec ceux que nos aînés ont dû affronter ; c'est une erreur : ils furent aussi surpris que nous des mutations du monde dans lequel ils vivaient ; et il est probable qu'ils aient été aussi pessimistes que nous le sommes aujourd'hui. Ils vécurent le dur accouchement de notre modernité et s'alarmèrent des changements drastiques qu'elle provoqua. Ils ont donc réagi d'une manière semblable à la nôtre, puisque pétris de la même humanité et héritiers, comme nous le fûmes après eux, d'une tradition séculaire de respect des personnes et des institutions. Prenons Balzac. Dans son *Traité de la vie élégante* (1830), il se fait sociologue de son époque :

> Du moment que deux livres de parchemin ne tiennent plus lieu de tout, où le fils naturel d'un baigneur millionnaire et un homme de talent ont les mêmes droits que le fils d'un comte, nous ne pouvons plus être distinctibles que par notre valeur intrinsèque.

1. Propos de Charles Maurras dans *L'Action française*, 1936, cité dans l'article de Doan Bui, « "À mort le juif !" : quand Léon Blum se faisait lyncher en plein Paris », *L'Obs*, 20 février 2019.
2. Paris, Le Pommier, 2017.

> Alors, dans notre société, les différences ont disparu : *il n'y a plus que des nuances*[1].

Sous ses yeux une société naît ; l'Ancien Régime et ses états séparés n'existent plus. On y lisait sans peine les vieilles hiérarchies sociales ; les nouvelles sont à déchiffrer : elles se dissimulent sous quelques nuances. Dans sa préface à *Une fille d'Ève*, Balzac décrit ainsi ses difficultés de romancier :

> Autrefois tout était simplifié par les institutions monarchiques ; les caractères étaient tranchés : un bourgeois, marchand ou artisan, un noble entièrement libre, un paysan esclave, voilà l'ancienne société de l'Europe ; elle prêtait peu aux incidents du roman. Aussi voyez ce que fut le roman jusqu'au règne de Louis XV. Aujourd'hui, l'Égalité produit en France des nuances infinies. Jadis, la caste donnait à chacun une physionomie qui dominait l'individu ; aujourd'hui, l'individu ne tient sa physionomie que de lui-même. Les sociétés n'ont plus rien de pittoresque : il n'y a plus ni costumes, ni bannières ; il n'y a plus rien à conquérir, le champ social est à tous. Il n'y a plus d'originalité que dans les professions, de comique que dans les habitudes.

Dans sa préface à *Splendeur et misère des courtisanes* (1838), il durcit le trait :

> L'aplatissement, l'effacement de nos mœurs va croissant. Il y a dix ans, l'auteur de ce livre écrivait qu'il n'y avait plus que des nuances ; mais aujourd'hui les nuances disparaissent. Aussi [...] n'y a-t-il de mœurs tranchées et de comique possible que chez les voleurs, chez les filles, et chez les forçats, il n'y a plus d'énergie que dans les êtres séparés de la société[2].

1. Nous soulignons. *La Revue de Paris* (article d'A. Guéroult, août 1835) critique de manière ironique cette nouvelle (*La Fille aux yeux d'or*) : « Vous parlerai-je de M. de Balzac ? Si je n'écoutais que mon penchant, je me tairais [...]. M. de Balzac est le conteur par excellence, l'homme des nuances et des détails. »

2. Préface de *Splendeurs et misères des courtisanes*, dans *La Comédie humaine* (VI), Paris, Gallimard, « Bibliothèque de la Pléiade », 1977, p. 425.

Ce discours nostalgique est souvent le nôtre. Une madeleine trempée dans du thé, et voici que, « après la mort des êtres, après la destruction des choses », surgissent les souvenirs de jours (prétendus) heureux et, comme Proust, l'on cesse de se « sentir médiocre, contingent, mortel ». Était-ce *vraiment* mieux avant ? Prenons l'exemple de nos voisins immédiats : les Italiens. Dans les années 1970 et 1980, plus de 14 500 attentats, fomentés par des militants d'extrême droite et d'extrême gauche, furent commis en Italie ; 400 personnes y perdirent la vie[1]. En 1978, Aldo Moro, président du parti Démocratie chrétienne, est enlevé ; son cadavre est retrouvé dans le coffre d'une voiture à Rome. En août 1980, un attentat à la gare de Bologne fait 85 morts et plus de 200 blessés. Des centaines de patrons, policiers, magistrats et politiciens furent séquestrés, victimes de « jambisation » (tirs de pistolet dans les genoux) ou assassinés. À partir de 1981, certains brigadistes coopèrent avec la Fraction armée rouge (Rote Armee Fraktion), fondée par Andreas Baader et Ulrike Meinhof. Se succédèrent attentats à la bombe, détournement d'avions de ligne et assassinats (donc ceux de Hanns Martin Schleyer, patron des patrons allemands ; de Siegfried Buback, procureur général de l'État ouest-allemand ; et de Jürgen Ponto, le président de la Dresdner Bank). Ces meurtres ont été commis au nom d'une action « révolutionnaire » visant à instaurer une société communiste *fraternelle*. Comme l'expliqua le dirigeant brigadiste italien Renato Curcio :

> J'étais convaincu que le prix de la mort, si tragique qu'il fût, était une nécessité pour le passage à une société sans oppression. [...] La guerre de classe en tant que guerre ultime [...] pour conquérir une société utopique d'où la violence serait définitivement bannie[2].

1. Chiffres issus de Carole Beebe Tarantelli, « Les Brigades rouges et le terrorisme italien : structures et dynamiques des groupes violents », *Outre-Terre*, 2014, n° 41, p. 433-452.

2. Renato Curcio, *A viso aperto*, Milan, Mondadori, 1993. Voir également : Mario Moretti, *Brigate Rosse, una storia italiana*, Milan, Anabasi, 1994

Violenter pour bannir la violence ? Étrange raisonnement : la violence n'engendre qu'une pire violence ; et celle-ci dévore ses affidés. Ces événements italiens se sont déroulés il y a près de cinquante ans ; ils peuvent, partout en Europe, resurgir à chaque instant[1] : nous avons peut-être raison d'imaginer le pire.

1. Voir l'argument du film *How to Blow Up a Pipeline : Learning to Fight in a World on Fire* (titre français de ce film sorti en salles en France au printemps 2023 : *Sabotage*). Extrait de la critique d'un spectateur (sur le site AlloCiné, commentaire de « Jorik V. », 24 avril 2023) : « Des œuvres comme celle-là on n'en voit pas tous les jours. Et c'est un compliment. *Sabotage. How to Blow Up a Pipeline* est ce type de long-métrage engagé, contestataire, polémique, virulent et pamphlétaire comme il y en avait beaucoup dans les années 70 et 80. Ce genre de film qui secoue, qui incite au débat et scinde par ses partis pris radicaux. Et qui fait cruellement défaut dans le cinéma contemporain, même indépendant. On y suit un groupe d'activistes écologiques, des écoterroristes comme on les appelle, qui projette de faire sauter un pipeline dans le sud du Texas de manière artisanale. Leurs raisons sont variées mais ils se positionnent tous comme des militants voulant faire bouger les choses et impacter le système en place. Et le film prend clairement position pour le terrorisme en faveur de la planète. »

De la justification

Ce qui distingue les actions humaines est le fait qu'elles sont issues d'*intentions*. Pour les comprendre, il faut pénétrer l'esprit des individus, et y rechercher les raisons qui les ont conduits à agir ainsi. Sachant, remarquait le philosophe canadien Charles Taylor, que ces intentions ne peuvent être réduites à de simples « données » situées dans leur esprit, mais qu'elles ont nécessairement un contenu irréductiblement social, ces individus étant inscrits dans divers cercles sociaux, et soumis à leurs influences[1]. Le besoin de se justifier naît d'une action non conforme aux règles en vigueur. On ne justifie pas l'observation de la règle ; sa désobéissance, oui. La personne qui s'écarte du comportement socialement attendu (ou d'un discours normativement défini) se sent obligé d'en expliciter le bien-fondé. Antigone justifie son désir d'enterrer Polynice par devoir sacré de fraternité et par fidélité aux lois divines. Yvan Kaliayev justifie son geste de ne pas avoir lancé la bombe sur le grand-duc parce que les enfants étaient présents dans la calèche royale. Jean-Baptiste Clamence, lui, ne peut justifier son geste (ne pas avoir porté secours sur le pont à la jeune femme qui se noyait

1. Charles Taylor, « Hegel and the philosophy of action » ; cité par Martin Thibodeau, « Hegel, l'intention et l'action : réflexions sur un débat récent », *Laval théologique et philosophique*, 2014, vol. 70, p. 343-362. Voir également son œuvre maîtresse, *Les Sources du moi. La formation de l'identité moderne*, Paris, Seuil, 1998.

sous ses yeux et dont il entendit les cris) : il endure le remords et les affres de la culpabilité. Les motifs de l'agir non conforme sont ainsi divers ; et les personnes transgressives justifient l'écart à la règle en mobilisant d'*autres règles*, qu'elles estiment de valeur supérieure aux précédentes et qu'elles indiquent, elles, respecter, les jugeant plus pertinentes ; chaque transgresseur se fait le législateur de sa propre action.

Cette production sociale de justification a été conceptualisée par Luc Boltanski et Alain Thévenot dans leur opus de 1991, *De la justification. Les économies de la grandeur*. Ils y plaident pour un pluralisme d'ordres conventionnels de justification, qu'ils nomment des « cités », celles-ci se référant au bien commun, différemment décliné. L'idée est heuristique ; plusieurs de leurs intuitions et convictions sont utiles pour comprendre cette capacité qu'ont les individus – vous, moi, les autres, etc. – à étayer leurs actions sur des « grandeurs » qui les légitiment. Ces « ordres conventionnels » sont relatifs à des *situations sociales* ; ils ne sont pas rattachés à des collectifs constitués (des partis, des syndicats, des associations, etc.) mais *à des individus cherchant à justifier leurs actions* et, dans cet effort, à tenir compte des arguments et des grandeurs mobilisés par leurs interlocuteurs – pour les réfuter, les disqualifier.

Distinguons ici trois types de justification de l'outrance dans le débat public. Le premier consiste à *invoquer une entité supérieure* (une idée, une personne, un collectif, un principe valoriel, etc.) pour se mettre sous sa protection. Procéder *par invocation* permet à l'individu qui y a recours d'outrer au nom d'une cause jugée plus grande que l'action engagée ou le discours tenu. Par exemple : « La République, c'est moi[1] ! »…

Ce procédé se présente comme un raisonnement de bonne foi ; il appelle au *bon sens* du public. Ainsi de l'épisode des caricatures des députés LREM ayant voté la loi dite de « sécurité globale »,

1. Jean-Luc Mélenchon, lors d'une perquisition de son local de campagne en octobre 2018.

fin novembre 2020. Le lendemain du vote, trente dessinatrices et dessinateurs, en réaction à une loi jugée « liberticide », publient sur Internet les portraits des 388 députés qui l'ont votée. Ces « caricatures » – en fait, de simples portraits crayonnés, avec, au-dessous, leur nom et la mention « a voté pour la loi sécurité globale » – sont placardées dans les rues de Paris et collées sur des pancartes lors de la manifestation du 28 novembre 2020. Quelques jours plus tard, Jacques Maire, député LREM, porte plainte pour « acte d'intimidation envers un élu public » et pour « diffamation envers un fonctionnaire dépositaire de l'autorité publique ». Ainsi qu'il l'indique dans un tweet :

> Je défends la caricature. Mais la placarder à [Meudon] et la relayer de façon injurieuse sur les réseaux sociaux relève de la stigmatisation publique classique pratiquée par l'extrême droite. Combattons les idées, pas les personnes. Plainte contre X transmise au parquet.

En réaction, le magazine en ligne *ActuaLitté*, le 19 décembre 2020, publie un article dont le titre est : « Un #Députédelahonte porte plainte pour diffamation, en guise d'appel au calme ». On y lit ceci :

> « La réaction de ce député est frappante, il prive les gens de leur liberté d'expression », surenchérit son avocat. « Ce portrait dit une simple information, que ce soit qualifié de diffamation est ubuesque, je n'ai jamais vu ça », affirme Me Moad Nefati, l'avocat de l'enseignant [convoqué au commissariat pour avoir relayé le dessin sur son compte Twitter]. Jacques Maire, lui, estime que l'hashtag #députédelahonte « est juridiquement une insulte et c'est nous désigner à la vindicte publique ». Ce qui peut être au début un acte militant banal, juge-t-il, « peut aussi, dans cette période violente, dégénérer. Des gens pourraient le prendre au pied de la lettre ».

Ici, deux discours outranciers s'opposent, chacun tentant de mobiliser à son profit une grandeur légitime : la liberté d'expression, pour l'un, le respect du droit des personnes, pour l'autre.

Le deuxième procédé de justification – *par réaction* – vise à se disculper par avance de son outrance *en faisant porter sur autrui la responsabilité* de celle-ci. Exemples :

> « #Macron, pour qui il manquait “un roi à la France”, a vraiment un grave problème avec la démocratie. En 2022, dehors le monarque ! » [Tweet d'Adrien Quatennens, à l'époque dirigeant de La France insoumise, 21 janvier 2021]
> « Les casseurs sont sûrement des descendants d'esclaves, ils ont des excuses #Taubira va leur donner une compensation ! » [Tweet de Jean-Sébastien Vialatte, député UMP, en marge des violences urbaines lors de la célébration de la victoire du club de football Paris-Saint-Germain, 13 mai 2013]
> « L'éborgneur Christophe Castaner, viré du Ministère de l'Intérieur pour son incompétence crasse revient par la fenêtre en devenant président du groupe LREM à l'Assemblée. Encore une fois, la macronie recycle ses déchets ! » [Post Facebook de Mathilde Panot, députée LFI, 10 septembre 2020]

À chaque fois, le locuteur outrancier désigne par son nom la personne dont il dénonce l'action et s'autorise, pour cela, à outrer son propos. Cette *outrance réactive* semble courante dans le monde politique, tous bords confondus. Elle a été adoptée, sans nuances, par un haut fonctionnaire, Maxime Tandonnet, essayiste et chroniqueur, ancien conseiller de Nicolas Sarkozy au ministère de l'Intérieur. Dans une tribune publiée au moment de la protestation contre la réforme des retraites, il écrit ceci :

> Le chaos à l'Assemblée nationale est une conséquence directe du mépris de la classe dirigeante qui s'exprime depuis fort longtemps. Bien sûr les chahuteurs ne respectent pas les normes de la correction parlementaire. Mais ce n'est que la conséquence d'une banalisation du mépris de la classe dirigeante envers la Nation. Et ne parlons même pas des problèmes de corruption, des mises en examen non suivies d'une démission, dont l'effet est pire encore pour l'image de la politique que les bagarres de cour de récréation dans l'hémicycle. […] C'est devenu une habitude au plus

> haut niveau de la politique française de pratiquer la grossièreté, le mépris et l'injure au nom de la transgression [...]. Le chaos et la violence parlementaires sont aussi une réponse à des attitudes de l'exécutif ressenties comme des provocations[1].

L'outrance contemporaine : le reflet du chaos dans le pays ? L'hypothèse semble juste : sont réunies, dans un même énoncé, des choses fort différentes (le chaos supposé d'une société, le mépris des élites gouvernantes, leur corruption, le chahut dans l'hémicycle, etc.), et de ce rapprochement émerge une explication : l'outrance des uns (c'est-à-dire : le peuple, dans son bruit et sa fureur) est une réponse à l'outrance des autres (les élites dirigeantes et méprisantes). Mais cette hypothèse est *déséquilibrée* : elle nomme un seul coupable et ne lui accorde aucune circonstance atténuante...

Le troisième procédé – *la justification par l'usage* – consiste à se disculper en s'inscrivant dans une tradition politique elle-même outrancière. Le comportement, parfois infantile, dans l'hémicycle, de certains députés a été diversement expliqué. Sont cités : leur inexpérience ; leur refus ou leur méconnaissance des codes usuels de la représentation parlementaire ; l'effet de groupe, contraint chacun à participer à la *bronca* ; l'énervement, après de longues heures passées assis en séance et en silence, etc. Tout, alors, devient possible : le départ en groupe de la salle, en chantant, ou sous les huées ; l'interpellation *ad hominem* de l'orateur, pour contester son propos ou le déstabiliser ; le brandissement de pancartes préparées à l'avance ; le claquement des pupitres, en cadence, assorti ou non de vociférations, etc. Ces excès sont choquants, rappelait Jean-Louis Debré, ancien président de l'Assemblée nationale, mais ils ne sont pas nouveaux : « L'histoire de l'Assemblée, pour ceux qui la connaissent, déborde de débats houleux où les députés s'affrontent directement avec des invectives et parfois des coups », explique-t-il dans un entretien au journal *Libération*. Il y

1. Maxime Tandonnet, « Assemblée nationale, pourquoi le chaos ? », *Tribune Juive Info*, 11 février 2023.

rappelle les violents débats sur la laïcité en 1905 ; les débats sur l'IVG en 1974, lorsque Simone Veil était victime de misogynie et d'antisémitisme ; les propos racistes et antisémites à l'adresse de Léon Blum, alors Premier ministre, en 1936 ; ou l'évacuation de l'Assemblée par la garde mobile en mars 1950 à la suite de la rébellion d'un député communiste privé de son droit de parole. Nathalie Dompnier, étudiant « le chahut organisé des députés français », note que, loin d'être une remise en cause de l'ordre politico-parlementaire, il s'agit plutôt d'un *désordre circonscrit*, l'occasion d'affirmer « la cohésion des groupes parlementaires » et une sorte d'attachement aux normes et valeurs fondant l'ordre politique républicain[1]. L'outrance dans l'hémicycle est issue d'une transgression politique majeure : quand le tiers état se constitue le 17 juin 1789 en Assemblée nationale et se proclame le 9 juillet suivant en Assemblée constituante. L'épisode se renouvelle en 1848, en 1871 et en 1945. À chaque fois, l'ordre politique est aboli au profit d'une configuration nouvelle, au sortir d'un épisode guerrier qui rebat les cartes. Ces événements nourrissent un récit national fondé sur la légitimité du recours à la force révolutionnaire. Dans ce récit républicain des origines, la violence est fondée en raison ; l'outrance est une composante obligée : la première est pensée comme une réponse au monopole de la violence institutionnelle que s'arrogent les gouvernants ; la seconde, comme une technique de disqualification de l'adversaire.

Cette violence seconde, dérivative, dédouane ceux qui la pratiquent : ils ne font, justifient-ils, que « se défendre » ; cette défense par outrance, ajoutent-ils, est créatrice d'un monde nouveau. Leur violence serait *maïeuticienne* : du passé honni surgit l'avenir rêvé. Elle serait aussi *réparatrice* et *transformatrice* : les derniers deviennent les premiers, « l'homme nouveau » s'invente, etc. Elle est enfin, pense-t-on, *révélatrice*, puisqu'elle porte au jour la nature véritable

1. Nathalie Dompnier, « La légitimité politique en joue. Le chahut organisé des députés français sur les questions de fraude électorale depuis les années 1980 », *Parlement(s)*, 2010, n° 14, p. 35-48. Voir également Christian Delporte, « Il faut parler toujours plus fort, quitte à verser dans l'injure », *Libération*, 25 mars 2013.

du régime, forcément répressif ; et supposée *efficiente* puisque moyen exceptionnel approprié à des circonstances exceptionnelles.

Ces arguments peuvent être critiqués et leur logique mérite d'être interrogée. Chacun étant persuadé que l'autre mérite de perdre, nul ne se soumet ni abandonne, sûr de son droit ; la dynamique conflictuelle s'intensifie ; tous sont bientôt perdants : le cycle est immuable ! Pourtant, « les circonstances font tout autant les hommes que les hommes font les circonstances » (Marx et Engels). Comment l'histoire peut-elle d'ailleurs dicter des lois ? Si l'on croit l'avenir radieux, le passé et la tradition pèsent néanmoins « comme un cauchemar sur le cerveau des vivants » (Marx). Et c'est heureux : car les lendemains toujours déchantent, et le pire, dans une révolution, est toujours sûr. Le roi Louis le seizième a été guillotiné parce qu'il était roi. Pour détacher légalement sa tête de son corps, il fallut justifier cette violence. Saint-Just, à la tribune de la Convention le 13 novembre 1792, disqualifia ainsi son adversaire : « Louis a combattu le peuple : il est vaincu. C'est un barbare [...]. Il regardait les citoyens comme ses esclaves [...]. Quel ennemi, quel étranger nous a fait plus de mal ? »

Nous confondons ainsi l'ennemi, contre lequel nous combattons, et l'adversaire, avec lequel nous discutons. Cette diabolisation d'autrui est stratégique : tout chien noyé par son maître sait, au moment suprême, qu'il n'a pas la rage...

De la rareté de la nuance

En 2015, des abonnés du site web Quora ont répondu à la question « Pourquoi la nuance est-elle si rare ? » Quora.com est la version française d'une plateforme états-unienne originale, entre réseau social et forum de discussion. Le principe en est simple : un abonné pose une question à la communauté, d'autres abonnés répondent. Onze personnes ont répondu à cette question sur la rareté contemporaine de la nuance. Voici les réponses apportées, mises ici bout-à-bout :

> « Parce qu'il est tellement plus simple de donner un avis tranché sur une question sans prendre en compte les tenants et les aboutissants. C'est fatigant de faire une analyse, d'autant qu'à son terme, vous risquez d'avoir une vue différente de celle du départ. Être péremptoire est tellement plus facile ! »
> « Parce que nous manquons de temps pour développer nos idées. Asséner son opinion est donc devenu le moyen d'expression le plus courant dans le domaine de l'échange [...]. Point n'est besoin de démontrer, il faut convaincre et, pour cela, il faut asséner. Nuancer un propos est assimilé à une ratiocination lorsque ce n'est pas simplement pris pour une faiblesse de caractère. [...] »
> « Lorsque l'affect parle et qu'il s'agit d'extérioriser des émotions douloureuses, il est souvent plus confortable/agréable de faire dans les extrêmes. En général après une rupture de contrat

difficile avec son patron, ou bien une rupture amoureuse dans laquelle on s'est beaucoup investi, il est difficile de décrire la relation passée avec toutes ses nuances parce que quelque part, pour être à même de mettre à distance ces émotions négatives, la colère est un mal pour un bien, comme une sorte de moyen de défense. »
« Parce que pour nuancer ses propos, on [a] besoin de prendre du recul. »
« La plupart du temps, lorsqu'on n'a pas une vision d'ensemble de la situation, il est plus difficile de nuancer ses propos parce que certains éléments vont manquer à notre analyse. À son échelle chacun voit ce pour quoi il est réceptif mais peut-être qu'à une autre échelle il existe d'autres nuances que nous ne pouvons pas percevoir avec nos sens/notre bagage de connaissances [...] Dans certains cas, il est plus facile de rester dans le confort/la sécurité de ses retranchements plutôt que de sortir de son paradigme et défendre un point de vue contradictoire avec son discours initial. [...] »
« [...] le vrai problème avec la nuance, c'est que lorsque l'on en fait preuve, elle n'est malheureusement, souvent, pas reconnue. C'est donc un langage de sourds. Essayez de parler de façon nuancée à des personnes qui, de toute façon, ne veulent rien entendre. [...] »
« Une des choses les plus difficiles à accepter dans la vie est que des gens qu'on n'aime pas peuvent avoir raison. Donc on est sûr de notre idée/argumentaire, et si une idée vient d'un camp opposé, on réfute l'idée juste parce qu'on n'aime pas les gens de ce camp. Du coup ça donne des opinions très tranchées. Car pour nuancer il faut quand même prendre deux opinions différentes et essayer de les entremêler. »
« Sans doute parce que cela implique un vocabulaire conséquent pour exprimer toutes les nuances de notre pensée (et du temps pour développer celle-ci) [...]. Bien sûr, je dois nuancer mes propos, car même à supposer que je sois capable d'exprimer avec précision ma pensée avec un vocabulaire approprié (la forme), je peux également manquer de discernement au niveau de mes opinions (le fond), ceci pour plusieurs raisons : cela demande du temps pour étudier un sujet, par exemple un fait d'actualité,

en croisant et en vérifiant les sources d'informations ; changer de point de vue exige un effort de remise en cause, quand il est si simple d'avoir une opinion simpliste et tranchée sur des problèmes éminemment complexes. »
« Par facilité ! Les êtres humains ne veulent pas sans cesse tester les frontières de leurs goûts ; donc ils déterminent avec précision des frontières et n'en bougent plus ! »
« Aujourd'hui nous vivons dans l'immédiateté. Les réseaux sociaux (Twitter notamment) fonctionnent à chaud. Une nouvelle chasse l'autre. Pas de décryptage, pas de recul. »
« Pour diverses raisons : la binarité intellectuelle va de pair avec le fonctionnement (binaire ?) des nouvelles technologies ; une certaine oisiveté intellectuelle et dont les nouvelles technologies ont favorisé son "développement" ; des questions de caractère, d'ego et donc d'éducation et qui nous amène[nt] à croire que ce qui est dit, pensé, c'est forcément ainsi et pas autrement. À partir de là, par rapport à l'approche psychologique, eh ben disons que se trouver face à des questions sans réponses, ça peut faire peur ; une certaine forme de vide qu'il faut à tout prix combler. »
« Parce que la plupart des gens pensent – parfois à juste titre – qu'il faut dire le plus pour faire comprendre le moins. Nuancer, pour beaucoup, semble manquer de conviction... »

Dans leur majorité, ces réponses usent du « nous » collectif et se situent « à hauteur d'homme », sans mobiliser des arguments de grande généralité. D'où leur intérêt : elles sont liées aux compétences et aux comportements des individus face aux contraintes qui sont les leurs. Explorons ces catégories.

La première concerne l'accélération des temps sociaux. Hartmut Rosa l'a conceptualisée sous trois formats : *l'innovation technique* (on produit plus et en moins de temps qu'auparavant ; Paris est à sept d'heures de vol de New York ; un premier voyage civil vers la Lune se prépare pour 2025, etc.) ; *le changement social* (en une génération, des pratiques sociales se modifient du tout au tout – divorce, mariage, vie sexuelle, engagement militant et professionnel, etc.) ; ainsi que *le rythme de vie* (stress permanent, sentiment d'urgence, productivité horaire décuplée, etc.)[1]. Nos satisfactions se raréfient et s'appauvrissent ; nous oublions de « demeurer en repos dans une chambre[2] » ; nous écrivons des tweet de 280 signes (alors que cet ouvrage en comprend près de 700 000...) ; nous envoyons des *short message services* à l'aide d'un langage lui-même simplifié, avec des émoticônes, des smileys ou des émojis pour exprimer, mieux qu'avec des mots, croit-on, nos sentiments ou nos jugements. S'ajoutent des problèmes de vocabulaire et de qualité d'expression. Dire ce que l'on pense avec nuance suppose des ressources linguistiques. Si ce qui se conçoit bien s'énonce clairement et si les mots, alors, viennent aisément, l'exercice n'est pas facile : et le résultat, peu garanti. Dans cette temporalité simplificatrice, nos émotions deviennent prégnantes. Pour le philosophe Pierre Le Coz :

> Le gouvernement des émotions, c'est l'avènement d'une société en proie à ce que j'appelle la *captation émotionnelle* : un phénomène de stimulation sensorielle continue – visuelle, sonore –, qui mobilise nos affects au détriment de notre réflexion. Cette captation crée un profond déséquilibre entre la partie sensible de notre être et la partie rationnelle [...]. L'information n'est plus sélectionnée en fonction de son degré d'importance réel, mais en fonction de son pouvoir de captation des émotions[3].

Nos facultés d'observer, d'analyser et de comprendre sont rudimentaires. Nous sommes victimes de notre esprit, qui se joue de nous. Jon Elster nomme cela les « alchimies de l'esprit », l'« auto-empoisonnement de l'esprit », l'« aveuglement volontaire », les « réécritures cognitives », etc. Une phrase de son ouvrage, *L'Irrationalité*, résume cette propension à l'erreur :

1. Hartmut Rosa, *Accélération. Une critique sociale du temps*, Paris, La Découverte, 2013.

2. Pascal, Brunschvicg 139 : « [...] tout le malheur des hommes vient d'une seule chose, qui est de ne savoir pas demeurer en repos dans une chambre ».

3. Pierre Le Coz, *Le Gouvernement des émotions... et l'Art de déjouer les manipulations*, Paris, Albin Michel, 2014.

> Dans la réalité, les agents sociaux utilisent des critères de décision souvent très grossiers. Ils coupent la poire en deux, imitent le voisin, répètent le choix de l'année passée, recherchent un seuil de satisfaction plutôt qu'un maximum, etc.[1].

Ajoutons à ce premier tableau cette *pulsion d'hostilité* que repérait Georg Simmel, que nous portons en nous, plus ou moins maîtrisée, et nous aurons identifié un premier ensemble de raisons de l'outrance contemporaine, liées à *notre humaine condition*. Rappelons ici que Michel de Montaigne avait fait graver sur la poutre 38 de son bureau-bibliothèque cette citation de Pline l'Ancien : « Seule certitude : rien n'est certain ; et rien n'est plus pitoyable ou prétentieux que l'homme. »

Ce même Montaigne, cette fois-ci dans ses *Essais*, livre III et à la toute fin de ce magistral opus, avait écrit : « Et au plus eslevé throne du monde, ne sommes assis que sur nostre cul[2]. »

1. Jon Elster, *L'Irrationalité*, vol. 2 : *Traité critique de l'homme économique*, Paris, Seuil, 2010.

2. L'édition utilisée ici et dans les pages suivantes est celle de Flammarion, 2008, coll. « Le Monde de la philosophie », présentation par Roger-Paul Droit, p. 1105.

De l'exaspération

Un mot semble résumer un ressenti général : *l'exaspération* – des salariés, des artisans, des agriculteurs, des entrepreneurs, etc. Traitons-le comme un *concept* – c'est-à-dire : une abstraction permettant d'analyser une attitude, un comportement ou un phénomène. Lui accorder ce statut permet de doter cette *exaspération* de deux capacités, l'une descriptive, l'autre compréhensive. La première sert à délimiter le domaine de validité du mot, la seconde à comprendre les motifs de ce sentiment. On parlera ici d'une exaspération *publique*, en ignorant ce qui relève du domaine privé (familial, par exemple) et d'une exaspération *démonstrative* (puisqu'elle s'accompagne de propos acérés, d'éclats de voix, de soupirs indignés et de récriminations).

Le concept est peu en usage chez les sociologues. Il qualifie un ensemble d'attitudes et de comportements fondés sur une irritation extrême ; cela concerne, si l'on relève les occurrences dans les articles de la presse nationale à l'été 2023 : les prélèvements fiscaux, la réforme du système de retraite, la pénurie d'enseignants dans les collègues et lycées, la morgue des gouvernants et des directeurs d'administrations centrales, le prix du gazole, l'accueil des migrants, la fermeture de lits hospitaliers, les petites phrases du président de la République, la piétonnisation des rues et des places dans les grandes villes, les travaux routiers sur le chemin du travail, etc. À vrai dire, *tout* est sujet d'exaspération : la canicule, les repas arrosés et bruyants chez le voisin, les travaux dans la rue ou l'énième appel téléphonique d'un Institut de la transition écologique. Convenons de la justesse du jugement de Thomas Coutrot : « Contrairement au refrain médiatique, la société française n'est pas déprimée, elle est exaspérée[1]. »

Autrement dit : notre société est moins apathique que mécontente, car crispée. Pourquoi cette crispation, cette exaspération ? Toutes deux prennent naissance dans ce que Pierre Rosanvallon nomme « les épreuves de la vie », celles-ci générant « le ressentiment, l'indignation, la colère, l'amertume, l'anxiété et la défiance »[2]. Ces émotions sont suscitées en réaction à des *expériences* (d'une souffrance, d'une difficulté dans son existence, « de la confrontation à un obstacle qui ébranle au plus profond les personnes »). Rosanvallon distingue quatre registres d'épreuve(celui de l'individualité et de l'intégrité personnelle ; et ceux du mépris, de l'injustice et de la discrimination) ; huit réactions émotionnelles à leur égard (l'humiliation, le ressentiment et la colère ; l'indignation ; l'amertume et la rage ; enfin l'anxiété et la défiance) et sept attentes sociales en retour (le respect et la dignité ; l'attention des pouvoirs ; la reconnaissance et l'égalité réelle des chances ; la sécurité des personnes et la lisibilité des actions des responsables politiques). L'outrance et le non-nuancement contemporains sont des réactions pathologiques à ces expériences répétées de souffrance sociale du fait de ces sentiments de mépris, d'injustice et de discrimination, sur fond d'incertitude du lendemain et de désarroi face à des politiques publiques jugées inactives ou dévoyées.

Cette exaspération sociale semble avoir pris la place qu'occupait jusqu'alors la *protestation sociale*, du temps d'un mouvement ouvrier fort, d'un syndicalisme puissant et d'un parti communiste solidement implanté dans les cités et quartiers populaires. La disparition du *conflit social central*, pour reprendre les termes d'Alain Touraine et de son équipe – celui qu'opposait la classe patronale et les classes

1. Thomas Coutrot, « La bonne vie pour tous ! », *Revue du MAUSS*, 2014, n° 43, p. 298-301.

2. Pierre Rosanvallon, *Les Épreuves de la vie. Comprendre autrement les Français*, Paris, Seuil, 2021, p. 13.

populaires, avec la classe ouvrière comme pilote de celles-ci – a provoqué un double déplacement : celui des antagonismes sociaux et celui de la conscience de soi. Le premier s'est déplacé du champ *économique* (avec l'entreprise comme « lieu de bataille », comme l'écrivait encore la CGT dans ses brochures des années 1970-1980[1]) vers le champ *culturel*. « Certains "perdants" de la mondialisation et de la nouvelle économie », écrit Rosanvallon, « ont ainsi pu avoir le sentiment de retrouver une certaine centralité sociale en se considérant comme les gardiens d'un précieux héritage [...]. Ce n'est plus le capitalisme qui est l'objet de la vindicte [...]. Ce ne sont même pas les patrons, mais les élites politiques, culturelles et intellectuelles que l'on s'est mis à vouer aux gémonies, le retour en force des sentiments religieux jouant dans bien des cas un rôle essentiel[2] ».

Conséquence : une radicalisation des antagonismes et l'émergence de dimensions valorielles ou identitaires au sein des protestations sociales, donc « des guerres à mort » qu'aucun réalisme ne peut apaiser ou résoudre. Le rapport conflictuel des salariés à leur patron, rappelle Rosanvallon, était, lui, susceptible d'être géré de façon pragmatique et pouvaient se nouer des compromis issus de négociations collectives opiniâtres. D'où une dynamique nouvelle d'affrontements sociaux, gagnant en intensité du désaccord ce qu'ils perdent en capacité de le résoudre.

Un second déplacement est repérable : celui de la conscience de soi (ou de l'estime de soi). Elle n'oppose plus, comme lorsque existait ce conflit social central, une fierté personnelle adossée à une conscience de classe, critique d'une déraison des décisions des élites politiques et économiques – qu'illustrait l'expression, alors en vogue : « L'usine, c'est le bordel ! », commentée avec justesse par le sociologue Philippe Bernoux[3] –, mais une fierté personnelle

1. Voir Christian Thuderoz, *La Boîte, le Singe et le Compagnon*, Lyon, PUL/CNRS, 1994.

2. Pierre Rosanvallon, *Les Épreuves de la vie...*, *op. cit.*, p. 33.

3. Philippe Bernoux, « Un changement de paradigme : le travail comme activité », *Sociologie et sociétés*, 2016, vol. 48, n° 1, p. 15-34.

orpheline, critique des élites politiques et polarisée sur les « profiteurs » de l'État providence (et, par extension, sur les étrangers bénéficiaires de droits sociaux).

Les ressorts de cette exaspération sociale sont assez bien décrits dans cet extrait d'un libelle émanant de plusieurs universitaires (Olivier Beaud, Alain Caillé, Pierre Encrenaz, Marcel Gauchet et François Vatin), publié en 2010, suite à des mouvements de colère chez leurs pairs entre 2007 et 2009, notamment de protestation contre la loi LRU, « loi relative aux libertés et responsabilités des universités », promulguée le 10 août 2007 et dont les décrets d'application comportaient une réforme du statut des enseignants-chercheurs :

> Lorsqu'une révolte sociale explose, elle surprend souvent le monde extérieur, mais jamais ceux qui sont à l'intérieur. Ce fut le cas pour la protestation incroyablement longue et résolue des universitaires qui a éclaté en 2009. Leur situation était suffisamment détériorée, leur colère suffisamment « rentrée » depuis des années, pour que la moindre réforme fût vécue comme une agression supplémentaire des gouvernants à leur endroit et se transforme en une mèche explosive mettant le feu aux poudres. Autrement dit, pour une grande majorité d'universitaires, du moins pour ceux qui aiment leur métier, la coupe était « pleine » depuis assez longtemps.
>
> Si le ministère n'avait pas été aussi coupé des réalités du monde qu'il est censé « gouverner », et s'il avait existé un véritable lieu de concertation collective entre les dirigeants et le milieu des universitaires, des sonnettes d'alarme auraient retenti depuis longtemps. Elles auraient alerté le gouvernement sur les dangers qu'il y avait à entreprendre des réformes qui allaient encore aggraver la situation des universitaires. Mais à la fois sourde et aveugle, l'« expertocratie » qui règne au ministère de l'Enseignement supérieur semblait totalement ignorer l'exaspération croissante exprimée publiquement par les enseignants du supérieur[1].

1. Olivier Beaud, Alain Caillé, Pierre Encrenaz, Marcel Gauchet, François Vatin, « Le "feu sous la cendre" ou l'exaspération croissante d'une corporation excédée, mais excessivement passive », *Refonder l'université*, Paris, La Découverte, 2010, p. 41-68.

On trouve ici les ingrédients, constitutifs et démonstratifs, de cette exaspération sociale. Lesquels sont-ils ? Une action ou une situation sociopolitique jugée préoccupante (ici, la situation « détériorée » des enseignants-chercheurs) et dont les effets ont été plusieurs fois dénoncés, sans susciter de réaction des élites politiques ; un ou plusieurs événements déclencheurs – ici, la loi dite « LRU », promulguée en 2007 – et le sentiment de non-écoute des élites, malgré « toutes les alertes », couplé avec un sentiment d'agression de leur part, dès lors que « ceux d'en haut » déclarent répondre aux problèmes par de nouvelles dispositions dont « ceux d'en bas » estiment qu'elles ne font que les aggraver. Ce sentiment (de ne pas être écouté et de devoir subir des politiques publiques inappropriées) s'aggrave quand l'individu lui-même, au-delà de son statut social ou de son appartenance groupale, se sent injustement considéré. Cette appréciation erronée de soi par un autrui institutionnel est ressentie comme une blessure personnelle. Les inégalités sociales peuvent être observées, mesurées, dénoncées ; les injustices sociales, elles, sont *subjectivement ressenties* ; de sorte qu'un droit non accordé, une indemnité supprimée, une allocation réduite, une préférence donnée à un autre que soi, etc., tout cela devient « une dénégation de ce que l'on est, de ce que l'on vaut, de ce que l'on apporte à la société ». Qualifiant d'*individualisme de singularité* cette « démultiplication des critères d'appréciation du rapport à autrui, et donc de la perception du juste et de l'injuste, de l'égal et de l'inégal », Rosanvallon porte au jour un facteur essentiel pour comprendre l'outrance contemporaine : la croyance des personnes s'estimant injustement considérées en la possibilité, par et pour elles-mêmes, d'obliger une institution quelconque avec laquelle elles sont en conflit à obtempérer, sans passer par des intermédiaires chevronnés, qu'il s'agisse d'élus locaux, de délégués syndicaux ou de responsables d'associations. Le face-à-face qui en résulte aboutit (mécaniquement) à des propos et attitudes outrancières, faute d'intermédiations susceptibles de créer un langage commun entre décideurs et protestataires, d'une part, et faute d'une culture partagée du compromis et d'une expérience pratique de son nouage, d'autre part. L'exaspération, « liée à la déception désespérante », indique le psychothérapeute Salomon Nasielski, « est une réaction au fait d'être incompris, ou empêché d'agir. Sa finalité est d'obtenir d'autrui une réaction différente »[1].

Sauf que cet autrui, *a fortiori* s'il s'agit de la puissance publique, n'entend pas modifier la trajectoire de son action. Et le fait savoir sèchement aux intéressés. Qui imaginent en retour des modalités d'action collective à hauteur, pensent-ils, de ce qu'ils estiment être des « agressions » ou l'expression brute « du mépris de classe ». S'expliquent ainsi les guillotines sur les ronds-points, le désir impérieux de s'affronter aux forces de l'ordre[2] ou les propos vindicatifs à l'encontre du président de la République. Comme le rappelle le psychologue belge Bernard Rimé, à la différence des conduites d'évitement liée à la peur ou à l'anxiété d'individus constatant leur impossibilité de faire face à un élément perturbateur, l'exaspération peut susciter des conduites sociales d'affrontement, l'objectif étant de « repousser, mettre à l'écart de soi, voire, dans les cas extrêmes, annihiler l'élément importun[3] ».

Ou rêver de le faire. La violence des mots et l'outrance des postures sont ainsi des manières symboliques de prendre « une revanche verbale sur le réel » – comme le montre avec justesse Véronique Ferrer[4] à propos des chants composés par Théodore d'Agrippa d'Aubigné sous le règne d'Henri IV, mais se référant à la guerre civile qui le précéda. « Épopée huguenote liée à la radicalisation des antagonismes confessionnels, *Les Tragiques* d'Agrippa d'Aubigné », écrit-elle, « jettent sans préambule le lecteur dans l'horreur de l'histoire, celle des guerres de Religion (1562-1598), véritable théâtre de la folie et de la cruauté des hommes. Les tableaux de massacres,

1. Salomon Nasielski, « Le bon usage de la colère », *Actualités en analyse transactionnelle*, 2009, n° 132, p. 1-14.

2. Voir l'image, publiée dans *Ouest-France* (le 24 avril 2018), d'un gilet jaune arborant une pancarte où est inscrit : « Nous ne rentrerons pas dans la nuit sans combattre »...

3. Bernard Rimé, *Le Partage social des émotions*, Paris, Puf, 2009, p. 71.

4. Véronique Ferrer, « L'énergie de la haine dans *Les Tragiques* d'Agrippa d'Aubigné », *Revue italienne d'études françaises*, 2017, 7.

de batailles, de cannibalisme, de violences de toutes sortes se succèdent sous la plume enflammée du poète ».

Une « énergie de la haine » coule à flots dans ce livre brûlant et insolent. Elle se traduit sur le plan esthétique, dit-elle, « par le désir de détruire les harmonies de la nature et de l'art, par la volonté de profaner la beauté, d'incendier en quelque sorte l'édifice poétique ».

L'hypothèse d'une correspondance entre une guerre civile implacable, où les deux camps rivalisent de prouesses sanglantes, « une parole chaotique et discordante, une syntaxe déréglée et heurtée, un lexique concret et excessif », et une forme d'exultation, ou de jubilation, dit-elle, « qu'attestent la surenchère des mots, l'outrance de la syntaxe et la vigueur du mètre », peut, toutes proportions gardées, être formulée pour comprendre l'outrance ordinaire en nos temps modernes[1]. Outrer son jugement, simplifier à l'extrême, confondre les mots et leur domaine de validité, insulter et dénigrer, etc., peuvent être lus comme la manifestation d'un acte discursif de *sédition politique*, au même titre que « la prosodie inconvenante » et « l'insulte dénigrante et calomnieuse » de D'Aubigné sont l'expression d'une sédition littéraire envers les poètes de la cour, dont François de Malherbe au premier chef. D'Aubigné, affirme Ferrer, « réalise dans le verbe ce que Dieu accomplira dans les faits, à savoir rabattre l'outrecuidance des Grands ».

Dieu, ou les hommes, puisqu'il rêve de voir empoignés, et menés prisonniers « [l]es Empereurs, les Roys, et Princes les plus fiers/ Les mettre aux ceps, aux fers, punir leur arrogance/Par les effects sanglants d'une juste vengeance » (chant VII, v. 70-80).

Prévenir Emmanuel Macron que l'on a guillotiné le roi et qu'il doit prendre garde (« Louis XVI, Louis XVI, on l'a décapité, Macron, Macron, on peut recommencer[2] »), jubiler devant des actes

1. Au même titre qu'il est heuristique de rapprocher, comme le fit Erwin Panofsky, la *Somme théologique* de Thomas d'Aquin et les cathédrales... Voir *Architecture gothique et pensée scolastique*, Paris, Minuit, 1967.

2. Slogan des gilets jaunes à Caen en janvier 2020. Repris dans un Tweet par Raquel Garrido, députée LFI qui, face aux réactions outrées de plusieurs responsables politiques, justifia son geste en déclarant : « Amis macronistes, le peuple est moqueur et a des références historiques profondément républicaines, vous devriez l'apprécier et le saluer. »

de destruction de biens publics par des jeunes militants se réclamant des blacks blocs lors d'une manifestation de rue à Paris[1], ou publier un message insultant à l'égard d'Emmanuel Macron sur sa page personnelle de blog, alors qu'on est septuagénaire et que le lendemain le président répond aux journalistes de TF1 et France 2 à propos de la réforme des retraites (ce qui a valu à cette personne d'être gardée à vue et traduite en justice[2]) – sont, on en conviendra, des symptômes de cette « énergie de la haine » que conceptualise Véronique Ferrer. Ce même slogan vindicatif (appelant à la décapitation du président Macron) a été repris par un conseiller régional apparenté LFI en mai 2023 lors d'une manifestation contre la réforme du système de retraite devant le siège parisien du parti présidentiel Renaissance. Lui aussi critiqué, il s'excusa ainsi au micro de BFM TV : « Je préfère que la colère s'exprime verbalement. Ce n'est pas l'homme [qui est visé]. Il s'agit de *décapiter la fonction.* »

Visiblement en colère, poursuit l'article du *Figaro* qui rapporte l'événement, l'élu a affirmé qu'« on a le droit aujourd'hui d'exprimer sa colère, c'est symbolique et c'est politique[3] ».

Mais ce « droit d'exprimer sa colère » est exercé en solitaire : il ne s'inscrit pas dans un collectif et au nom d'un idéal transcendant. On doit à Jean-François Lyotard une expression, qui fit florès : « La fin des grands récits » (ou des « métarécits »). Dans *La Condition postmoderne*, Lyotard décrit ainsi les transformations de la modernité :

> Il n'y a plus de critères universels de jugement. Les jeux de langage se diversifient. Les grands récits éclatent en éléments langagiers

1. « C'est génial que ça casse parce que la bourgeoisie est tellement à l'abri dans sa bulle qu'il faut qu'elle ait peur physiquement, pour sa sécurité, pour qu'ils lâchent [...] Quand j'ai vu brûler la boutique Longchamp, j'ai pensé : "Ce n'est que justice." » Propos recueillis et cités par Aline Leclerc, « La violence, un "mal nécessaire" pour les "gilets jaunes" », *Le Monde*, 20 mars 2019. La journaliste décrit ainsi cette locutrice : « Ana, 33 ans, factrice à Toulouse, attablée avec ses amis devant une menthe à l'eau. »

2. Elle avait écrit : « L'ordure va vous parler demain à 13 heures, pour les gens qui ne sont rien, c'est toujours à la télévision que l'on trouve les ordures. »

3. « "Louis XVI, on l'a décapité, Macron, on peut recommencer !" : les propos d'un élu apparenté LFI choquent », *Le Figaro*, 9 mai 2023.

hétérogènes, et ne s'institutionnalisent que par plaques. Les valeurs de légitimité traditionnelles comme la justice ou la vérité scientifique sont remplacées par l'efficacité. Les idées de progrès ou d'émancipation apparaissent comme inconsistantes. L'invention se fait dans le dissentiment, sur un critère technologique, sans souci de vérité. Les croyances sont ébranlées.

Convenons que dans cette condition moderne ne peut (sur)vivre un acteur collectif, comme autrefois, visant l'émancipation du sujet rationnel et porteur d'une histoire à vocation universelle. Ne demeurent plus que le ressentiment victimaire[1] et la quête impossible de l'authenticité. Le premier est mortifère et, à toujours faire porter la faute sur les autres, il fait perdre tout discernement ; la seconde est pareillement mortifère : elle ignore autrui en tant qu'être également compétent et ne porte attention à lui que de façon calculée et intermittente. « Être authentique », est-il ainsi écrit sans fard dans une page dédiée du site québécois grand public « Salut Bonjour »,

> c'est se montrer tel qu'on est, sans se soucier de l'opinion des autres. Cela signifie aussi de vivre sa vie avec insouciance, tout en étant vrai et sûr de soi. [...] En psychologie, on dit que les individus authentiques ne laissent pas leurs actions être déterminées par des influences extérieures, mais uniquement par leur propre personne.

Alors même qu'on ne peut apprendre que des autres – par leurs écrits, leurs gestes, leurs propos ou leurs images –, le retour sur soi est toujours « un détour interminable » dit Emmanuel Levinas[2]. Se connaître soi-même est d'abord un *acte d'humilité* – savoir que l'on ne sait rien ! – puis un effort imposé à soi-même, non pour être « sûr

1. Voir l'ouvrage de Cynthia Fleury, *Ci-gît l'amer. Guérir du ressentiment*, Paris, Gallimard, 2020.

2. « Personne ne peut rester en soi : l'humanité de l'homme, la subjectivité est une responsabilité pour les autres, une vulnérabilité extrême. Le retour à soi se fait détour interminable. Antérieurement à la conscience et au choix [...], l'homme s'approche de l'homme. Il est cousu de responsabilités » (Emmanuel Levinas, *Humanisme de l'autre homme*, Saint-Clément-de-Rivière, Fata Morgana, 1972, p. 109).

de soi » mais *fier de soi*, car ouvert au monde. Peut-être est-ce dans cette relation désajustée au monde que réside le problème. La thèse de Hartmut Rosa peut s'étendre au non-nuancement : la réussite ou l'échec de nos vies, écrit-il en liminaire de son *Résonance. Une sociologie de la relation au monde*, dépend de la façon dont nous faisons l'expérience du monde et dont nous nous l'approprions ou l'assimilons. Or ce monde s'accélère, se globalise, se futilise, etc., et nous sommes, dit-il, enserrés dans des liens sociaux devenus muets et aliénés[1]. Le monde ne résonne plus, estime Rosa, et nous peinons à nouer des relations épanouissantes avec des autrui aussi démunis que nous, à synchroniser nos actions, entrer en sympathie et coopérer. L'outrance et le non-nuancement sont des symptômes de ces relations muettes, *non résonantes*. Parce que nous nous sentons *jetés* dans ce monde, que nous y subissons mépris, non-écoute et des discriminations, nous outrons nos comportements, fulminons, vociférons, tonitruons.

On jugera cet énoncé banal. Mais il permet de confirmer ce sentiment d'exaspération sociale, non seulement du fait de la non-écoute des gouvernants, mais aussi (et peut-être surtout) par l'absence de réponse de leur part, leur mutisme donc, jugé inexplicable, aux questions qui leur sont adressées. Rosa parlerait ici de « perte des axes de résonance », jointe à « une sensibilité et un besoin de résonance toujours croissants ». À la différence de Rosa, dont l'objectif est de renouveler, après Jürgen Habermas, la « théorie critique » et qui reconnaît que sa théorie de la résonance « peut se comprendre comme une critique du capitalisme, voire comme une pensée anticapitaliste », on peut reprendre son intuition générale (« l'angoisse fondamentale de la modernité devant le silence du monde ») et considérer l'outrance contemporaine – ce qui ne la justifie pas, mais permet d'en comprendre l'essor et l'expansion – comme une tentative des individus qui s'y adonnent *de faire résonner* des fragments

1. Hartmut Rosa, *Résonance. Une sociologie de la relation au monde*, Paris, La Découverte, 2021.

de ce monde devenu à leurs yeux silencieux et illisible en outrant leur manière de le décrire et de le dénoncer.

Qu'est-ce ce *monde*, pour un sociologue ? Une métaphore ; il l'utilise au singulier (*le monde*) comme au pluriel (*les mondes*). Le concept de *monde* a surtout été utilisé par les sociologues interactionnistes, tels Anselm Strauss et Howard Becker, pour désigner, moins un espace délimité ou un territoire donné et structuré, qu'un « champ », un « réseau », ou un « univers ». Pour Becker, un « monde » comprend des personnes qui demandent aux autres de leur prêter attention et tentent de tenir compte, à leur tour, de l'existence des autres ; et toutes de s'ajuster mutuellement, dans l'incertitude que tout fonctionne correctement[1]. Rosa se dote d'une définition un peu différente, mais qui complète celle de Becker :

> Le monde [...] peut se définir comme tout ce qui vient (ou peut venir) à notre rencontre ; il apparaît comme l'horizon indépassable au sein duquel des choses peuvent se produire et des objets être découverts ou [...] comme une métaphore de la totalité des expériences possibles[2].

Parler d'une relation *désajustée* au monde, ou d'une relation *muette* à ce même monde pour comprendre l'outrance contemporaine, c'est envisager ce « monde » comme univers *déstabilisé*, chaotique, sans capacité de répondre aux demandes et aux espoirs des individus ; un « monde » rigidifié dans sa distribution des rôles et des statuts sociaux (par exemple : haussant le niveau des inégalités sociales *via* le système scolaire alors même que les élites proclament haut et fort vouloir les réduire[3]). Convenons que la

1. Howard S. Becker et Alain Pessin, « Dialogue sur les notions de monde et de champ », *Sociologie de l'Art*, 2006/1, p. 163-180.
2. Hartmut Rosa, *Résonance...*, *op. cit.*, p. 58.
3. Voir les articles du journal *Le Monde* : « Comment le système éducatif français aggrave les inégalités sociales », 27 septembre 2016 ; « L'origine sociale creuse les inégalités à chaque étape de la scolarité », 19 septembre 2023. Les premières lignes de cet article débutent ainsi : « Un rapport de France Stratégie détaille comment l'école, au lieu d'amortir les inégalités sociales, tend à amplifier leurs effets au fil des années d'études, de la maternelle au lycée, avec une accélération du phénomène durant le collège. »

manière de diriger de nos gouvernants, depuis quelques décennies, n'encourage pas le sens de la mesure chez les citoyens ; leur responsabilité est grande. L'épisode du printemps 2023, rythmé par l'opposition à la « réforme » du système des retraites, subsistera dans la mémoire collective du pays comme un moment de déni démocratique et d'exercice anachronique du pouvoir. Refuser de recevoir les organisations syndicales à l'Élysée, qui demandaient à rencontrer le président en urgence ; distiller chaque jour des propos ne pouvant être jugés que provocateurs par des militants et des manifestants choqués d'être infantilisés ; miser sur l'essoufflement du mouvement social sans lui apporter de réponse politique et laisser ainsi prospérer rancœur et frustration. Bref, entre verticalité et amateurisme, les preuves d'une pratique politique surannée n'ont pas manqué. Celle-ci a porté à l'incandescence un ressentiment populaire à l'égard de responsables politiques jugés « hors sol » et d'une élite technocratique incapable de s'extraire de ses seuls schémas comptables.

Cette crise sociale et politique est rampante ; elle émerge au sortir des Trente Glorieuses, au début des années 1970, quand se conjuguent crise pétrolière, refus d'un taylorisme en voie d'obsolescence, désirs ardents d'émancipation et volonté d'expérimenter des modes alternatifs du vivre-ensemble. Cette crise s'amplifie dès lors que perdure l'ancienne division sociale du travail politique – aux dirigeants l'édification de programmes, aux électeurs la ratification majoritaire de l'un d'entre eux – et que grandit le désir de rendre plus participative cette écriture programmatique – par le jeu de primaires, pour désigner le porteur des couleurs du groupement, ou par des délibérations citoyennes, pour statuer sur les décisions à prendre dans les premiers cent jours. Ce décalage explique la forte dégradation du taux de participation électorale, la baisse drastique du nombre de militants dans des partis politiques devenus de moins en moins attractifs pour les jeunes talents, la défiance envers l'offre politique et l'attrait pour des candidatures se présentant comme disruptives, ou encore – et cela concourt à cette outrance contemporaine considérée comme un des nouveaux beaux-arts : l'usage sans complexe d'un répertoire d'opposition frontale et d'invalidation des démarches réformistes.

De la fatigue démocratique

L'expression est utilisée pour rendre compte de phénomènes divers. Prenons la liste de ceux faisant l'objet d'un chapitre dans l'ouvrage collectif dirigé par Didier Fassin, *La Société qui vient*, et isolons les défis et problèmes auxquels doit faire face la société française contemporaine[1]. Cela donne la liste suivante : les inégalités sociales et territoriales ; l'évolution autoritaire des États ; les effets respectifs de l'Anthropocène, de l'hypermondialisation et des plateformes numériques ; les mouvements islamistes, le terrorisme et les politiques antiterroristes ; les processus de financiarisation ; la surpopulation dans les prisons ; les violences sexuelles ; la précarité sociale ; le travail, sans grand sens et sous pression ; l'inégalité salariale entre les femmes et les hommes ; la disqualification sociale par l'âge ; le désenchantement des citoyens ; les illusions de la démocratie participative ; le défi écologique ; la contraction des moyens à l'hôpital ; la diversité des publics et des missions de l'université ; la promotion des droits humains ; le développement de l'économie solidaire ; la psychologisation du moi ; l'amélioration de la condition animale. Mis bout à bout, ces défis, enjeux, problèmes, etc. – et cette liste n'est pas exhaustive ! – semblent écrasants. Il nous faut pourtant trouver des réponses, imaginer des parades. Comment faire face, dans notre singularité d'individus, à tous ces problèmes ? Nous nous sentons démunis, impuissants ; il y

1. Paris, Seuil, 2022.

a déjà tant à faire – à l'usine, à l'école, au bureau, etc. – et nous y faisons ce que nous pouvons. La maison brûle et nous pensons que nos élus et dirigeants politiques regardent ailleurs...

Les résultats de la quatorzième vague du baromètre de la confiance politique du CEVIPOF : « En qu(o)i les Français ont-ils confiance aujourd'hui ? », publié en février 2023, sont édifiants (décourageants ?). La première question donne le *la* : « Parmi les qualificatifs suivants, quels sont ceux qui caractérisent le mieux votre état d'esprit actuel ? » Les quatre premières réponses sont les suivantes : « lassitude » (30 %), « méfiance » (29 %), « sérénité » (28 %) et « morosité » (26 %)... Autres indices d'un trouble dans notre démocratie politique : 72 % des personnes interrogées avouent n'avoir pas confiance dans le gouvernement, 69 % envers l'Assemble nationale et 68 % dans l'institution présidentielle. Concernant les élites politiques, les pourcentages de méfiance se haussent à 70 % pour la Première ministre et à 69 % pour le président. 64 % des répondants pensent que la démocratie en France ne fonctionne pas très bien, 81 % déclarent ne pas faire confiance aux partis politiques, 82 % estiment que les responsables politiques ne se préoccupent pas de ce que pensent les individus et 69 % pensent que les dirigeants politiques sont corrompus. Etc. Le jugement est sans appel : il y a bien « fatigue démocratique »...

L'expression date du début des années 2010. On la repère dans divers articles, dont celui de Leonardo Morlino. Il y remarquait que « si l'on juxtapose abstentionnisme, instabilité électorale, hémorragie des partis, impuissance administrative, paralysie politique, peur de l'échec électoral, pénurie de recrutement, besoin compulsif de se faire remarquer, fièvre électorale chronique, stress médiatique épuisant, suspicion, indifférence et autres maux tenaces », se dessinent les contours, disait-il, d'un syndrome, « le syndrome de *fatigue démocratique*, une affection qui n'a pas encore été explorée systématiquement, mais dont il est néanmoins indéniable que nombre de démocraties occidentales sont atteintes[1] ».

1. Leonardo Morlino, « Légitimité et qualité de démocratie », *Revue internationale des sciences sociales*, 2010, n° 196, p. 41-53.

L'historien et journaliste belge David Van Reybrouck reprend l'expression et la dote de visibilité[1]. Elle est conceptualisée par le sociologue Arjun Appadurai. Dans un ouvrage collectif de 2017 dirigé par Heinrich Geiselberger, *The Great Regression*[2], Appadurai y signe le premier chapitre, « Democracy fatigue ». Ce dernier débute par ses mots : « La question centrale de notre époque est de savoir si nous assistons à un rejet mondial de la démocratie libérale et [à] son remplacement par une sorte d'autoritarisme populiste. »

Trois explications sont apportées. D'abord, indique Appadurai, le rôle désormais central d'Internet et des médias sociaux, donc la possibilité d'une diffusion instantanée de toute propagande ; puis le fait qu'aucun État souverain n'a la possibilité d'être économiquement souverain (il dépend d'autres pays, d'autres sources pour son approvisionnement en énergie ou en équipements techniques) ; enfin, la propagation à l'échelle du globe de l'idéologie des droits de l'homme, mais, dans le même temps, l'accueil circonspect des étrangers, immigrés et autres migrants, qui doivent endurer des conditions de vie précaires partout où ils se trouvent : « Ces trois éléments, réunis », estime Appadurai,

> ont contribué à aggraver l'intolérance générale que l'on constate aujourd'hui à l'endroit des règles juridiques démocratiques, de la rationalité délibérative et de la patience politique que requièrent toujours les systèmes démocratiques. À ces trois facteurs se surajoutent l'aggravation, à l'échelle du globe, des inégalités économiques, l'érosion générale de l'État-providence et le rôle de plus en plus hégémonique, là encore à l'échelle planétaire, de ces industries financières qui parviennent à s'imposer par la peur, en martelant l'idée que nous sommes tous en permanence au bord du désastre financier[3].

1. David Van Reybrouck, *Contre les élections*, Arles, Actes Sud, « Babel », 2014.

2. Arjun Appadurai, « Democracy fatigue », dans Heinrich Geiselberger (dir.), *The Great Regression*, Cambridge, Polity Press, p. 1-9 ; trad. fr. *La Grande Régression*, Paris, Gallimard, 2018. On trouve, parmi d'autres auteurs, des chapitres signés par Bruno Latour, Zygmunt Bauman, Nancy Fraser, Eva Illouz, etc.

3. À propos de la publication de l'ouvrage *L'Âge de la régression. Pourquoi nous vivons un tournant historique*, sous la direction de Heinrich Geiselberger, Paris, Premier Parallèle, 2017.

Van Reybrouck avait posé un diagnostic similaire :

> Notre démocratie représentative est aujourd'hui dans une impasse. Sa légitimité vacille : de moins en moins de gens vont voter, les électeurs font des choix capricieux, le nombre d'adhérents des partis politiques est en baisse. En outre, l'efficacité de la démocratie est violemment mise à mal : toute action énergique de l'exécutif devient problématique, les hommes politiques adaptent de plus en plus leurs stratégies en fonction des échéances électorales.

Le cocktail formé par l'impatience face à la temporalité lente de la démocratie et le sentiment d'exaspération dû à la certitude de ne pas être écouté alors que la catastrophe à venir semble certaine, est, on s'en doute, explosif. Cela a une conséquence pratique, où le non-nuancement prend sa source : *la radicalisation des antagonismes*. Celle-ci a de multiples expressions ; retenons et étudions ici deux d'entre elles, dont l'outrance et le non-nuancement sont les composés majeurs : la surpolitisation des débats et leur polarisation.

De la surpolitisation

Le monde semble s'être dichotomisé selon une partition simpliste : amis/ennemis. Dans une telle configuration, « Dieu vomit les tièdes[1] », et le compromis a mauvaise presse. Sous quels effets ? D'abord, par la confusion entre *politique* et *polémique*, une antienne mise au goût du jour par certains penseurs populistes. « Tous les concepts, notions et vocables politiques ont un sens polémique », écrivait Carl Schmitt, dont certains de nos intellectuels d'aujourd'hui s'inspirent. Ou encore : « L'antagonisme politique est *le plus fort de tous*, il est l'*antagonisme suprême*, et tout conflit concret est d'autant plus politique qu'*il se rapproche davantage de son point extrême*, et de la configuration opposant l'ami et l'ennemi[2]. »

L'assertion est lourde de sens : si l'espace du politique est régi par le couple ami-ennemi, alors est impossible la résolution pacifique des conflits qui y naissent : il doit y avoir, nécessairement, un vainqueur et un vaincu. Cette extension des modalités de la guerre à l'espace du politique fait disparaître l'adversaire (d'*adversus*, ce qui se tient en face) ; ne subsiste plus que l'ennemi ; et si guerre et politique se rejoignent, comme l'une est la *négation existentielle* d'un autre être, l'autre, le politique, devient un champ de bataille.

1. Le verset exact est celui-ci (Ap 3,16) : « Ainsi, parce que tu es tiède, et que tu n'es ni froid ni bouillant, je te vomirai de ma bouche. »

2. Voir l'article d'Emmanuel Tuchscherer, « Le décisionnisme de Carl Schmitt : théorie et rhétorique de la guerre », *Mots. Les langages du politique*, 2003, 73, p. 25-42.

Ce qui est absurde dans une démocratie : la mission du politique est d'organiser le vivre-ensemble, *via* des règles, des institutions et des valeurs communes. Si *polis* et *polemos* se confondent, il n'y a plus de communauté humaine : il y a « eux », et il y a « nous »...

La conception du conflit social est mise en cause. Dans les années 1970 rivalisaient trois conceptions du conflit du travail. On nomma la première, d'inspiration managériale, la théorie *unitariste* (elle considérait le conflit du travail comme un regrettable accroc du contrat social, à éviter et pacifier) ; la seconde, la théorie *pluraliste* saisissait le conflit du travail comme l'expression légitime d'intérêts divergents, qu'il fallait réguler, *via* la négociation collective ; la dernière, d'inspiration marxiste, fut dite *radicale* : elle assignait au conflit du travail une fonction maïeutique, le décrivant comme une sorte de préparation à l'affrontement final avec les forces réactionnaires et capitalistes. Une conception nouvelle semble écraser les précédentes : le conflit social comme l'expression d'une incompatibilité irréductible des positions occupées ou revendiquées.

Conséquence logique : on s'affronte, plus que l'on se confronte. Le débat s'appauvrit – puisqu'il ne s'agit plus de convaincre un adversaire mais de le vaincre ; les positions sont tranchées, puisque aucun accord raisonnable n'est recherché. Il y a ainsi extension aux choses ordinaires de ce que Max Weber, en parlant d'incompatibilité des points de vue ultimes, réservaient aux seules valeurs – « Dieu ou diable, il faut choisir », disait-il, sans qu'il n'envisage la possibilité d'un compromis valoriel[1]. Ce modèle d'intransigeance concernant des droits ou des biens à acquérir ou refuser ainsi étendu aux valeurs réduit l'espace de la mise en accord et rend plus affirmées les revendications identitaires ou culturelles. L'absence d'une culture de dialogue et les faibles compétences en négociation des acteurs sociaux font le reste : ne subsiste plus, dans nombre de situations sociales, que des conflits éternisés, rendus insolubles par les crispations et la seule volonté, partagée, d'en découdre.

1. Voir mon chapitre « Peut-on, et comment nouer des compromis valoriels ? », dans Christian Thuderoz (dir.), *Politique du compromis*, Bruxelles, Larcier, 2018.

Le politique devenu espace de *lutte*, si l'on adopte la catégorisation de Julien Freund, qu'il oppose au *combat* – l'une combine tous les moyens possibles, « ne reculant ni devant la traîtrise ou la férocité, ni devant les conventions, les coutumes ou les interdit sociaux, moraux ou religieux » ; l'autre est réglé, temporaire, circonscrit[1] – rien ne s'oppose à ce que la société civile, se (sur)politisant, adopte à son tour, pour régir ses différences, des procédures empruntées au champ politique, lui-même empruntant les siennes au champ militaire. La double provocation en duel d'Elon Musk et de Mark Zuckerberg, l'été 2023 (jugée, à juste titre, comme une opération publicitaire ou une diversion « pour éviter de parler des vrais sujets[2] ») est symptomatique de l'inévitable dramaturgie de cette radicalisation des postures. Car l'outrance réclame sa mise en scène. La chemise déchirée du DRH d'Air France, la longue séquestration de deux dirigeants de l'entreprise Goodyear, les menaces physiques de professionnels à l'encontre d'élus locaux ou de parlementaires, etc. : tout cela est filmé, posté, surmédiatisé.

Cette indéfinition des amis et des ennemis rend difficile le choix des actions d'évitement des dommages probables de l'anthropocène. Comme le note Bruno Latour, si les camps et les fronts ne sont pas faciles à tracer, sur d'innombrables sujets, « nous sommes nous-mêmes partagés, à la fois victimes et complices ». La nature, hier, nous rassemblait, dit-il ; elle est désormais devenue un sujet sur lequel *on ne peut être unanime*. Rendre habitable notre planète suppose des actions très concrètes ; « elles sont toutes contestées et toutes controversées[3] ». Que le mot « guerre » (ou l'expression « guerre des mondes ») ait été au cœur des travaux de Bruno Latour durant les deux dernières décennies – voir l'article « Guerre des mondes – offre de paix », publié en 2000[4] – n'est pas anodin. Ce langage

1. Julien Freund, *Sociologie du conflit*, Paris, Puf, 1981.

2. Aurélie Jean, « Le duel Musk/Zuckerberg, un combat pour éviter de parler des vrais sujets », podcast sur France Culture, 29 août 2023.

3. « L'écologie nécessite de bien définir qui sont les amis et les ennemis », entretien avec Bruno Latour pour *Ouest-France*, 23 janvier 2022.

4. Bruno Latour, « Guerre des mondes – offre de paix », *Ethnopsy*, 2000, p. 61-80.

martial lui semblait approprié puisque ce *monde commun* (« celui de la Science, de la Technique, du Marché, de la Démocratie, de l'Humanité, des Droits de l'homme ») que les humains partageaient, et cela, « malgré tous leurs désaccords, leurs conflits, leurs diversités de mœurs et de langues », n'est plus.

> On en a bien fini avec la tolérance, avec l'hypocrite respect de l'anthropologie comparée, avec les déclarations lénifiantes sur l'humanité, les droits humains et le fait que nous sommes tous semblables, habitants du même monde. Il y a maintenant une guerre des mondes. La paix, l'hypocrite paix de la modernité, est bel et bien terminée.

La « renégociation » de ce défunt monde commun a déjà commencé, nous rassure Latour ; et il faut faire la paix. Pour cela, recommande-t-il, il faut « reconnaître qu'il y a bien guerre, accepter d'avoir eu des ennemis, prendre au sérieux la diversité des mondes, refuser la simple tolérance, rouvrir les deux chantiers du global et du local ».

Dans l'ouvrage rédigé avec Nikolaj Schultz, *Mémo sur la nouvelle classe écologique*[1], Bruno Latour caractérise ainsi la situation présente :

> Les uns en bas ne savent plus articuler leurs doléances faute de savoir exactement où ils se trouvent et donc quels sont leurs ennemis ; les autres, en haut, sont incapables d'écouter ce qu'on leur demande et continuent de répondre avec les instruments émoussés de l'État ci-devant modernisateur. Des muets parlent à des sourds.

Deux camps exaspérés sont des camps sans cervelle. Donc des groupes d'individus sans capacité à modérer leurs analyses comme leurs émotions – ou plutôt : leurs émotions deviennent leurs analyses… Conséquence ? Tout devient objet de dispute ; et celle-ci s'étend à des problèmes qui, jusqu'alors, relevaient de domaines

1. Bruno Latour, Nikolaj Schultz, *Mémo sur la nouvelle classe écologique*, Paris, La Découverte, 2022.

privatisés ou réglés par des normes sociales – de l'intimité des couples à la manière de s'habiller en public. Aujourd'hui, ces domaines sont politisés ; s'ensuit l'extension des règles du monde politique à des domaines jusqu'alors épargnés. Nommons ce processus *politisation du quotidien*, et sa pathologie : *surpolitisation*.

Le concept de *processus de politisation* désigne le travail, complexe, par lequel des individus et des groupes sociaux viennent à considérer certains problèmes comme des problèmes politiques. Des idées, des choix, des activités, des pratiques, des opportunités, etc., se voient un jour dotés d'une signification politique et, à ce titre, ils sont pris en charge par les acteurs investis dans l'espace politique (ministres, dirigeants de partis, hauts fonctionnaires, journalistes, intellectuels, etc.).

Se politiser, s'il s'agit d'un individu, signifie qu'il porte attention à la dimension politique des événements, aux jeux, aux règles et aux productions de l'espace politique, et/ou qu'il s'engage dans une action politique. La (nouvelle) lecture qu'il opère du monde dans lequel il évolue se teinte d'une coloration politique lui permettant de dénoncer certains traits et d'en promouvoir d'autres, en substitution. Cette politisation aboutit à une « requalification d'activités sociales » – pour reprendre la définition de Jacques Lagroye : des enjeux, situés à l'origine hors du champ politique, y sont volontairement introduits (ce que Lagroye nomme une « requalification objective »), ou des individus, impliqués jusqu'alors dans une action collective non politique, revendiquent son caractère politique (« requalification subjective »)[1].

La consommation de viande en France illustre le premier cas de politisation[2] ; les prises de position d'agriculteurs et de militants écologistes opposés aux projets de « méga-bassines », ces réserves d'eau gigantesques censées aider le secteur agricole à faire face au

1. Jacques Lagroye, *La Politisation*, Paris, Belin, 2003, p. 360.

2. « Longtemps apanage des classes supérieures, la viande est désormais un marqueur idéologique fort. L'"écologisation" des pratiques individuelles se heurte à une résistance presque identitaire sur cet aliment aux multiples symboliques » (Julie Carrat, *Le Monde*, 20 août 2023).

changement climatique, leur reprochant d'« accentuer la pression sur l'eau, nuire à la biodiversité et alimenter un modèle agro-industriel dévastateur et inadapté[1] », illustrent le second cas de politisation. C'est aussi le cas de comédiens, d'artistes et de plasticiens soucieux de faire de la culture « un objet politique en marche avant[2] ». De sportifs, revendiquant leur inscription dans un champ de forces politiques[3]. Ou encore d'universitaires politisant des objets sociaux jusqu'alors tenus éloignés d'une lecture politique[4]. Caractéristiques communes, observe Lagroye, de ces divers cas de politisation : « l'accord pratique entre des agents sociaux enclins, pour de multiples raisons, à transgresser ou à remettre en cause la différenciation des espaces d'activité ».

L'outrance est fille de cette politisation contemporaine. Plus exactement : elle se nourrit de ce que Pierre Lascoumes, dans un article de 2009 consacré aux débats parlementaires en France, a nommé une *surpolitisation.* Les motifs de cette surpolitisation sont liés à la « mise en politique[5] » – l'expression est de Yannick Barthe – d'un certain nombre d'objets ou de phénomènes sociaux par des collectifs d'individus. Ceux-ci, une fois parvenus à les

1. Extrait de la page « Mégabassines : pourquoi s'y opposer ? » du site Web de Greenpeace.

2. Voir la fin de l'éditorial de la revue *Nectart* (2021, n° 12), par Emmanuel Negrier, « La culture, objet politique obscurci ? » : « Tous ces chocs et pistes dessinent *une nouvelle vague de politisation de la culture.* Politisation, car rien ne va de soi et tout fait débat. [...] La culture doit faire la preuve de solidarités internes et externes qui, en dépit des tutoiements de façade, manquent parfois cruellement sur le terrain. C'est à ce prix qu'elle demeurera *un objet politique en marche avant* » (nous soulignons).

3. Voir les travaux du CEVIPOL de l'Université libre de Belgique et son axe « Sport et politique », considérant « le sport comme vecteur de politisation et d'expressions identitaires (le sport comme moyen d'expression ou de dilution des conflits sociaux) : stratégies de politisation ou de dépolitisation développées par les acteurs sociaux, ou encore pour observer le rôle du sport dans la sédimentation des identités nationales et des représentations collectives, manifestations pacifiques ou violentes à travers le supportérisme des équipes ».

4. Voir, par exemple, l'ouvrage de Camille Froidevaux-Metterie, *Le Corps des femmes. La bataille de l'intime*, Paris, Points, « Points féministe », 2021.

5. Yannick Barthe, *Le Pouvoir d'indécision. La mise en politique des déchets nucléaires*, Paris, Economica, 2006.

inscrire dans l'agenda politique, poursuivent leur travail d'ébranlement par des initiatives de plus en plus radicales, d'une part, et par des énoncés de moins en moins nuancés, d'autre part. Cette politisation d'enjeux se traduit par un double mouvement : d'*acteurs*, qui s'introduisent dans le champ politique, bruyamment et par effraction, adoptant des formes de lutte échappant aux répertoires usuels de la proclamation politique et de la protestation sociale ; et un mouvement d'*opinions*, renouvelant la manière d'aborder le problème, usant à son endroit d'une dramaturgie et mobilisant des individus se politisant sur des enjeux jusqu'alors peu pris en compte par les partis politiques traditionnels. C'est le cas des droits humains pour les personnes se revendiquant lesbiennes, gays, bisexuelles, transgenres, queers, de la pluralité des discriminations que vivent certaines personnes, etc. Ou de la souffrance animale et du droit des animaux. La cause animale offre un bel exemple de cette politisation d'enjeux nouveaux, propices à de futures prises de position outrancières, dès lors que le débat sortira du cercle académique. Depuis une quinzaine d'années, certains anthropologues, philosophes et juristes proposent en effet de « revoir les contours de la communauté politique, en y incluant les animaux et en leur donnant des droits positifs dont, pour ce qui concerne les animaux domestiques, la citoyenneté[1] ».

Sont, par exemple, en discussion : l'octroi du statut d'« ouvriers exploités » aux cochons soumis à l'engraissement ; la reconnaissance de ces derniers comme « compagnons de lutte » des ouvriers humains et de leur « résistance » ; l'appel à former « des coalitions d'humains et de non-humains, plus libératrices, terrestres, égalitaires et autonomisantes, qui inventent toutes sortes de manières de faire obstacle à la mise au travail du monde », etc.

Il y a *surpolitisation*, énonce Pierre Lascoumes, quand il y a « amplification des oppositions partisanes sur des scènes symboliques majeures qui dépassent le sujet en cause ».

1. Voir l'article de Valentine Faure, « Les animaux, nouveaux sujets politiques », *Le Monde*, 27 octobre 2023, d'où sont tirées ces citations.

Exemples emblématiques récents de cette amplification : les contestations de la construction d'un aéroport à Notre-Dame-des-Landes et du projet de méga-bassine dans les Deux-Sèvres, ou de la réforme du système de retraite au printemps 2023. Dans le cas de l'aéroport, la contestation a ciblé « un projet inutile et surdimensionné », mais s'est surtout employée à dénoncer l'écart entre ce projet et les engagements internationaux de la France en matière de « réduction des émissions de gaz à effet de serre dans l'objectif de maintenir l'augmentation des températures globales en deçà de 1,5 °C d'ici la fin du siècle » ; la nécessité « de repenser nos modes de vie et particulièrement notre rapport à la mobilité : l'aviation est l'un des moyens de transport les plus polluants et ne cesse pourtant de se développer partout dans le monde, notamment dans les pays du Nord » ; enfin la « menace directe » que constitue ce projet « pour la biodiversité et la préservation de terres agricoles »[1].

Dans le cas des méga-bassines, même prétention à l'universalité et même entremêlement des dénonciations : « Nous sommes l'eau qui se défend », affirme l'appel international dont les premières lignes indiquent : « Plus de trois cents organisations paysannes, autochtones, écologistes, féministes, syndicales du monde entier invitent à soutenir la lutte contre les méga-bassines et les luttes pour l'eau comme bien commun en France et partout dans le monde. »

L'appel à manifester le 8 septembre 2023 en soutien aux militants inculpés argumente à propos « d'une urgence à agir et d'un état de nécessité face aux ravages irréversibles d'une agro-industrie qui assèche, accapare et empoisonne les nappes, les cours d'eau et la terre ».

Une « Assemblée des habitants de la Terre », qui s'est tenue en février 2020, a, entre autres, débattu de sujets tels que « Donner une personnalité juridique à l'eau pour mieux la préserver » et « Créer un Conseil citoyen mondial de sécurité de l'eau dans

1. Voir la page « Notre-Dame-des-Landes : non à l'aéroport ! » du site Web de l'association « Les Amis de la Terre – France ».

l'intérêt de tous les habitants de la Terre et des générations futures », etc.

Dans le cas du refus massif de la modification de l'âge légal de départ à la retraite durant le printemps 2023 (après un long épisode de protestations contre une version antérieure de cette réforme durant l'hiver 2019-2020…), la contestation a porté sur la méthode adoptée par l'exécutif gouvernemental et la non-prise en compte des singularités des profils des salariés, ressenties comme des injustices. « Ce sont les travailleurs et les seuls travailleurs qui sont mis à contribution avec le report de l'âge, la mesure la plus injuste qui soit pour les salariés et les agents de la fonction publique », déclarait Laurent Berger, secrétaire général de la CFDT dans un entretien pour le journal *Libération* le 12 janvier 2023. Il ajoutait :

> Particulièrement pour ceux qui ont commencé tôt, ceux qui constituent ce que l'on a appelé les deuxièmes lignes, que l'on a applaudies pendant le confinement. Ceux à qui on promettait une juste reconnaissance, qu'ils n'ont pas eue, ni en termes de salaires, ni de conditions de travail. Ceux qui exercent des métiers où ça devient difficile de recruter. Certains de ces salariés ont l'impression qu'après avoir couru le marathon, alors qu'ils arrivent dans les deux derniers kilomètres, on leur demande de faire deux kilomètres de plus. […] Une autre réforme était pourtant possible. Une réforme qui aurait pu réparer les inégalités du système actuel et reconnaître la pénibilité de certains métiers soumis par exemple au port de charges lourdes, en donnant la possibilité de partir en retraite par anticipation. C'était celle que nous poussions en 2019.

La surpolitisation fut à son comble quand le président de la République, Emmanuel Macron, et la Première ministre, Élisabeth Borne, choisirent, à l'automne 2022, l'épreuve de force plutôt qu'une co-construction de la réforme. L'éditorial du journal *Le Monde* du 3 octobre 2022 s'en était, à juste titre, ému :

> Le second quinquennat d'Emmanuel Macron, qui s'était ouvert sur la promesse d'une gouvernance moins verticale, aurait pu être

> l'occasion d'une nouvelle approche. Or, le chef de l'État a délibérément choisi de faire du dossier des retraites une démonstration de force [...]. Cela revient à assumer une opposition frontale avec les syndicats, tous opposés à cette mesure, à ouvrir la voie à des manifestations de rue dont personne ne sait prédire l'issue, à se couper un peu plus de la gauche pour tenter de rallier une partie de la droite et à prendre à revers la majorité des Français. L'addition est lourde. [...] Mais, en donnant le sentiment qu'il transforme le dossier des retraites en une démonstration de prépotence présidentielle avec à la clé une menace de dissolution pour faire plier les rétifs, Emmanuel Macron ne fait rien pour décrisper les esprits ni favoriser la coresponsabilité[1].

Ce même éditorial débutait ainsi – et apparaît dans toute son ampleur ce phénomène d'amplification politique et partisane d'un phénomène qui aurait pu, comme l'indique le rédacteur, être traité comme « une grande cause nationale » :

> En ces temps troublés, sauver le régime des retraites par répartition devrait être considéré comme une grande cause nationale. Pour des raisons démographiques et parce que la conjoncture s'assombrit, l'équilibre du régime est de nouveau menacé, selon les dernières prévisions du Conseil d'orientation des retraites, qui prévoit un déficit de l'ordre de 12,5 milliards d'euros en 2027 et de 20 milliards à l'horizon 2032. Personne n'envisageant de remettre en cause les fondements du système, qui repose sur l'étroite solidarité entre actifs et retraités, il semblerait assez logique que tous les acteurs politiques et syndicaux s'impliquent sans arrière-pensée dans une cause qui n'est pas que financière.

Philip Dagen, chroniqueur au journal *Le Monde*, relevait, en commentant l'actualité artistique que nombre d'expositions et d'événements témoignaient de « la présence déterminante des préoccupations politiques dans le champ des arts plastiques »,

1. « Réforme des retraites : une méthode contre-productive », *Le Monde*, 3 octobre 2022.

comme la Biennale de Venise 2024 ayant pour thème « Étrangers partout », le projet du *Navire Avenir*, présenté au Centre Pompidou à l'automne 2023, construction d'un bateau destiné au sauvetage des migrants en mer placé sous pavillon européen, la Biennale de Berlin en 2022, dont le titre « Toujours présent », nous remettait en mémoire tous les traumas du XXe siècle, etc. On dira que cela n'est pas nouveau, écrit Dagen[1], et que la politisation actuelle s'inscrit dans l'histoire longue de l'engagement politique des artistes ; ce qui est vrai. Mais, différence essentielle, écrit-il, il ne s'agit plus seulement d'une dénonciation symbolique, mais de la volonté de prendre matériellement en charge ces sujets politiques et de proposer des actions collectives en s'adressant au grand public. « Le champ culturel » estime-t-il, « devient ainsi celui de l'action politique elle-même, celui où s'engagent des initiatives collectives ».

Un contre-pouvoir artistique surgit, « une puissance de remplacement », et celle-ci, conclut-il, « prend la parole puisque celles et ceux qui seraient supposés le faire paraissent prisonniers d'intérêts partisans, surtout soucieux d'effets d'images et incapables d'utopies. Si les arts sont devenus si politiques, c'est parce que la classe politique ne sait plus se faire entendre ».

Cette surpolitisation, indiquait Lascoumes, prend diverses expressions. La *proclamation idéologique* se lit dans les petites phrases des dirigeants politiques (ou les *punchlines* des éditorialistes) ; elle est aisée à repérer car son énonciation obéit à des règles connues : un énoncé court, des mots simples et une idée « parlante » (par exemple : « Il n'y a pas de fatalité, ni au grand dépassement, ni au grand remplacement[2] » ; « Il faut stopper l'ensauvagement d'une partie de la société[3] » ; « Mon véritable adversaire, c'est le monde

1. Philip Dagen, « Le champ culturel devient celui de l'action politique elle-même, celui où s'engagent des initiatives collectives », *Le Monde*, 11 novembre 2023.

2. Valérie Pécresse, lors d'un meeting durant sa campagne présidentielle, le 13 février 2022.

3. Gérald Darmanin, ministre de l'Intérieur, dans un entretien au journal *Le Figaro*, 24 juillet 2020.

de la finance[1] », etc.). L'affrontement institutionnel fut à l'œuvre tout au long du printemps 2023. L'objectif est d'utiliser pour son camp toutes les ruses, tous les subterfuges qu'offrent la loi et le règlement. Deux séances de la commission permanente des affaires sociales à l'Assemblé nationale illustrent ce travail d'affrontement institutionnel. L'outrance y est une composante majeure, du fait de la rigidité des procédures. L'après-midi du mercredi 31 mai 2023, Arthur Delaporte, du Parti socialiste, prend la parole :

> Ce qui s'est passé ce matin est inédit dans l'histoire parlementaire de la Ve République. Sans sourciller, vous avez bafoué le droit le plus élémentaire de notre mandat de député. Vous avez ôté au Parlement le peu de forces qui lui restent. Sans sourciller, vous avez nié le droit d'amendement des parlementaires, qui est pourtant protégé par l'article 44 de la Constitution. Les sous-amendements sont indissociables du droit d'amendement : ils sont sanctifiés par le Conseil constitutionnel et ont été reconnus comme tels depuis 1986 – si le terme « sanctifié » déplaît à mes collègues, je dirai qu'ils sont « protégés », comme la norme suprême que vous vous êtes empressés de bafouer ce matin [...]. Rendez-vous compte, Madame la présidente, comment, sans sourciller, nous nous éloignons dangereusement du chemin démocratique. Rendez-vous compte du précédent que vous créez, en autorisant n'importe quel président de commission ou de séance – deux sont issus du Rassemblement national – à refuser d'examiner des amendements selon leur bon vouloir, en dehors de toute règle, de tout cadre. Sans droit, nous ne faisons pas de politique. Sans règle, nous menaçons l'édifice de nos institutions. Je le dis avec gravité, parce que vous vouliez éviter de discuter du report de l'âge légal – que vous nous avez imposé sans vote –, vous vous êtes assis sur la légalité même. Nous ne pouvons cautionner cela, et nous partirons.

La *différenciation partisane* et le *marquage des positions*, deux autres expressions de cette surpolitisation, supposent des stratégies

1. François Hollande, lors du meeting au Bourget, en janvier 2012, pendant sa campagne pour la présidentielle.

langagières. Parmi celles-ci : multiplier les saillies et les comparaisons outrancières[1] ; s'emparer du moindre incident et mettre aussitôt en accusation le ministre, le gouvernement ou le président ; diaboliser ses opposants, etc. Notons ici l'emphase lexicale des locuteurs, sur fond de théâtralisation de leurs discours, d'absence de visée explicative, avec de multiples procédés illocutoires[2] ou d'effets perlocutoires[3], un lexique axiologisé, une fréquence considérable de verbes de modalité[4], une présence marquée d'indices d'énonciation délocutive[5], de périphrases d'évidence et d'obligation morale ainsi qu'un usage débridé de « qualificatifs forts, intrinsèquement hyperboliques » – comme l'analyse le linguiste Wojciech Prażuch dans son étude, dont nous empruntons quelques résultats, des discours de campagne électorale, tous émaillés, dit-il, d'« intensifieurs discursifs »[6].

Un *passionnel exacerbé* est une dernière dimension de cette surpolitisation des enjeux. Elle entremêle passions et argumentation rationnelle, sans qu'on puisse deviner, parfois, la part de la

1. Exemples : « L'histoire se répète et il y a du Doriot dans Roussel » (Tweet de Sophia Chikirou, députée LFI de Paris, le 21 septembre 2023, comparant Fabien Roussel, secrétaire général du PCF, à Jacques Doriot, ex-dirigeant du PCF et collaborateur actif sous l'Occupation) ; « Le 5 et le 6 octobre 1789, les femmes marchent sur Versailles contre la vie chère. Elles ramènent le roi, la reine et le dauphin de force à Paris sous contrôle populaire. Faites mieux le 16 octobre » (Tweet de Jean-Luc Mélenchon la veille d'une « Marche contre la vie chère » organisée à Paris par EELV, LFI et le PS).

2. Qui permettent de faire quand ils s'expriment en mots : « je promets », « je m'excuse », « je te félicite », etc.

3. Relatifs aux effets que les mots produisent sur l'interlocuteur : l'embêter, l'humilier, le flatter, le convaincre.

4. Verbes suivis d'un second, qui indique les modalités de l'action à engager. Par exemple, pour les quatre verbes modaux en langue française : « devoir faire ses devoirs le soir » ; « pouvoir d'agir selon sa volonté » ; « falloir se faire une raison » ; et « vouloir vivre et travailler au pays ».

5. Verbes dérivés de locutions et non de substantifs. Par exemple : saluer (de « salut ! »), ou remercier (de « merci »)

6. On trouvera dans l'article de Wojciech Prażuch, « Le discours de campagne électorale : un parler "intensif" ? », publié en 2016 dans la revue *Synergies Pologne* du réseau GERFLINT (n° 13, p. 91-109), une description roborative de ces « intensifieurs discursifs »...

stratégie politique et celle des émotions (Olivier Dussopt, ministre du Travail, s'écriant au micro, la voie brisée, tard dans la nuit, le vendredi 17 février 2023, lors de l'adoption sans débat de la loi portant réforme des retraites, les députés LFI quittant l'hémicycle sans écouter son discours : « Vous m'avez insulté pendant quinze jours [...]. Vous sortez, mais vous m'avez insulté. Personne n'a craqué et nous sommes là devant vous, pour la réforme. »

Autre exemple de cette exacerbation passionnelle : Matthias Tavel, député LFI, s'adressant en ces termes à ce même ministre, Olivier Dussopt, lors de la réunion de la Commission des affaires sociales le 19 juin 2023 :

> Vous êtes des hypocrites, et tout le monde le sait !
> Vous êtes des hypocrites parce que vous vous cachez derrière cet ANI comme alibi de démocratie sociale, alors que vous venez d'écraser les syndicats, les manifestants et l'Assemblée nationale pour imposer la retraite à 64 ans.
> Vous êtes des hypocrites parce que vous versez des larmes de crocodile sur le prétendu déficit des retraites, mais vous présentez un projet de loi qui affaiblira encore la Sécurité sociale [...]
> Pour nous, le Parlement n'est la chambre d'enregistrement ni des désirs du monarque élyséen ni des miettes que le MEDEF consent à lâcher.

De la polarisation

Un effet – groupal – vient amplifier les conséquences pratiques de cette surpolitisation : la *polarisation des attitudes* ; l'outrance et le non-nuancement en sont le produit. On a longtemps soutenu l'idée – jusqu'aux travaux de Serge Moscovici et Willem Doise à la fin des années 1960 – que les opinions individuelles exprimées dans un groupe tendaient vers une position moyenne. Des recherches avaient montré que les individus portaient des jugements moins extrêmes en groupe que lorsqu'ils étaient seuls (et plus extrêmes seuls qu'en groupe). Explications (multiples) des chercheurs d'alors pour comprendre cette modération : pour ne pas apparaître trop différent des autres dans ses prises de position ; car l'égalité des statuts et des ressources de pouvoir bride toute tentative d'influence de quelques-uns ; car le peu d'attractivité des sujets traités dans le groupe produit de faibles échanges entre ses membres ; parce qu'ils s'efforcent de s'en tenir à des normes générales, sans chercher à les particulariser, etc.[1].

1. Voir l'assertion de Gordon Allport (*Social Psychology*, Boston, Houghton Mifflin, 1924), rapportée par Serge Moscovici et Willem Doise (*Dissensions et consensus. Une théorie générale des décisions collectives*, Paris, Puf, 1992, p. 45) : « Il y a une tendance humaine fondamentale à tempérer ses opinions et sa conduite par déférence pour les opinions et la conduite des autres. L'apprentissage précoce et les contacts sociaux nous éduquent dans le sens de l'évitement des extrêmes de toutes sortes, qu'il s'agisse de l'habillement, des manières ou des croyances. Cette tendance est tellement fondamentale

D'autres chercheurs remarquèrent que si le sujet traité concerne une situation imaginaire de prise de risque, les opinions se polarisent et certains membres du groupe adoptent une position plus risquée. Sont en cause, concluaient-ils : la dilution dans le groupe de la responsabilité d'une prise de décision risquée et l'anonymat de cette prise de décision. Cette explication était congruente avec celles concernant le comportement de l'individu dans une foule violente, abandonnant aux autres sa propre responsabilité – que théorisa Gustave Le Bon en 1895 dans sa *Psychologie des foules* – ou ce qu'on a pris l'habitude de nommer « l'effet Kitty Genovese » (ou le *bystander effect*) pour désigner le fait qu'en situation d'urgence, la responsabilité personnelle de chaque individu se divise en autant de parts correspondant au nombre total de personnes présentes...

D'autres recherches ont montré que plus les individus étaient informés, plus ils avaient tendance à prendre des décisions risquées. Était-ce dû au surcroît d'informations données ou au contenu des questions posées ? Cette dernière hypothèse fut explorée par Serge Moscovici, Marie-Madeleine Chatel et Mariza Zavalloni dans un article fondateur publié en 1968[1]. Lorsqu'un groupe, lors d'une expérimentation, indique Moscovici, doit parvenir à un consensus sur un sujet donné et que chacun de ses membres s'implique pour atteindre cet objectif, « on peut prédire que le consensus sera le résultat d'une extrémisation plutôt que d'une convergence ». En cause dans ce comportement : « Le fait d'exprimer une opinion qui implique un engagement personnel ou social peut non seulement augmenter l'implication de l'individu mais peut aussi le contraindre à avoir une position extrême. »

L'expérimentation de Moscovici et son équipe a porté sur 1 690 personnes (des élèves en classe terminale d'un lycée parisien). Les thèmes traités concernaient « la politique du général de

que nous en avons rarement conscience. Cependant, nous y souscrivons souvent, si ce n'est toujours. »

1. Serge Moscovici, Marie-Madeleine Chatel, Mariza Zavalloni, « Effet de polarisation et construction des échelles d'attitudes », *Bulletin de psychologie*, 1968, 22-274, p. 329-340.

Gaulle » et « les traits caractéristiques des Américains et des Nord-Africains ». Répartis en groupe, les étudiants devaient exprimer leur opinion individuellement, puis en discuter au sein de leur groupe, enfin exprimer leur nouvelle opinion après ce débat collectif. Les chercheurs ont donc pu disposer de trois séries de réponses et vérifier ce mécanisme de polarisation des opinions débattues à plusieurs.

Les résultats de l'expérimentation rapportés dans l'article de 1968 nourrissent la thèse d'une *polarisation contemporaine par surpolitisation*. Énonçons-les ainsi : l'effet d'extrémisation est plus grand si le groupe doit décider d'une position commune ; c'est l'engagement des participants qui rend leurs positions extrêmes ; des participants peu motivés par l'enjeu ne cherchent pas à affirmer leur position avec fermeté ; les individus ont tendance à faire leurs des opinions exprimées antérieurement, lors de la délibération collective (c'est donc bien celle-ci qui modifie les opinions d'origine – et non un surcroît d'informations ou du fait des compétences singulières détenues par les délibérants) ; les individus se sentent liés par les points de vue radicaux déjà exprimés et qu'ils partagent ; une fois les opinions « radicalisées », les membres du groupe respectent celles-ci, sans tendre à les modérer ; plus grande est la distance entre les positions initiales au sein du groupe et plus marquée sera la polarisation des opinions et des jugements (autrement dit : la délibération à plusieurs, loin de réduire les divergences, accentue les oppositions).

On tient là une explication plausible de l'*outrance délibérative* : la production d'un avis collectif (par exemple : l'adoption d'un texte de loi au sein d'une commission parlementaire ; ou le vote de ce texte en assemblée des députés ou des sénateurs) à haute charge symbolique et sous le regard public (par exemple : l'augmentation de l'âge légal du départ à la retraite...) conduit les délibérants à durcir leurs positions et à se doter, pour les exprimer, d'une rhétorique fruste, manichéenne. Le clivage, au fil des heures de délibération, devient béant et ne peut se conclure que par un vote bloqué, chaque individualité parlementaire s'effaçant devant le type politique auquel elle est appariée.

Dans l'article de 1968, Moscovici et ses collègues évoquaient le rôle de l'anxiété pour comprendre cette polarisation. Mais dès 1973 Serge Moscovici et Willem Doise délaissaient cette hypothèse psychologisante (car orientée vers le seul individu et sa phobie) et expliquèrent cette radicalisation du jugement collectif par « des processus d'une nature plus générale[1] », qu'ils désignaient ainsi : « L'engagement accompagnant l'élaboration d'une argumentation devant autrui, et la structuration du champ cognitif rendant certaines dimensions d'un problème discuté plus saillantes. »

Dans leur chapitre cosigné (« Les décisions collectives ») de l'ouvrage dirigé par Moscovici, *Introduction à la psychologie sociale*[2], et après avoir rappelé que « la corrélation entre l'engagement et la polarisation collective doit être maintenue dans toute sa rigueur » et que « les problèmes au sujet desquels les groupes discutent sont rarement neutres », les deux chercheurs étayent ainsi leur raisonnement :

> Quand une dimension est plus saillante pour un sujet, les jugements qui s'y réfèrent sont aussi plus extrêmes [...]. L'obligation de choisir, individuellement ou collectivement, donne plus de relief à une dimension. Cette dimension, nous le savons, n'est pas physique mais sociale, donc normative. La logique normative est généralement bivalente, elle opère le plus souvent en termes de « bon », « mauvais », « positif », « négatif », « nous », « les autres », etc. Donc, la dimension en question est considérée non pas à la lumière d'une échelle continue, mais d'une échelle discontinue. L'échange dans le groupe, donnant plus de relief aux valeurs, à l'engagement nécessaire vis-à-vis de la décision commune, transforme l'échelle continue en échelle discontinue, ou rend encore plus discontinue l'échelle de jugement ou d'attitude employée par ses membres.

1. « Plutôt que des exceptions, l'extrémisation et la polarisation des jugements collectifs sont la règle. Elles se produisent avec des jugements concernant la prise de risque, mais également avec des jugements concernant des attitudes ou des items d'opinion. Au lieu de chercher une explication spécifique pour la prise de risque des groupes, nous avions donc raison de supposer que des processus d'une nature plus générale mènent, lors d'une discussion, à l'extrémisation et à la polarisation. »

2. Serge Moscovici, *Introduction à la psychologie sociale*, Paris, Librairie Larousse, 1973, II-4, p. 114-134.

> Il en découle que la polarisation collective s'accompagne d'une simplification du champ cognitif, d'une diminution du nombre de catégories d'évaluation auxquelles on a recours.

Illustration de ce mécanisme de polarisation avec simplification et diminution des catégories évaluatives : les prises de position d'artistes français, plasticiens, écrivains ou comédiens, à la suite de la sanglante attaque du Hamas contre des civils israéliens le 7 octobre 2023. Près de 1 400 personnes ont été assassinées ce jour-là par des miliciens islamistes, dans un déchaînement inouï de cruauté et de bestialité. La solidarité avec Israël fit bientôt l'objet d'un contrôle d'intensité ; des pétitions circulèrent, des messages furent diffusés dans les réseaux sociaux : on y vérifia les mots et les indignations. Ainsi que l'écrit Roxana Azimi dans un article publié début décembre 2023 dans le journal *Le Monde* :

> Plus que les œuvres elles-mêmes, ce sont les expressions publiques de chacun qui sont désormais examinées et jugées. Signée par quelque 8 000 acteurs du monde de l'art, une lettre ouverte, publiée le 19 octobre, par la revue américaine *Artforum* a scindé ce monde en deux camps, de plus en plus radicalisés, laissant peu de marge de liberté aux modérés.

À peine l'appel d'*Artforum* fut-il publié qu'une vague d'indignation, rapporte-t-elle, s'est levée contre ce texte accusant Israël de « génocide », appelant au cessez-le-feu à Gaza et à « la libération de la Palestine », mais ne faisant aucune référence aux atrocités commises par le Hamas, ni aucun appel à la libération des otages[1]. Des galeristes new-yorkais ont dénoncé « un point de vue unilatéral » et l'absence de référence au « jour le plus sanglant de l'histoire juive depuis l'Holocauste ». Leur message ne mentionnait cependant pas les milliers de morts occasionnés par les bombardements de l'armée israélienne sur la ville de Gaza. En France, une tribune appelant à

1. Roxana Azimi, « La guerre Israël-Hamas déchire le monde de l'art », *Le Monde*, 3 décembre 2023.

« soutenir l'effort de solidarité en Palestine », mais sans appel à la libération des otages israéliens, publiée le 7 novembre sur le site de Mediapart, a réuni plusieurs milliers de signataires et fracturé les milieux artistiques : « Chaque bord, sur les réseaux sociaux, traque désormais les posts engagés, au risque d'une empathie à géométrie variable et d'une indignation sélective », remarque Roxana Azimi, qui ajoute que « le camp de la nuance, dans ce contexte, peine à défendre ses positions ». Dans une lettre ouverte, citée dans l'article d'Azimi, le curateur bangladais Shahidul Alam de la *Biennale für aktuelle Fotografie*, dont les villes d'accueil ont annulé l'événement prétextant un communiqué de sa part teinté d'antisémitisme, s'est déclaré opposé, « sans équivoque », aux meurtres de civils, qu'ils soient israéliens ou palestiniens. « Mais nous ne pouvons ignorer », ajouta-t-il, « le tribut disproportionné que les Palestiniens ont payé historiquement, lors de la saisie de leurs terres par Israël et au cours des récentes offensives à Gaza. Si nous ne tenons pas compte de cette différence flagrante – en termes de nombre de personnes tuées, de maisons détruites, de libertés civiles fondamentales supprimées –, ce serait fermer les yeux sur les réalités qui se dévoilent ».

« Le galeriste parisien Éric Dupont », poursuit la journaliste, « qui représente l'artiste d'origine gazaouie Taysir Batniji, dont une grande partie de sa famille a été tuée dans les bombardements de l'armée israélienne, s'essaye aussi à l'équilibre. “Je revendique d'être nuancé, même si c'est difficile, car certains sont devenus plus juifs ou plus musulmans que jamais”, murmure-t-il ». *Je revendique d'être nuancé*. L'assertion vaut programme.

Nous voici parvenus au terme d'une première étape de ce parcours sur l'outrance et le non-nuancement. Elle était dédiée aux motifs, ontologiques et phénoménologiques, qui conduisent des dirigeants, des militants politiques, des intellectuels ou de simples citoyens, à outrer, invectiver, vitupérer. L'étape suivante consiste à examiner *la nuance elle-même* : ce qu'elle est, et surtout *ce qu'elle fait* – aux idées, aux discours et aux raisonnements. Se comprendront mieux les titres, sous-titres et intentions des ouvrages récents qui lui sont consacrés : *Osons la nuance*, ou *Le Courage de la nuance*.

De la nuance

« C'est ça, je pense, le grand défi des robots et de l'intelligence artificielle, c'est de retrouver toute la nuance, la subtilité du langage. Et je crois que la nuance est l'avenir de l'homme [...] Ça changerait beaucoup de choses à la politique, au travail et aux relations[1] » : le trait est de Blandine Rinkel, dans un billet du *Magazine littéraire* du 14 mai 2017. Comment retrouver ce sens perdu de la nuance ? Comment lui (re)donner un avenir ? D'abord en *conceptualisant* la nuance, pour en comprendre les formes et les manifestations concrètes ; puis en la rendant *opératoire*, par une réflexion sur son usage et ses fonctionnalités ; enfin en la *promouvant*, fièrement, inlassablement.

Un concept, rappelle Hervé Dumez[2], est le résultat de trois opérations : notation, dénotation et connotation. Il y a d'abord la mise en mot du phénomène, par l'assemblage de lettres (ou de symboles traduisant leurs sons) ; l'exercice de conceptualisation consiste souvent à s'écarter de la notation conventionnelle pour adopter une notation d'allure académique – par exemple, ici : le « non-nuancement ». Puis, deuxième opération : l'assignation d'un sens, de sorte que le terme, utilisé par différents individus, est l'objet

1. Blandine Rinkel, « Apologie de la nuance », *Le Magazine littéraire*, 2017, n° 581-582.

2. Hervé Dumez, « Qu'est-ce qu'un concept ? », *Le Libellio d'AEGIS*, 2011, 7, p. 67-79.

d'une compréhension partagée. Enfin, dernière opération, la mesure du champ de signification du terme : ce qu'il évoque, suggère, induit, implique, etc., chez celles et ceux qui l'emploient ; c'est donc, à l'inverse de sa dénotation, commune aux locuteurs, l'étude de sa variabilité, selon le contexte, les interlocuteurs, leurs objectifs, etc.

Nuancer. Prononcer (et entendre) ce verbe est doux en bouche (et à l'oreille). Dites « nu-an-cer » en espaçant les syllabes ; et vérifiez la musicalité du verbe. D'abord la consonne *n*, voisée et dentale, dite « occlusive » car l'air, bloqué dans la bouche, passe librement dans la cavité nasale. Elle est suivie de la voyelle *u* (en phonétique, notée[y]), haute, antérieure, arrondie ; le son est court, mais vibre, puis s'assourdit. Survient le son [ã], ouvert ; la dernière syllabe, la consonne fricative *c* (notée [s]), sifflante, alvéolaire, suivie de la voyelle *é*, avec accent aigu (notée [e]), clôt la séquence. Dans l'euphonie de son prononcé, le verbe *nuancer* illustre l'originalité du geste que ce mot désigne : modifier – un son, une couleur, une chose, etc. –, *mais le faire subtilement, légèrement*. Ces trois syllabes, prononcées [nyãse], nécessitent peu d'effort et de respiration : l'attaque est douce, la rime courte, le noyau sonore. *Nuance* accentue ce trait de légèreté : le son final disparaît dans le souffle qui le fait naître.

« Subtile différence », « différence de détail », « différence légère et délicate », « modifier légèrement », « introduire une légère variation », « donner une intensité plus ou moins grande » : les dictionnaires de terminologie linguistique insistent sur une même caractéristique : la nuance et le geste qui l'introduit sont *affaire de degrés*. Nuancer, indique le dictionnaire d'Émile Littré (1880), c'est, au figuré, « ménager des gradations comparées à des nuances » ; et la nuance, résultat de ce travail de ménagement : « une différence délicate et presque insensible ». Au propre, le mot désigne l'intensité d'une couleur ; c'est d'abord un terme de fleuriste, de lainier, de perruquier, de tapissier et de teinturier. Il s'agit d'*unir* des teintes : les harmoniser sans les opposer, les valoriser sans les dissoudre.

« On appelle nuances ces degrés presqu'imperceptibles d'augmentation ou de diminution qu'a une couleur, ces passages du clair à l'obscur, & de l'obscur au clair. *Nuance* signifie encore *mélange & assortiments de couleurs* (une belle nuance) », explique Pierre Richelet dans son *Dictionnaire de la langue françoise, ancienne et moderne* (1732). Il y décrit la présence du mot dans les métiers de l'époque. Chez le lainier : « Un mélange adroit & agréable de couleurs, différentes & assortissantes ». Chez le fleuriste : « Un mélange de couleurs naturelles différentes & approchantes ». Chez le tapissier : « Des laines de différente couleur, et qui aient du rapport les unes aux autres, font une union qui agrée ». Chez le perruquier : « Des cheveux de différente & d'assortissante couleur ». Chez les peintres : « Le mot est peu utilisé [...] On dit plutôt *le son* des couleurs. »

Nuancer l'œuvre en cours – soies, laines, perruques ou tapisseries –, c'est colorer un mélange « pour qu'il soit agréable ». Une soie sera ainsi, explique Richelet, « agréablement nuancée », une perruque « adroitement nuancée », une laine « bien nuancée ». Les mêmes mots reviennent, trente ans plus tard, sous la plume de Louis de Jaucourt, rédacteur de la notice de l'*Encyclopédie ou Dictionnaire raisonné des sciences, des arts et des métiers* : nuancer, écrit-il,

> c'est disposer les nuances d'une étoffe, d'une tapisserie, d'un ouvrage de broderie. Ainsi nuancer en tapisserie, c'est mêler dans une tapisserie les laines de différentes couleurs, de manière qu'elles produisent une union agréable et qui fasse une manière d'ombre. Les Perruquiers désignent aussi par le mot *nuer* ou *nuancer*, le mélange de cheveux de différentes et d'assortissantes couleurs.

Nuancer, au XVIIIe siècle, c'est faire d'un assortiment de couleurs un aimable tableau. D'où le soin et le travail artistique que cela nécessite : il s'agit d'unir des couleurs « qui vont bien ensemble », puis de rendre fusionnelle cette union, de sorte que l'œil ne discerne plus une couleur d'une autre (« Du pourpre qui finit, de l'azur qui commence » ou de « La teinte qui finit à celle qui commence », écrit joliment Émile Littré...) et que l'ensemble soit harmonieux.

Et pour ce qui n'est pas couleur ? En musique, indique un siècle plus tard Pierre Larousse dans son *Grand Dictionnaire universel du XIXe siècle* (1866),

> si l'on considère les sons sous le rapport de leur intensité, on se rend compte des différents degrés de force ou de faiblesse, de rudesse ou de douceur, que le musicien exécutant apporte à l'expression de la pensée musicale qu'il est chargé d'interpréter. Ce sont ces degrés divers dans l'intensité des sons qui prennent en musique le nom de *nuances* et qui varient en effet le discours musical comme les nuances des couleurs varient l'aspect d'un tableau.

La nuance est d'abord *une différence.* Notre façon de souligner, dans une argumentation, que nous réfutons l'argument qui vient de nous être opposé, illustre cet écart : *à la nuance près*, *avec cette nuance toutefois*, etc. Introduire une nuance dans le discours d'autrui, c'est s'en démarquer, ne pas l'approuver en totalité. Nuancer, c'est donc corriger et préciser ; cette correction n'est pas une réfutation. Nuancer un propos, c'est le débarrasser de son excès : un propos nuancé est donc un propos *mesuré.* Car cette correction est *subtile* : on conteste, on se démarque, mais on le fait avec retenue, voire élégance : l'esprit de finesse l'emporte ici sur l'esprit de géométrie ; les angles sont arrondis, les aspérités lissées.

De sorte que la nuance, différence subtile, semble *indiscernable. Tout en nuances*, dit-on d'un certain type de discours. Autrement dit : dont suivre le fil, du fait de la complexité du raisonnement et des arguments, n'a pas été facile. Les nuances sont en effet difficiles à repérer : l'oreille peine à distinguer certaines nuances ; notre vision ne saisit de loin que des masses colorées ; et notre esprit est attiré par les raisonnements simples. Mobilisant la figure de l'aveugle qui sait différencier les voix qu'il entend à défaut de le faire des visages, Denis Diderot estime qu'elles ont pour lui, écrit-il dans sa *Lettre sur les aveugles à l'usage de ceux qui voient* (1749), « une infinité de nuances délicates qui nous échappent, parce que nous n'avons pas, à les observer, le même intérêt ». Saisir la nuance – et le trait est valable pour le discours comme pour l'œuvre picturale –, c'est donc lire entre les lignes, ou entendre entre les sons : la nuance appelle une *compétence.*

En fait, une *double* compétence : de perception et de cognition. La compétence perceptive permet de *voir* cette différence (ou de l'*entendre*) – par exemple : différencier une couleur d'une autre couleur, quand elles sont proches, ou distinguer (ou rendre distinctes) des sonorités. La compétence cognitive, elle, permet de *concevoir* cette différence et, par là, de différencier une situation d'une autre situation, un phénomène d'un autre phénomène. Et de maintenir en tension le lien entre ces situations et ces phénomènes. S'introduit ici la dimension *politique* de la nuance : *traduire l'ambivalence des choses* (« De la peine au bonheur, délicate nuance. Ce n'est point le plaisir, ce n'est plus la souffrance » ; l'exemple est donné par Émile Littré). La force de la nuance réside dans cet entre-deux permanent.

Ainsi Boris Berezovsky, pianiste, « éblouissant la critique pour sa technique sans faille, sa puissance au clavier, et sa capacité exceptionnelle à conduire du bout de ses mains immenses chaque nuance au plus près de la vérité », lors de l'exécution du *Concerto pour piano n° 4 en sol mineur* de Sergueï Rachmaninov lors d'un concert donné à Aix-en-Provence en 2018[1]. Ou Gerhard Richter, artiste-peintre, qui souhaite « représenter toutes les nuances possibles sur un seul tableau » et met au point, à la fin des années 1960, « un système qui, partant des trois couleurs élémentaires et du gris, [lui permet], par passages réguliers et successifs, d'obtenir des teintes et nuances de plus en plus subtiles ». Le peintre ajoute : « Il m'a semblé absurde d'utiliser plus de 1 024 nuances (par ex. 4 096) car les nuances n'auraient pas été perceptibles[2]. » Trente-deux ans plus tard, interrogé sur son tableau *1024 Farben*, Richter répond :

> Les tons et les échelles de luminosité intermédiaire conduisent à des combinaisons de couleurs contenant 16, 64, 256 et 1 024 tons.

1. Commentaire extrait de la page concernée du site de *FréquenceSud.Fr*, 20 octobre 2018. Ce même pianiste, semble avoir manqué de toute nuance quelques années plus tard. Voir le billet de Louis-Valentin Lopez, *France Musique*, le 15 mars 2022 : « Sur une chaîne russe, Boris Berezovsky cautionne avec une grande violence la guerre en Ukraine ».

2. Extrait ducatalogue de l'exposition « Carl Andre/Marcel Broodthaers/Daniel Buren/Victor Burgin/Gilbert & George/On Kawara/Richard Long/Gerhard Richter », Bruxelles, Palais des Beaux-Arts, 1974.

L'utilisation de plus de couleurs serait inutile car il ne serait pas possible de les distinguer clairement.

Nuancer, c'est ainsi maintenir la distinction, au piano comme au pinceau, jusqu'au point où sons et couleurs s'entremêlent. Il s'agit de *penser* la différence, de l'organiser (par exemple par le multiplicateur 4, pour les couleurs qu'utilise Richter). Parfois aussi de la réduire – volontairement. Tel Charles Darwin, la *Nomenclature of Colours* d'Abraham Gottlob Werner à la main, décidant d'étendre sous le terme *isabelle* et à propos de la robe d'un cheval, « une grande variété de nuances s'étendant entre le brun noirâtre d'une part, et la teinte café au lait, de l'autre ».

Darwin, ici, opère à l'envers de Richter – le naturaliste réunit dans un seul mot, *isabelle*, plusieurs nuances, et les fait arbitrairement disparaître ; le peintre objective ces nuances et les fait apparaître, une à une et disposées dans un ordre aléatoire, sur un même tableau de douze mètres carrés exposé au musée d'Art moderne de Paris. La nuance se prête à tous les jeux…

La notice du CNRTL, pour « nuance », distingue deux registres sémantiques (la nuance comme perception et comme cognition) et, pour le premier, selon que la perception est visuelle ou auditive ; pour le second, selon qu'elle est différence ou quantité. La structure lexicologique est la suivante :

[Domaine perceptif :]

Perception visuelle

1. « Intensité, degré plus ou moins fort que peut prendre une même couleur ».
2. « Teinte qu'on peut distinguer d'autres, à l'intérieur d'une même couleur, par le mélange légèrement différent des composantes qui y entrent ou par la subtile différence d'intensité que présentent ces composantes »

Perception auditive

« Modification de l'intensité d'un son ou des phrases de l'exécution musicale »

[Domaine cognitif :]
« Variété ou variante fondée sur une différence de détail, souvent subtile et difficilement discernable, entre deux ou plusieurs choses ou états par ailleurs semblables, ou entre les divers états d'une même chose. »
« Quantité très faible et presque indiscernable de quelque chose (à l'intérieur de quelque chose). »

Pour le verbe *nuancer*, la structure lexicologique est la suivante :

[Domaine perceptif :]
« Modifier légèrement une teinte, soit en lui donnant une intensité plus ou moins grande, soit en en variant modérément les composantes. »
« Introduire une légère variation de teinte dans une couleur. »
« Acquérir des variations d'intensité ou de légères différences de teinte dans sa couleur. ».

[Domaine cognitif :]
« Faire apparaître des variations continues soit dans quelque chose qui était auparavant conçu comme uniforme, soit en atténuant les contrastes, les différences entre deux choses conçues auparavant comme antinomiques. »
« Introduire dans quelque chose, apporter à quelque chose un élément qui conduit à modifier légèrement certaines de ses qualités, à atténuer certaines des caractéristiques par lesquelles on le définissait. »

Dernière étape de ce parcours : l'étude de ce que connote, dans le débat public, cette nuance. Ouvrons pour cela la rubrique « Proxémie » de la notice du CNRTL. Le nuage de mots présenté est composé de neuf clusters, autour de différentes activités, reliées entre elles. Un examen conduit à les regrouper en trois champs d'action : esthétique, physique, pragmatique. Cinq groupes de mots relèvent d'une action d'*ornement* : il s'agit de colorer (peindre, colorer, barbouiller, peinturlurer) ou de modifier l'aspect initial (chamarrer, mélanger, panacher, bigarrer, barioler, marbrer, assortir, farder, parer, couvrir, etc.), et de le faire sans excès, par des traits ou des petites touches (émailler, moucheter, jasper, parsemer, etc.). Trois autres groupes de mots sont relatifs, non à la forme mais au volume ; ils relèvent d'une action de *correction* : diminuer, atténuer, adoucir, affaiblir, corriger, tempérer, modérer ; ou encore, varier, graduer, diversifier, compliquer. Là, il s'agit d'ajouter un peu de complexité, de faire *ressortir* les nuances, après avoir tenté de les assortir. Puis, après avoir *ajouté* (du fard, de la couleur, une garniture, etc.) puis *soustrait* (en diminuant, atténuant, adoucissant, etc.), il faut *harmoniser*. D'où un dernier cluster, composé de trois mots : pondérer, équilibrer, compenser. Cette opération de *mise en convenance* achève (et couronne) l'action de nuancer.

Orner, corriger et harmoniser : tels sont les registres des verbes associés à l'action de nuancer. Rapportés à l'activité intellectuelle, ils l'éclairent d'un jour nouveau. La nuance peut n'être qu'un artifice. Ni correction ni harmonisation, elle illustre la compétence scripturale de l'auteur. Nuancer peut également viser la mise en compatibilité. L'auteur adoucit son propos, le tempère ; prend en compte l'argument de son interlocuteur, ou le fait sien. La nuance, dans ce deuxième cas, est un renoncement. Le nuancement peut enfin se contenter de corriger. L'objectif est de contester, mais avec doigté : équilibrer, pondérer, diversifier, etc. Corriger, certes, mais avec mesure...

« Nuance » est un dérivé de *nuer* – terme de broderie indiquant « la distribution des couleurs sur un motif selon des combinaisons harmonieuses » –, auquel on a ajouté le suffixe *-ance* (comme pour bienveillance, clairvoyance ou remontrance). Dans un texte de 1380, l'*Inventaire du mobilier de Charles V*, la nuance désigne « chacun des degrés par lesquels peut passer une même couleur ». En 1751, dans les *Considérations sur les mœurs de ce siècle*, d'un certain Duclos, elle est « ce qui s'ajoute à l'essentiel pour le modifier légèrement ». En 1810, Mme de Staël, dans le troisième tome d'*Allemagne*, utilise « nuancé » pour signifier « ce qui n'est pas net, tranché ». Elle ajoute : « Tout est si tranché, si positif, si irréparable parmi les hommes qui n'ont pour rien des paroles nuancées. »

On repère en 1855 l'émergence de « nuancement », validé par Pierre Larousse qui l'introduit dans son *Grand dictionnaire universel du* XIXe *siècle* (« action de nuancer »). Du côté des synonymes, la liste que fournit la notice du CNRTL est la suivante :

> bigarrer, varier, tempérer, nuer, modérer, fondre chamarrer, barioler, atténuer, noyer, moduler, mesurer, graduer, dégrader, diversifier, diaprer, corriger, colorer, chanter, assortir, pondérer

La liste des antonymes est singulièrement plus courte : contraster, opposer, trancher. Et dans les dictionnaires anglais ? Mêmes heureuses découvertes. « Nuance » est utilisée pour la première fois en 1781, importé du français. La notice du *Merriam-Webster* indique : « *From Middle French, shade of color, from* nuer *to make shades of color, from* nue *cloud, from Latin nubes ; perhaps akin to Welsh* nudd *mist.* »

Apparenté au terme gallois *nudd*, qui signifie « brume » ? La trouvaille est plaisante. Serait nuancé ce qui est *indistinct* ? Une pensée nuancée serait ainsi une pensée confuse. Ou obscure car trop précise. Donc inutile. C'est la thèse d'un universitaire états-unien, Kieran Healy.

Du nuancement

Théoriser, est-ce nuancer ? En 2017, Kieran Healy, professeur de sociologie à la Duke University, Caroline du Nord, publie un article dans la revue *Sociological Theory*. Le titre de l'article ne passe pas inaperçu : « Fuck nuance[1] »... La première et la dernière phrase de l'article sont les suivantes : « *Nuance is not a virtue of good sociological theory* » ; « *We are glutted with nuance. I say, fuck it.* »

L'article a été présenté et discuté lors d'un symposium de l'ASA, l'American Sociological Association, organisé sur le thème : « *What is good theorizing ?* » Healy se pose trois questions : la nuance est-elle la propriété d'une bonne théorie (c'est-à-dire : qui produit une explication correcte des phénomènes) ? La nuance est-elle la propriété d'une théorie intéressante, donc satisfaisante ? La nuance est-elle la propriété d'une théorie susceptible de produire des sciences sociales influentes ? Sa réponse à ces trois questions est : non. Quels sont ses arguments ?

Healy discerne trois pièges dans l'usage du nuancement : une description trop détaillée du monde ; une volonté de totalisation ; et la confusion entre nuancer et exprimer avec talent la réalité sociale. Le premier piège, dit-il, est celui de « la nuance du grain fin », le deuxième celui de la « nuance du cadre conceptuel », le troisième, celui de « la nuance du connaisseur ». Détaillons le raisonnement.

1. *Sociological Theory*, 2017, vol. 35, n° 2, p. 118-127.

Le grain fin. L'ambition du chercheur soucieux d'être un professionnel nuancé, dit en substance Healy, est de saisir la complexité du réel en introduisant dans son modèle théorique des variantes, des catégories, des subdivisions, etc. La carte devient ainsi (presque) le territoire ; elle perd donc de son utilité. Tendre à la clarté conceptuelle est une activité de distinction (donc d'exclusion) ; et c'est le seul degré élevé d'abstraction du concept qui fait sa force et son opérationnalité ; cette généralité abstraite permet de regrouper sous une expression commune une grande variété de faits. Ainsi, le concept d'*anomie*, proposé par le sociologue Émile Durkheim à la fin du XIXe siècle : il rend compte d'un défaut de régulation et de réglementation du monde social. Le *suicide anomique*, l'une des catégories proposées par Durkheim pour montrer le sens social d'un acte individuel, illustre cette régulation sociale insuffisante. Robert Merton reprend le concept d'anomie, mais le conceptualise différemment : ce n'est plus l'écart entre les besoins sociaux (besoins d'appartenance, en particulier) et leur satisfaction qui favorise l'anomie, mais l'écart entre objectifs et moyens. Le criminel devient tel du fait de la divergence entre des buts sociaux reconnus comme légitimes (avoir une vie épanouie, de nombreuses relations sociales, etc.) et l'accès limité ou impossible aux moyens nécessaires pour les réaliser (du fait de la pauvreté, de la précarité du statut, etc.). Ce sont donc, pense Merton, les inégalités sociales qui provoquent l'anomie, et les institutions de la société doivent jouer leur rôle de prévention et de curation. Leo Srole, de la Cornell University, quelques années plus tard (son article « *Social integration and certain corollaries : An exploratory study* » date de 1956) mobilise ce concept d'anomie, mais généralise son application à toute forme de comportement destructeur : crime, suicide, génocide et guerre. Il met au point une échelle de mesure, qu'il nomme *anomia*, et reconstruit le concept autour de trois dimensions individuelles : dévaluation des normes sociales ; désintégration sociale ; et forclusion de l'avenir. C'est donc, conclut Healy, de sa généralité et de sa capacité à rendre compte de comportements sociaux différents, et dans des situations sociales variées, que réside la force d'un concept. D'où la critique de Healy :

les idées les plus pertinentes des pères fondateurs de la sociologie, Marx, Durkheim, Weber et Simmel, « ne sont pas issues de leurs travaux nuancés ».

> Ce ne sont pas les discussions labyrinthiques de la plus-value dans les *Grundrisse* qui attirent les sociologues vers Marx, mais sa théorie beaucoup plus simple de la politique en tant que lutte pour des ressources matérielles dans une ère de changement technologique rapide. Weber, lui aussi, a tendance à se diviser en œuvres nuancées et en œuvres acérées. Le Weber avec lequel nous travaillons le plus est pourtant le Weber typologisant – avec trois types d'autorité, deux types de rationalité et les caractéristiques basiques de la bureaucratie[1].

Une « description détaillée du monde » est-elle vraiment le problème ? Le souci du détail n'est pas un handicap. C'est l'apport de la *grounded theory* en sociologie, la « théorie ancrée », a-t-on traduit, promue par Barney Glaser et Anselm Strauss dans les années 1970 aux États-Unis. Le travail de conceptualisation y est concomitant du travail de collecte des données de terrain ; et ce sont ces données, précises, *nuancées*, qui, une fois encodées par le chercheur, lui permettent, en les regroupant et en les interrogeant, de faire émerger de nouvelles catégories conceptuelles...

La volonté de totalisation. L'argument est plus sérieux : si la carte est plus riche d'informations que le territoire n'en abrite, n'y a-t-il pas alors *invention* de ce territoire ? L'argument de Healy est que l'expansion infinie d'une théorie, s'efforçant de rendre compte de tous les événements et phénomènes se produisant dans le champ concerné par l'étude, empêche sa réfutation. C'est en effet, dit-on depuis Karl Popper, sa possible falsification qui rend une théorie valide. En saturant l'espace de connaissances d'un phénomène et en prétendant en rendre compte dans sa totalité, elle deviendrait totalitaire : pas d'impensé, pas d'angle mort, pas de contradiction

1. Ma traduction. Kieran Healy a mis sur son site une traduction en français de son article (non utilisée ici).

interne ; le nuancement travaillerait ici contre l'esprit scientifique. Mieux vaut une théorie incomplète, pense Healy : elle gagne en efficacité.

Imaginons que soient fusionnées la théorie des bonnes raisons de Raymond Boudon et la théorie de la reproduction sociale de Pierre Bourdieu. Pourraient être expliquées, dans un même cadre conceptuel, les inégalités sociales, générées par deux mécanismes convergents : la structuration sociale, d'une part, et les stratégies individuelles, d'autre part. Healy est en désaccord avec ce syncrétisme en sciences sociales : à mettre en compatibilité ce qui est divergent – le culte de l'Église officielle et les pratiques indigènes ; l'allopathie et la médecine naturelle ; la rose et le réséda, etc. –, le chercheur ouvrirait, affirme Healy, un espace aussi infini qu'effrayant puisque seraient rapprochées des entités qui n'ont de rôle conceptuel que distinctes, voire opposées.

Cela, c'est une conception possible du rôle du concept ; mais elle n'invalide pas d'autres conceptions. On peut en effet imaginer des concepts-noyaux, chimiquement purs, et autour d'eux une dizaine de concepts-nuances ; ils sont différents et non divergents. Le concept de bleu, concept-noyau, n'est pas opposé au concept de rouge, autre concept-noyau. Le concept de violet peut être saisi comme un concept-nuance et se décliner en sous-concepts : lilas, pourpre, bruyère, etc.

La subtilité du penseur. C'est le troisième danger du nuancement, estime Healy : le théoricien, producteur de théories sophistiquées, se présente comme un intellectuel « plus savant que les autres » – car nuancé, subtil. Il décline ses concepts sous mille formats différents, multiplie les sous-hypothèses, use d'un vocabulaire abscons et argue doctement que le phénomène étudié étant complexe, la théorie qui en rend compte doit l'être aussi... Nous avons tous, un jour, lu ce genre de théorisation brouillonne. Healy a raison sur ce point : à multiplier les exceptions ou les variantes, le penseur nous égare. Il n'a donc pas tort d'opposer la description détaillée du sociologue et la modélisation schématique de l'économiste. Ce dernier s'est doté d'outils et de personnages qu'il peut manipuler – parce que peu nuancés : un individu rationnel, des préférences stables, une volonté de maximiser ses utilités, l'absence de remords, etc. Que ce personnage soit une fiction et qu'aucun individu réel ne se comporte ainsi importe peu : plus cette modélisation est épurée, et plus elle est heuristique et prédictive. Healy ne le dit pas ainsi, mais il a cela en tête : un théoricien trop subtil est un théoricien inutile...

Le problème est mal posé. L'antonyme de la subtilité d'un raisonnement est sa grossièreté ; et un propos sans finesse, ou approximatif, n'est pas plus utile qu'un propos tout en finesse. L'article de Healy suscita de nombreux commentaires, *pro et contra*. Parmi les arguments échangés sur les sites de débat et appuyant la thèse de Healy, relevons ceux-ci : la nuance cache l'ambiguïté du propos, et n'aide pas le discours scientifique à être clair, concis et rigoureux ; la nuance nuit à l'analyse en la complexifiant à l'infini ; nuancer, c'est jargonner – car si l'idée est complexe, son encodage est également complexe ; user de ce concept est une opération de maquillage ; ou cela traduit le choix de l'auteur de rendre obscur son raisonnement (« comme la sociologie sait très bien le faire » – « et tous les politiciens », lit-on dans un commentaire...) ; nuancer, c'est couper les cheveux en quatre, exprimer mille fois la même chose sous un angle différent, etc. La charge est rude, et il semble qu'un effet de mode joue sur cette tentative de mise à mort de la nuance dans le champ académique. Pourquoi cette offensive, qui la mène et au nom de quoi ? Le sociologue Baptiste Coulmont, dans une tribune publiée par *Le Monde* le 7 octobre 2015 (soit quelques jours après la parution de l'article de Kyrian Healy), intitulée « Sociologie : cinquante nuances de trop. Les demandes de nuances empêchent l'abstraction », écrit ceci :

> Les demandes de nuances, indisciplinées, ne s'épuisent jamais. Et – poursuivons la vulgarité – elles aboutissent à une sodomie de diptères[1], à complexifier inutilement les choses décrites ou la théorie proposée.

1. La page Wikipédia consacrée à cette étrange expression indique : « Transposition pseudo-savante de l'expression populaire *enculage de mouches*. »

Et un peu plus loin :

> La nuance du détail conduit à une description toujours plus circonstanciée du monde empirique. La nuance conceptuelle ajoute à l'infini de nouvelles pièces à un système théorique. La nuance de l'érudit sert à se mettre en valeur, en se dotant de la capacité ineffable à saisir le flux de la réalité elle-même. De l'enfumage, pour ne pas utiliser un autre terme.

Coulmont termine sa tribune en indiquant que « le raisonnement sociologique se situe dans un va-et-vient entre la contextualisation historique et le raisonnement expérimental » et que les nuances empêcheraient ce balancement, permettant la production de concepts, dit-il, tels « féodalisme » ou « État-providence social-démocrate »... Sauf que tout sociologue travaillant sur l'État-providence européen a intérêt, sous peine de confusion et d'impuissance à saisir le réel, de distinguer et comparer les États-providence d'Europe du Nord et d'Europe du Sud (Suède et France, par exemple), et dans cette forme sociopolitique, les différentes manières de responsabiliser les citoyens de ces États (par exemple, dans la recherche active et autonome d'un retour à l'emploi pour les chômeurs indemnisés) ou d'élaborer des politiques publiques inclusives et évaluées par leurs bénéficiaires. Sans ces « nuances », le concept d'État-providence est trop large, donc trop imprécis pour rendre compte d'une telle diversité des formes étatiques providentielles...

De la radicalité de la nuance

Pourquoi faut-il *nuancer* (l'analyse, le propos, l'idée) ? Par humilité, lucidité et utilité : nous savons que nous ne savons pas ; nous ignorons les liens, nombreux, entre les phénomènes. La nuance répond à ce défi de la connaissance : elle évite la confusion et nous prépare aux conséquences. Ce qui fait sa force est son refus des certitudes et des assertions abruptes ; elle s'oppose au prêt-à-penser en introduisant l'aléa, le doute ; elle adore l'impur, l'hybride ; elle n'empêche pas l'indignation ou l'action correctrice : elle fonde en raison l'une et légitime l'autre. Nuancer, estime Julien Lecomte, sociologue belge, auteur de *Nuance ! La puissance du dialogue*[1], c'est

> sortir d'un dualisme radical qui effacerait toute subtilité. La nuance consiste à investiguer au-delà des aspects binaires des choses, au-delà des constructions arbitraires. Il s'agit de dépasser les apparences afin d'en distinguer les différentes teintes et tonalités, quand bien même celles-ci ne seraient pas immédiatement perceptibles.

La nuance est une arme, affirme Didier Pourquery, journaliste de renom, auteur de *Sauvons le débat : osons la nuance*[2] : « Elle casse les évidences, revendique l'ironie face à l'arrogance, remet en

1. Paris, Les Pérégrines, 2022.
2. Paris, Presses de la Cité, 2022.

cause la violence, bouscule les dogmes et permet de rester indigné tout en étant lucide. »

La nuance, c'est le jugement *juste*, indique le philosophe haïtien Camille Loty Malebranche[1], qui permet de connaître les choses du monde « par l'aventure du regard lucide, dépouillé de prêts-à-penser. C'est la construction d'une vision à l'échelle des détails ».

Jean Birnbaum, dans *Le Courage de la nuance*[2], rappelle le trait d'Albert Camus : « Nous étouffons parmi des gens qui pensent avoir absolument raison. »

Que faire ? Ces auteurs convergent vers une même idée : « Préserver l'espace d'une discussion aussi franche qu'argumentée » (Birnbaum). Réapprendre à débattre, « en écoutant soigneusement l'autre et en affinant ses propres arguments » (Pourquery). « Analyser avec minutie les responsabilités, les leviers d'action ou encore les obstacles, en évitant les amalgames et les clivages destructeurs [...]. Il s'agit de faire droit à une démarche de discernement et de compréhension ouverte au dialogue » (Lecomte).

« Où est passée la nuance ? » est un podcast de l'association belge « Question Santé » mis en ligne en avril 2023[3]. On y entend de nombreux témoignages, concrets, et autant de propositions, elles aussi concrètes. Par exemple, celle de Pascale, à la toute fin du podcast :

> Les extrémistes ne peuvent pas, ne doivent pas gagner. Et pour qu'ils arrêtent de prendre de plus en plus de place, je crois qu'il faut que les gens nuancés osent parler. Nous n'avons pas à avoir

1. Camille Loty Malebranche, « Du jugement. Nuance et amalgame », article publié sur son blog « Intellection », le 23 juillet 2021.
2. Paris, Seuil, 2021.
3. « À Question Santé, on se pose depuis longtemps la question de la nuance... Partout, à la télé, sur les réseaux sociaux, dans les médias, les débats tournent souvent au conflit. Les idées se résument en 280 caractères sous peine d'être zappées. Les phrases sont simples. Les arguments brefs. Les réponses sont cinglantes, agressives. Des pour, des contre, des pro, des anti. Mais, bon sang, où est donc passée la nuance ? Alors, nous nous sommes mis à chercher pourquoi... Et comme nous faisons de l'éducation permanente, nous sommes allés interroger des auteurs, des experts, des témoins, et aussi des citoyens qui nous semblaient avoir des choses à dire pour en faire un podcast. »

> honte de mettre de la nuance dans nos vies. Nous ne sommes pas coupables de ne pas hurler avec les loups. Être nuancé, c'est se poser des questions. Tout le temps. Se remettre en cause. Tout le temps. Ce que ne font pas les extrémistes, puisqu'ils pensent avoir la vérité incarnée [...]. Il faut avoir le courage de dire que nous sommes des personnes nuancées.

Dans le brouhaha des évidences, il n'y a pas plus radical que la nuance. Cette assertion de Jean Birnbaum vaut boussole.

Parcours 2

Le juste milieu

Il y a un chemin, entre tout et rien
Au juste milieu, au juste milieu
Je resterai quand même
La femme qui t'aime, et celle que tu aimes
Au juste milieu
Mais pas au mépris de celle que je suis.

(*Au juste milieu*,
chanson de Chimène Badi, 2006)

J'observe d'abord que quoiqu'il faille également éviter les excès dans ces deux genres, & tâcher d'atteindre un juste milieu, ce milieu cependant n'est pas un point ; mais admet une grande latitude.

(David Hume,
« Le style simple & le style orné »,
Essais moraux et politiques, 1788)

On accable les jésuites, et on fait bien ; mais on laisse dormir les jansénistes, et on fait mal : il faudrait, pour saisir un juste milieu, et pour prendre un parti modéré et honnête, étrangler l'auteur des *Nouvelles ecclésiastiques* avec les boyaux de frère Berthier. Sur ce, je vous embrasse.

(Voltaire, lettre à M. Lekain, 1761)

Du juste milieu

Regroupons sous l'expression *action mesurée* (ou *modérée*) trois activités : une action discursive nuancée ; une prise de décision équilibrée ; et un comportement modéré, politiquement ou personnellement. Le nuancement a fait l'objet d'un premier parcours. Portons ici le regard sur la deuxième composante : la *décision juste*. L'expression *juste milieu* résume la visée d'un décideur soucieux d'agir sans exagération ; la simplicité de la locution fait sa force. Que signifie-t-elle exactement ? Ce parcours est consacré à cette élucidation. Il débute avec Aristote, et le concept de *μεσότης*, *mesotès*, que certains clercs traduisirent par « juste milieu » ; il se termine avec Platon et sa notion de *μέτριος*, *métrios*, la « mesure ».

> Me pardonnera-t-on d'aiguiser l'arme sévère du syllogisme, au lieu du trait plus acéré et plus convenable peut-être de l'épigramme, pour réfuter le raisonnement, aussi faux que spirituel, par lequel un illustre général a paru réfuter lui-même le principe du juste milieu, raisonnement qui produit encore tous les jours son pernicieux effet, celui de faire rire aux dépens d'une vérité morale ? Cet effet, contre l'intention probable de celui qui l'a causé, s'est propagé comme un incendie, qui ne continue ses ravages que parce que personne ne prend à tâche de l'éteindre. C'est pourtant une tâche facile à remplir, puisqu'il ne s'agit que de démontrer l'évidence au public, ainsi qu'au général, qu'en opposant une vérité à une fausseté mathématique pour chercher le juste milieu

> entre les deux, il n'a sans doute voulu que distraire, par la gaieté piquante d'une plaisanterie, la gravité habituelle de la Chambre. Cette plaisanterie, bonne ou mauvaise, a fait fortune : prenant dans sa bouche le caractère d'un argument sérieux, et appuyé de toute l'autorité de son nom, elle est devenue une arme tranchante entre les mains d'un parti habile à profiter de tout.

Jean Vaysse de Villiers, auteur de ces lignes, par lesquelles s'ouvre son libelle, *Le Juste Milieu en toutes choses et surtout en politique*, publié à Paris en 1832, est inspecteur des Postes ; il écrit des ouvrages de tourisme. En 1832, il a 65 ans ; il meurt deux ans plus tard. La postérité garde de lui ce plaidoyer. Réédité en 2013 chez Hachette BNF, l'ouvrage de Vaysse de Villiers est l'un de ces nombreux écrits que suscita l'expression *juste milieu* aux premières années de la monarchie de Juillet. Son texte fait référence à Louis-Philippe, duc d'Orléans (« l'illustre général »), qui succède, avec le titre de lieutenant général du royaume, fin juillet 1830, à son cousin, le roi Charles X, balayé par les journées révolutionnaires des 27, 28 et 29 juillet 1830 à Paris – immortalisées par le tableau d'Eugène Delacroix, *La Liberté guidant le peuple*. La Charte constitutionnelle de 1814 est révisée puis promulguée le 14 août 1830 ; elle prévoit un partage du pouvoir législatif entre le nouveau « roi des Français », la Chambre des pairs et la Chambre des députés. Cette monarchie de Juillet chute à son tour le 24 février 1848 – autre révolte du peuple parisien. Le soir même, Lamartine et ses collègues républicains proclament la République. Dix-huit années de règne, donc, dont les premières sont placées sous le signe d'un *juste-milieu*, expression que Louis-Philipe place dans un de ses discours, en janvier 1831, et qu'il veille à écrire avec un tiret, comme pour signifier sa volonté de gouverner au centre, et de le faire avec justice et justesse. Vaysse de Villiers poursuit ainsi :

> Quand un fou soutient que 4 et 4 font 10 à celui qui prétend que 4 et 4 font 8, il n'y a pas deux opinions extrêmes entre lesquelles on puisse chercher le milieu. Une des deux est elle-même ce milieu ;

l'autre, si l'on pouvait la considérer comme une opinion, serait celle d'un des deux extrêmes, qui consisterait à prétendre d'un côté que 4 et 4 font 10 ; de l'autre, que 4 et 4 font 6 : la vérité serait le juste milieu entre ces deux erreurs.

Les faits, et surtout les faits arithmétiques ne sont pas du domaine de la controverse ; il ne peut y avoir deux opinions ni de milieu entre la démonstration mathématique d'une vérité de cette nature, et l'extravagance d'une assertion contraire, pas plus qu'entre un aveugle qui prétendrait que la neige est noire, et un clairvoyant qui soutiendrait qu'elle est blanche.

Toutefois dans les couleurs on peut chercher un juste milieu entre deux teintes, dont l'une serait trop éclatante et l'autre trop foncée, une teinte moyenne est alors le vrai milieu. Il en est de même des couleurs politiques qui tendraient, l'une à l'excès du pouvoir populaire, l'autre à celui du pouvoir monarchique : le juste milieu ou le terme moyen entre ces deux extrêmes se trouve dans la monarchie constitutionnelle, comme écartant tous les inconvénients et réunissant tous les avantages de ces deux natures de gouvernement, surtout lorsque nous avons l'expérience acquise de ce juste milieu chez nos voisins et des deux extrêmes chez nous.

De plus, le système légal qui existe, et qu'on a établi soi-même, est incontestablement le plus sage et le plus juste des milieux entre les deux systèmes, l'un révolutionnaire, l'autre contre-révolutionnaire, qu'on voudrait établir ou rétablir.

La préférence donnée au juste milieu en politique est donc, comme en toutes choses, le propre de la sagesse et de la vertu ; car le milieu qui ne serait pas marqué à ce double coin ne serait pas le juste milieu. Il n'est tel qu'en s'éloignant également, à force de justice et de justesse, de tous les extrêmes.

C'est ce juste milieu qu'on appelle moyenne proportionnelle en mathématiques, modération en morale ; et la modération fut dans tous les temps, comme chez tous les peuples, une de ces maximes qui n'ont jamais été ni contestées ni attaquées, sauf aux époques désastreuses où l'esprit de parti en a fait un titre de proscription [...]. Elle est dans tous les cœurs vertueux, elle règne même dans toutes les classes de la société par ce proverbe devenu trivial à force d'être juste : *l'excès en tout est un défaut.* [...]

Juste-milieu ? Les caricatures[1] parlent d'elles-mêmes : l'expression généra quolibets et mots d'esprit. On ne peut cependant contester la puissance attractive de la formule, présentée ici comme une « vérité fondamentale » (ou une « impérissable vérité »). La simplicité du raisonnement – des extrêmes, vicieux, et un milieu, vertueux, les tenant à distance – a assuré son succès. Mais dans l'ordinaire de nos vies comme dans des contextes dramatiques (ici, un peuple en révolte, un roi honni, etc.), la détermination d'un juste milieu est chose malaisée, parfois vaine ; et bien qu'il semble de grande justice, ce principe peut se dénaturer sous des mains opportunistes.

Vertus politiques – celles de la cité – et vertus personnelles – celle des citoyens qui la composent – se correspondent ; car l'homme est un animal politique : il ne vit qu'en société ; hors d'elle, note Aristote, il ne peut survivre ; cette vie en communauté l'oblige à partager des valeurs – le bien, le mal, le juste et l'injuste. Il y a donc, indique-t-il en liminaire de son *Éthique à Nicomaque*, reprenant le raisonnement de Platon, identité entre le bien de l'individu et le bien de la cité ; sauvegarder cette dernière est le noble but. Mais là où Platon spécule sur l'idée du bien, Aristote, lui, part du donné empirique – l'œil, le cheval, le cithariste ou les bâtisseurs de maisons. Son point de départ est l'*action*, individuelle et collective, et les *affections*. Pour engager l'une et maîtriser les autres, l'individu doit savoir ce qu'il fait, pourquoi il doit le faire ainsi, et accomplir cette action « dans une disposition d'esprit ferme et inébranlable ». On devient un homme juste en accomplissant des actions justes, et un homme modéré en accomplissant des actions modérées ; celles-ci sont conformes aux actions qu'accomplit, dit-il, un homme juste et modéré. Comment le devenir ? En cultivant cette disposition, que l'on nomme vertu, « par laquelle un homme devient bon et par laquelle son œuvre propre sera rendue bonne » (1106a 20). À quoi l'oblige cette vertu ? « À viser le moyen » (dans la traduction de Jules

1. Honoré Daumier, entre 1832 et 1836, modèle une quarantaine de bustes en terre crue peinte à l'huile représentant *Les Célébrités du juste milieu*, aujourd'hui conservés au musée d'Orsay, qui lui serviront pour ses lithographies. Voir le catalogue *Daumier. Les « Célébrités du juste milieu » (1832-1835)*, Paris, RMN, 2005.

Tricot), « à rechercher le milieu » (dans celle de Richard Bodéüs). Qu'est-ce donc ce moyen, ou ce milieu ?

Aristote part d'un constat d'expérience : dans l'ordre du continu et du divisible, il est possible de distinguer *le plus*, *le moins* et *l'égal*, ce dernier « étant quelque moyen entre l'excès et le défaut » (1106a 25). Il en va de même des vertus : qu'elles soient morales ou intellectuelles, elles « sont naturellement sujettes à périr, à la fois par excès et par défaut ». Dans le boire et le manger, une forte ou une faible quantité détruit la santé, « tandis que la juste mesure la produit, l'accroît et la conserve ». De même pour la modération et le courage : celui qui n'a peur de rien devient téméraire et se met en danger ; celui qui a peur de tout devient lâche et ne peut rien accomplir. Ou encore : celui qui se livre à tous les plaisirs est un homme dissolu, celui qui s'en prive, un être insensible. Dans les deux cas, la perfection est détruite, soit par le trop, soit par le trop peu, « lesquels ne sont bons ni l'un ni l'autre ». L'excès est erreur, le défaut est objet de blâme ; le milieu, lui, est « objet de louange et de réussite ». Aristote n'a plus qu'à conclure : « La vertu est donc une sorte de médiété, en ce sens qu'elle vise le moyen. »

Médiété ? Le terme est proposé, pour traduire la *mesotès* du texte grec, par Jules Tricot, infatigable traducteur, dans les années 1950, des textes aristotéliciens. Le mot, d'usage académique, ne manque pas de qualités : éloigné des notions communes, il peut jouer son rôle d'opérateur savant d'une réalité complexe. Parfois, Tricot reprend la notion de *juste milieu*, qu'avaient préférée les deux traducteurs d'Aristote au XIXe siècle : Jean-François Thurot et Jules Barthélemy-Saint-Hilaire. À la fin du XXe siècle, Richard Bodéüs, dans une nouvelle traduction en 2004 pour Gallimard, se contente de « milieu » et de « moyenne », s'abstenant d'indiquer une quelconque justice (ou justesse) à ce « milieu ». Certains auteurs ou traducteurs utilisent *médialité*[1], terme en usage dans les sciences du langage, issu du latin tardif *medialis* (« ce qui est relatif au milieu » ;

1. Emmanuel Alloa, « *Metaxu*. Figures de la médialité chez Aristote », *Revue de métaphysique et de morale*, 2009, n° 62, p. 247-262.

ce qui a donné notre « média » d'aujourd'hui, terme issu du *medium* de la philosophie médiévale : ce qui fait office d'interface entre le sujet et l'objet[1]). D'autres traducteurs, contemporains, parlent de *juste mesure*. Françoise Kleltz-Drapeau[2] justifie ainsi son choix :

> Certains choisissent de traduire par *juste-milieu*. Je ne les suis pas car je me demande comment ce synonyme de centrisme petit-bourgeois pourrait rendre compte d'une notion aussi belle et aussi nuancée [que celle de *mesotès*]. D'autres traducteurs tentent le néologisme et parlent de *médialité*. Entre ces deux extrêmes, je préfère traduire par *juste mesure* puisque cela fait apparaître une notion chère à Camus, la justice.

Quand nous lisons l'*Éthique à Nicomaque* en ce début du XXIe siècle, nous lisons un texte traduit de l'ancien grec en latin, puis, aux XVIIIe et XIXe siècles, du latin en français. Frédérique Woerther, dans un examen des translittérations présentes dans la version latine (réalisée par Hermann l'Allemand à Tolède en 1240) du *Commentaire moyen à l'Éthique à Nicomaque* d'Averroès, achevé en mai 1177, montre comment les traducteurs de l'époque affrontaient déjà, entre langue-source et langue-cible, les problèmes auxquels se heurtent (toujours) ceux d'aujourd'hui[3]... Parmi les traductions non partielles[4]qui ont permis aux savants de maîtriser le texte aristotélicien, on relève, dans les années 1260 : la traduction

1. Bernard Vouilloux, « Médium(s) et média(s). Le médial et le médiatique », *Colloques Fabula*, « Création, intermédialité, dispositif », mars 2017.

2. Françoise Kleltz-Drapeau, « Pensée de midi et juste mesure aristotélicienne. Une dette grecque », *Odysseum* (ministère de l'Éducation nationale et de la Jeunesse), 2 février 2020.

3. Frédérique Woerther, « Les translittérations dans la version latine du *Commentaire moyen à l'Éthique à Nicomaque* d'Averroès », *Bulletin de philosophie médiévale*, 2014, vol. 56, p. 61-89. Voir également : Auguste Mansion, « La version médiévale de l'*Éthique à Nicomaque* », *Revue néo-scolastique de philosophie*, 1938, 59, p. 401-427.

4. La première traduction latine de l'*Éthique à Nicomaque* (connue sous le nom d'*Ethica vetus*), à la fin du XIIe siècle, fut partielle, puisque ne concernant que les livres II et III du texte grec. Voir, sur ce thème, Irène Zavattero, « Le début de la réception de l'*Éthique à Nicomaque* à Paris. Maîtres ès arts et théologiens en comparaison », *Annuaire de l'École pratique des hautes études*, 2019, 126.

du Britannique Robert Grosseteste, évêque de Lincoln – ses successeurs, au XVIe siècle la jugèrent obscure et inélégante, avec, notamment, des translittérations incompréhensibles de termes grecs ; la *Versio antiqua* de Guillaume de Moerbeke, version révisée de celle de Grosseteste, « décalque presque mot pour mot de l'original grec », indique Jules Tricot, et sur laquelle Thomas d'Aquin établit (vers 1266) son *Commentaire sur l'Éthique à Nicomaque d'Aristote*, document irremplaçable pour comprendre comment la scolastique médiévale s'adossa au raisonnement aristotélicien[1]. Aux XVe et XVIe siècles, le rythme des traductions (du grec au latin) s'amplifie, avec celles de Jean Argyropoulos, Leonardo Bruni, Giovanni Bernardo Feliciano, Nicolas de Grouchy, Denis Lambin, Matthias Berg, Joachim Périon, Antonio Riccoboni et Adrien Turnèbe ; puis au XVIIe siècle, et désormais en français, celle de Hiérosme de Bénévent ; au XIXe siècle, les traductions de Jean-François Thurot (1823), Jules Barthélemy-Saint-Hilaire (1856)[2], Ludger-Jean-Baptiste Rossigneux (1886) ; puis au XXe siècle, celles (entre autres) de Jean Voilquin (1940), René Antoine Gauthier et Jean-Yves Jolif (1959), Jules Tricot (1959), Jean Defradas (1995), Pierre Pellegrin (1999) et Richard Bodéüs (2004)[3].

Examinons les versions latines. Denis Lambin et Matthias Berg, comme leurs contemporains, traduisent *mesotès* par *mediocritas*, et *méson* par *medium*. Ce qui donne : « *Virtus autem medium et invenit et sequitur* », et se comprend ainsi : « Mais la vertu trouve le milieu et le suit. » Le *Dictionnaire latin-français* de Félix Gaffiot (1934) indique, pour le substantif *medium*, le sens de « milieu, centre », mais aussi de « lieu à la disposition de tous », ou « exposé au regard de

1. Sancti Thomae Aquinatis, *In decem Libros Ethicorum Aristotelis ad Nicomachum Expositio*, Marietti, Bologna, 1934 (version établie par Raimondo Spiazzi). La traduction française des dix volumes est accessible via le site http://docteurangelique.free.fr, 2008.

2. Ces deux traductions (encore en usage en 2023, en particulier pour les éditions en livre de poche) sont celles utilisées par Philippe Remacle sur son (précieux) site « L'Antiquité grecque et latine du Moyen Âge », où sont librement accessibles les traductions de plus d'une centaine de textes philosophiques grecs et latins.

3. Informations tirées du site canadien (Montréal) « Notes du mont Royal ».

tous ». Pour l'adjectif *medius* : « ce qui est au milieu, au centre », et « ce qui est intermédiaire entre deux extrêmes ». Pour *mediocritas*, Gaffiot traduit par « l'état moyen, la moyenne, le juste milieu ». Et dans un second sens : « la médiocrité, l'insignifiance ». Quant au verbe *medio*, écrit Gaffiot, il signifie « partager entre deux », ou « être à son milieu, à sa moitié ». S'il est toujours question de « milieu », le texte n'indique aucunement que ce milieu soit « juste ». Quand cette expression apparaît-elle, et pour quels motifs ? Dans la première moitié du XIXe siècle, avec les traductions de Jean-François Thurot et Jules Barthélemy-Saint-Hilaire. Le premier traduit systématiquement *mesotès* par « juste milieu » – on relève trente-six occurrences dans les livres II et III ; et le second diversifie (un peu) le vocabulaire, utilisant parfois *sage milieu* ou *vrai milieu* (dix-neuf occurrences). *Moyen* y est souvent préféré à *milieu* ; et l'on repère au fil du texte des expressions comme *bonne* moyenne, *sage* moyenne ou position *moyenne*. Pourquoi l'ajout de ces épithètes ?

De la moyenne

L'une des phrases-clés du raisonnement d'Aristote figure aux lignes 1107a 1-5 de son *Éthique à Nicomaque*. Il vient de définir ce qu'est une vertu – un *habitus* ; il a proposé de considérer cette vertu, « pour la chose dont elle est "vertu" », traduit Tricot, comme « une disposition par laquelle un homme devient bon » et le conduit à faire « œuvre bonne ». Introduisant *le plus*, *le moins* et *l'égal*, Aristote étend cette partition aux actions humaines – elles peuvent être « en excès », « en défaut » ou « moyennes » – et comme ce qui est en excès, dit-il, est « erreur », et ce qui est en défaut, un « objet de blâme », et seul ce qui est « moyen » est objet de louange et de réussite, il conclut, cela a été dit, que la vertu est un milieu (une moyenne, une médiété, une médialité, etc.). Le traducteur des lignes 1107a 1-7 doit donc articuler quatre éléments : une activité, liée à une compétence comportementale ; la propriété centrale de celle-ci ; sa détermination ; et enfin la personne qui la détermine. Comment les traducteurs ont-ils procédé ? Voici cinq versions :

> « Ainsi la vertu est une habitude qui fait élire ce qui est le meilleur, et qui consiste au milieu, qui dépend de la raison et que nous avons dit être une moyenne proportion entre le peu et le trop peu, entre l'excès et le défaut des actions et des passions. Ainsi, quant à sa nature, la vertu n'est autre chose qu'une médiocrité qui est entre deux extrémités vicieuses, et qui en corrige les défauts ; mais en tant qu'elle est du nombre des biens, elle n'est pas une

médiocrité mais une extrémité, ou pour parler plus clairement, en tant qu'elle est un bien, ce n'est pas un bien médiocre, mais un bien extrême. » [Hierosme de Bénevent]
« La vertu est donc une habitude de se déterminer, conformément au milieu convenable à notre nature, par l'effet d'une raison exacte et telle qu'on la trouve dans tout homme sensé. Ce milieu se rencontre entre deux vices, l'un par excès, et l'autre par défaut ; et de plus, comme nos passions et nos actions peuvent nous écarter du devoir, par excès aussi bien que par défaut, c'est à la vertu qu'il appartient de trouver le milieu entre ces extrêmes opposés, et de s'y fixer. Voilà pourquoi la vertu, quant à son essence et à sa définition, est une sorte de moyen terme ; mais considérée dans ce qu'elle a de bon ou même d'excellent, elle est, pour ainsi dire, un extrême. » [Jean-François Thurot]
« La vertu est donc une disposition acquise volontaire, consistant par rapport à nous, dans la mesure, définie par la raison conformément à la conduite d'un homme réfléchi. Elle tient la juste moyenne entre deux extrémités fâcheuses, l'une par excès, l'autre par défaut. Disons encore ceci : tandis que dans les passions et les actions, la faute consiste tantôt à se tenir en deçà, tantôt à aller au-delà de ce qui convient, la vertu trouve et adopte une juste mesure. C'est pourquoi si, selon son essence et selon la raison qui fixe sa nature, la vertu consiste en une juste moyenne, par rapport au bien et à la perfection, elle se place au point le plus élevé. » [Jules Barthélemy-Saint-Hilaire]
« Ainsi donc, la vertu est une disposition à agir d'une façon délibérée, consistant en une médiété relative à nous, laquelle est rationnellement déterminée et comme le déterminerait l'homme prudent. Mais c'est une médiété entre deux vices, l'un par excès et l'autre par défaut ; et <c'est encore une médiété> en ce que certains vices sont au-dessous, et d'autres au-dessus du « ce qu'il faut » dans le domaine des affections aussi bien que des actions, tandis que la vertu, elle, découvre et choisit la position moyenne. C'est pourquoi dans l'ordre de la substance et de la définition exprimant la quiddité, la vertu est une médiété, tandis que dans l'ordre de l'excellence et du parfait, c'est un sommet. » [Jules Tricot]
« Par conséquent, la vertu est un état décisionnel qui consiste en une moyenne, fixée relativement à nous. C'est sa définition

> formelle et c'est ainsi que la définirait l'homme sagace. D'autre part, elle est une moyenne entre deux vices, l'un par excès, l'autre par défaut ; et cela tient encore au fait que les vices, ou bien restent en deçà, ou bien vont au-delà de ce qui est demandé dans les affections et les actions, alors que la vertu découvre le milieu et le choisit. C'est pourquoi, essentiellement et si l'on s'en remet à la formule qui exprime ce en quoi elle consiste, la vertu est une moyenne. Mais, dans l'ordre de la perfection et du bien, elle constitue une extrémité. » [Richard Bodéüs]

Au fil du temps, les traducteurs s'éloignent du texte-source et, visant la clarté du texte-cible, parviennent à l'aide de périphrases (et bénéficiant des innovations de leurs prédécesseurs), à conjoindre précision et limpidité. Comme l'indique l'un des recenseurs de la traduction de Bodéüs, celle-ci, par ses subtilités, a plu au public francophone en lui permettant de disposer « de nouvelles possibilités interprétatives neuves et intéressantes[1] ».

On constate des approches différentes. D'abord, vis-à-vis du comportement vertueux. Il est saisi comme une *habitude* (traduction classique du terme latin *habitus*), puis comme une *disposition à l'action* (terme du vocabulaire de la psychologie comportementale, influente au moment où Tricot traduit Aristote), enfin comme un *état décisionnel* (formule qui a l'intérêt de définir correctement ce dont il s'agit – la séquence où se prend une décision d'action –, mais qui fait disparaître la compétence du décideur, dont rendaient compte « habitude » et « disposition »). Concernant la visée, ou la « consistance » de cette activité, les traductions optent pour : le milieu, la mesure, la moyenne ou la médiété – ce qui confirme la difficulté à rendre compte de cette énigmatique *mesotès*... Si sa détermination (par la raison) semble mettre d'accord les traducteurs, celui qui la détermine les oppose : on passe ainsi d'un homme *sensé* à un homme *sagace*. La différence n'est pas anodine : le premier est *capable* de juger sainement, le second, le fait en

1. Pierre Destrée, « Aristote, *Éthique à Nicomaque*. Trad. R. Bodéüs », *Revue philosophique de Louvain*, 2005, 103-1-2, p. 229-234.

outre *avec finesse et vivacité d'esprit*. Le tableau suivant compare ces variations :

Traducteurs	**Type d'activité comportementale**	**Propriété centrale de l'activité**	**Type de détermination**	**Type de personne la déterminant**
Hierosmede Bénévent	« une habitude qui fait élire ce qui est le meilleur »	« qui consiste au milieu »	« qui dépend de la raison »	–
Jean-François Thurot	« une habitude de se déterminer »	« conformément au milieu convenable à notre nature »	« par l'effet d'une raison exacte »	« telle qu'on la trouve dans tout homme sensé »
Jules Barthélemy-Saint-Hilaire	« une disposition acquise volontaire »	« consistant par rapport à nous, dans la mesure »	« définie par la raison »	« conformément à la conduite d'un homme réfléchi »
Jules Tricot	« une disposition à agir d'une façon délibérée »	« consistant en une médiété relative à nous »	« rationnellement déterminée »	« comme le déterminerait l'homme prudent »
Richard Bodéüs	« un état décisionnel »	« qui consiste en une moyenne, fixée relativement à nous »	« sa définition formelle »	« et c'est ainsi que la définirait l'homme sagace »

Notons, hors la *médiété* de Tricot, qu'aucun des traducteurs n'introduit l'idée de quelque chose qui serait, simultanément, « juste » et « au milieu ». Un helléniste, Pierre-Marie Morel, auteur d'un pédagogique *Aristote* paru en livre de poche[1], a proposé la traduction suivante de cette ligne 1107a : « Une inclination à décider, située dans un *juste milieu* relatif à nous, fixé par la raison et comme le fixerait le prudent[2]. »

1. Pierre-Marie Morel, *Aristote*, Paris, GF, 2003.
2. Pierre-Marie Morel, « Vertu éthique et rationalité pratique chez Aristote. Note sur la notion d'*hexis proairetikê* », *Philonsorbonne*, 2017, 11, p. 141-153. Nous soulignons.

Se confirme l'hypothèse de choix esthétiques de traduction, certes, mais aussi (ou surtout) de choix *politiques*. L'absence de l'occurrence « juste » accolée à celle de « milieu » chez Bodéüs, universitaire québécois en activité au début du XXIe siècle et baignant dans une culture académique attentive aux processus de prise de décision, aux biais cognitifs et à la rationalité limitée, « explique » probablement sa traduction, comme se comprennent, au siècle précédent, celles de Thurot et de Barthélemy-Saint-Hilaire. Le premier est normalien ; il crée en 1802 l'École des sciences et belles-lettres, à Paris, dont il est le directeur jusqu'en 1807. Il enseigne ensuite à la faculté des lettres de Paris ; puis il est nommé, en 1814, professeur au Collège de France, chaire de philosophie grecque. Il traduit des œuvres de Platon, Aristote, et Épictète. Il meurt (en 1832) quand Louis-Philipe introduit « juste-milieu », tiret compris, dans le discours du gouvernement. Jules Barthélemy-Saint-Hilaire, lui, est élu en 1839 à l'Académie des sciences morales et politiques, à 34 ans ; il devient député républicain entre la révolution de 1848 et le coup d'État napoléonien de 1851 ; il est réélu en 1869 et devient en 1880 ministre des Affaires étrangères dans le gouvernement de Jules Ferry. Il a donc vécu sous la monarchie de Juillet et connaissait la fortune de l'expression « juste-milieu »... Richard Bodéüs, né en 1948, est professeur de philosophie à l'université de Montréal depuis 1985. Spécialiste reconnu d'Aristote par ses travaux sur la morale et le politique[1], il a traduit *Éthique à Nicomaque* pour l'ouvrage collectif *Aristote. Œuvres complètes*, sous la direction de Pierre Pellegrin, édité par Flammarion en 2004. Traduction novatrice, et qui a le mérite de restituer le raisonnement d'Aristote sans recourir à des arguments moraux[2].

1. Voir, par exemple, son ouvrage *Le Philosophe et la Cité. Recherches sur les rapports entre morale et politique dans la pensée d'Aristote*, Paris, Les Belles Lettres, 1982.

2. C'est également le cas de Catherine Dalimier. Dans sa traduction d'*Éthique à Eudème* (où Aristote reprend l'essentiel de ses analyses sur les vertus, l'excès et le manque), elle utilise de rares fois « juste milieu » pour traduire *mesotès*. Elle l'indique au lecteur, à l'aide des mêmes crochets qu'utilise Tricot, quand leur traduction déborde du texte-source. Par exemple, pour la ligne 1222a : « Et nous posons comme contraire

Porter le regard sur les termes utilisés par les traducteurs informe sur les conditions de production de cet intrigant *juste milieu.* Si Jules Tricot et Richard Bodéüs utilisent tous deux « moyen » et « position moyenne », ils n'en font pas le même usage. Ainsi des lignes 1131a 10-15 :

> « Puisque, à la fois, l'homme injuste est celui qui manque à l'égalité et que l'injuste est inégal, il est clair qu'il existe aussi quelque moyen entre ces deux sortes d'inégal. Or ce moyen est l'égal car en toute espèce d'action admettant le plus et le moins, il y a aussi l'égal. Si donc l'injuste est inégal, le juste est égal, et c'est là, sans autre raisonnement, une opinion unanime. Et puisque l'égal est moyen, le juste sera un certain moyen. » [Tricot]
> « Mais dès lors que l'homme injuste est inéquitable ainsi que son acte, c'est évident qu'il existe aussi quelque milieu qui se distingue de l'inéquitable. Or ce milieu, c'est l'équitable car, dans chaque type d'actions où il y a place pour le trop et le trop peu, il y a place aussi pour l'équitable. Si donc ce qui est injuste est inéquitable, ce qui est juste est équitable (voilà bien une chose qui, même sans argument, rejoint l'opinion de tout le monde), mais dès lors que l'équitable est un milieu, le juste doit être un milieu. » [Bodéüs]

On conviendra que les termes « équitable » et « inéquitable » (version Bodéüs) permettent au lecteur de mieux saisir la portée du syllogisme aristotélicien que ne le fait Tricot (où turbulent « égal », « moyen », « juste », pour chuter sur un énigmatique « certain moyen »...). Même observation pour les lignes suivantes, au 1132a 14 : « L'égal est moyen entre le plus et le moins » (Tricot) ; « Entre le trop et le trop peu, l'égal constitue le milieu » (Bodéüs).

Le terme « moyen » a plusieurs sens ; cela n'aide guère. Il signifie, selon la notice du CNRTL : ce qui se situe « entre deux parties extrêmes d'un tout » ; ce qui se situe « dans une zone centrale par rapport à deux valeurs opposées » ; enfin, ce qui est « le résultat

<au juste milieu> la disposition qui nous porte le plus à l'erreur qui est aussi la disposition du plus grand nombre. »

d'une moyenne (arithmétique, statistique) ». Le deuxième sens est le plus en usage ; le mot permet de situer un objet, un résultat, une situation, un phénomène, etc., entre deux opposés : entre supérieur et inférieur (« classes moyennes »), entre petit et grand (« taille moyenne »), amont et aval (« le cours moyen d'un fleuve »), ancien et nouveau (« le Moyen Âge »), Est et Ouest (« le Moyen-Orient »), intérieur et extérieur (« l'oreille moyenne »), etc. Il désigne moins un « milieu », au sens d'un point équidistant, mesurable, qu'un *état intermédiaire*, défini par convention et se construisant par exclusion. Une note « moyenne » n'est donc ni « excellente » ni « passable » : c'est un *entre-deux*.

La confusion entre « milieu » et « moyen » pose question. Un milieu n'est pas une *moyenne* (au sens statistique) : l'un désigne une *position*, l'autre une *grandeur*. Le premier terme permet de repérer un point dans un espace donné, le second résume par une valeur unique une série de données (en divisant leur somme par leur nombre). Cette moyenne n'est pas non plus une *médiane* : celle-ci partage en deux parts égales une série de données. En outre, moyenne géométrique, moyenne arithmétique et médiane ressortissent de calculs différents : la première – par exemple à propos de la distribution 2, 4, 6, 8, 10, 13, 15 – est la racine énième du produit de *n* valeurs (ici : 6,90) ; la seconde est la somme des valeurs divisée par leur nombre (ici : 8,28). La médiane est la valeur qui partage cette distribution en deux parts de même effectif (ici : 8).

Dans la tradition pythagoricienne, une *médiété* est une proportion ; les linguistes, eux, en usent pour rendre compte des syllogismes. Le mot n'a donc pas fait florès : trop savant, trop général ; mais il est de bonne heuristique. Une médiété, chez Pythagore, est un groupe de trois ou quatre nombres inégaux tels que deux de leurs différences sont dans le même rapport qu'un de ces nombres avec lui-même, ou avec l'un des deux autres[1]. Soit trois nombres, tels que a > b > c. Ils forment une médiété si, par exemple, le rapport (a – b)/(b – c) est

1. Paul-Henri Michel, « Les médiétés », *Revue d'histoire des sciences et de leurs applications*, 1949, 2, p. 139-178.

égal à l'un de ces trois rapports : a/a, a/b ou a/c[1]. Prenons la série 16, 8, 4. Elle est une médiété car ces nombres sont *analogues* : 16 est à 8 ce que 8 est à 4(dans un même rapport de 2). Les Grecs, au fil des siècles, ont découvert onze cas de médiétés possibles. Celles-ci sont composées de nombres dont les plus grands et les plus petits (ici : 16 et 4) sont dits « les extrêmes », les autres « les moyens » (ici : 8 ; si la série est 16, 8, 4, 2, alors 8 et 4 sont des « moyens »).

Cette problématique de l'excès et du défaut par rapport à un terme moyen se modifie si ce dernier devient le *pivot* d'un raisonnement logique. Car les syllogismes sont aussi des médiétés : on passe d'un terme 1 à un terme 3 (les extrêmes) par l'intermédiaire d'un terme 2 (le moyen), qui les relie logiquement. Ainsi de ce célèbre syllogisme :

(1) Tous les hommes sont mortels ;
(2) Socrate est un homme ;
(3) Socrate est mortel.

Le terme moyen (ici : l'homme) est le moteur du syllogisme puisque présent dans les deux prémisses que sont la majeure (1) et la mineure (2). Pourquoi Socrate est-il mortel (3) ? Parce qu'il est *un homme* (2), et que *les hommes* sont mortels (1). Pour que le syllogisme soit (logiquement) valide et (empiriquement) vrai, ce terme moyen doit n'avoir aucune ambiguïté et s'inscrire dans une chaîne d'inclusion (la classe « un homme » est incluse dans la classe « tous les hommes »). Le moyen (ou l'égal, c'est-à-dire : ce qui n'est pas inégal, ce qui ne varie pas) est ici un *pivot* : il articule deux assertions (homme – mortel ; Socrate – mortel) en empruntant un élément à chacune (homme – Socrate). Un « milieu » n'est donc pas seulement ce qui s'éloigne des extrêmes ; il peut être aussi leur *combinaison partielle* ; ce qui obère quelque peu son éventuelle propriété d'être « juste » puisqu'il emprunterait à deux éléments (les « extrêmes ») peu réputés pour leur justice (ou leur justesse)... Gardons à l'esprit cette observation et poursuivons l'enquête.

1. Pour un commentaire savant et la liste des onze médiétés possibles, voir la note 1, page 143, de l'article de Paul-Henri Michel, « Les médiétés », art. cit.

De la vertu du milieu

In medio stat virtus. La locution est souvent traduite « au plus court » : *la vertu se tient au milieu* ; cela correspond à la version latine des lignes 1106b 25-30 et 1108b 10-15 du texte d'Aristote par Denis Lambin[1]. Aristote écrit cependant (dans les traductions de Tricot et Bodéüs) : « une sorte de... ». Mais, au fil des pages, Aristote, sous la plume de Tricot, devient plus direct dans cette équivalence entre vertu et milieu : « La médiété *est* la modération », « la médiété *est* la libéralité », etc. Que veut-on dire quand on dit qu'une vertu *est* un milieu ? La traduction latine de Denis Lambin est la suivante : « *Et media quoque inveniuntur in passionibus quae virtutes non sunt* » (« Et il y a aussi des milieux dans les passions, qui ne sont pas des vertus »).

Le texte arabe, avec les commentaires d'Averroès, se contente de : « Et il y a dans les passions des médiétés. ». Le texte de Bodéüs indique : « Mais dans les affections aussi et quand les affections sont en jeu, il y a place pour des moyennes. »

Se comprennent mieux les choix de Tricot (traduire *mesotès* par « médiété ») et de Bodéüs (par « moyenne ») : pour éviter des imbroglios, voire des contresens. En raisonnant avec le seul « milieu », ils sont en effet inévitables. Les (longs) commentaires de Thomas d'Aquin

1. « *Est ergo virtus mediocritas quaedam* » ou « *Una virtus, quae mediocritas est* » (*Ethicorum Nicomacheorum*, édition de 1831, trad. Denis Lambin, p. 545).

à propos du « juste milieu des vertus » (c'est le titre *en français* de sa *Quaestio 64. Prima secundera* de sa *Summa theologiae* – mais cela ne figure pas dans le texte latin d'origine...) eurent pour conséquence d'installer dans le paysage spirituel et intellectuel français une lecture singulière de la thèse d'Aristote. Celle-ci fut « dogmatisée » ; et les nuances et subtilités d'origine, gommées ou incomprises. Ne subsista qu'un commentaire obscur, comme cet extrait de l'article 3 de sa question 64, issu de l'édition numérique en français du grand œuvre thomiste[1], qu'on croit sortir d'un cadavre exquis surréaliste :

> Quant au vrai de la vertu intellectuelle pratique, si on le rapporte à la réalité, il se présente comme mesuré. Et à cet égard le milieu s'entend par conformité avec la réalité de la même manière dans les vertus intellectuelles pratiques que dans les spéculatives. Mais par rapport à l'appétit, il se présente comme une règle et comme une mesure. Aussi le milieu de la vertu morale est-il identique à celui de la prudence elle-même, à savoir la rectitude de la raison ; mais ce milieu appartient à la prudence en tant qu'elle règle et mesure, à la vertu morale en tant qu'elle est réglée et mesurée. Pareillement, l'excès et le défaut ne se prennent pas de la même manière de part et d'autre.

L'obsession du « juste milieu » est donc française, *très française*. Les traductions anglaises d'Aristote se contentent (la plupart du temps) de *mean*, moyen. En langue courante, « juste milieu » se traduit par *happy medium* et surtout : *golden mean*. L'*Oxford English Dictionary* définit ainsi cette expression : « *a course of action that is not extreme* ». Le *Cambridge Dictionary* propose les synonymes suivants : *balance*, *compromise*, *mutual concession*, *agreement, accommodation*, *settlement*, *conciliation*. Et la fiche Wikipédia (en anglais) commence ainsi :

> « *The* golden mean *or* golden middle way *is the desirable middle between two extremes, one of excess and the other of deficiency. It*

1. Voir http://docteurangelique.free.fr/livresformatweb/sommes/0Sommecomplete.htm.

appeared in Greek thought *at least as early as the Delphic maxim "nothing in excess", which was discussed in Plato's* Philebus. »

En allemand, les traducteurs ont opté pour *Goldenen Mitte*, ou *Mitte maß* (littéralement : la mesure centrale) ; parfois : *das rechte Maß* (la juste mesure). En espagnol, ce sera *término medio* (qui signifie également, selon les contextes : « moyen terme », « compromis » ou « terrain d'entente »). Bref, rien de *juste* dans ces *mean*, *medio* et *Mitte*. Pourquoi a-t-on préféré en France ce *juste milieu* ? Trois hypothèses semblent heuristiques : l'erreur de traduction des thomistes (jointe à l'ellipse dans le texte d'Aristote) ; la confusion entre vertu de justice et vertu du milieu ; et l'effet politique du « juste-milieu » (avec son tiret) sur les traducteurs.

Les erreurs de traduction (et l'ellipse latine). Thomas d'Aquin s'est s'appuyé, pour rédiger ses commentaires de l'œuvre morale du « Philosophe » – c'est ainsi qu'il désigne Aristote – sur la traduction de Robert Grosseteste, corrigée par Guillaume de Moerbeke[1]. L'œuvre thomiste fut ensuite commentée durant cinq siècles, jusqu'à sa traduction (partielle) en français, en 1607, publiée sous le titre *Premier essai des questions théologiques traitées en notre langue selon le style de saint Thomas*. D'autres traductions partielles suivirent, traitant principalement des parties I (Dieu, la Création, etc.) et III (le Christ, l'Incarnation, les sacrements, etc.). Ces traductions sont moins fidèles au texte original qu'au canon de l'Église ; elles se présentent « dans le style de saint Thomas », sous la forme de questions et de réponses[2].

Au XIXe siècle paraît la traduction de l'abbé Claude-Joseph Drioux (1851), texte latin et traduction mis en regard, avec notes et commentaires, suivie par celle de l'abbé Georges Malé, en 1857. En 1866, l'abbé Frédéric Lebrethon publie une *Petite somme théologique de saint Thomas d'Aquin à l'usage des ecclésiastiques et des*

1. Pour de précieux commentaires sur cette révision, voir Auguste Mansion, « La version médiévale de l'*Éthique à Nicomaque* », art. cit., p. 401-427.

2. Par exemple : « Quelles sont dans le ciel les différentes demeures dont parle saint Jean ? » ; « Un feu matériel peut-il faire souffrir une âme ? »

gens du monde (mais qui n'est qu'un résumé de l'œuvre thomiste). Les textes sont agrémentés de titres et de sous-titres. L'expression « juste milieu », qu'utilisent tous ces abbés, est reprise dans les éditions françaises ultérieures, y compris celle du Vatican, publiée en 1891 à Rome, ou la nouvelle traduction de la *Somme*, aux éditions du Cerf en 1984 – « à partir du texte de la Commission léonine », comme il est mentionné[1]. C'est sur celle-ci et sur celle de l'abbé Drioux que nous nous appuyons ici. Que découvre-t-on ? Une curieuse traduction : « Le juste milieu des vertus. » Le sommaire de la question 64 dans la *Somme*, version 1984, est ainsi traduit :

> Question 64 – Le juste milieu des vertus
> Article 1. Les vertus morales consistent-elles dans un juste milieu ?
> Article 2. Ce juste milieu de la vertu morale est-il réel ou de raison ?
> Article 3. Les vertus intellectuelles consistent-elles dans un juste milieu ?
> Article 4. Les vertus théologales consistent-elles dans un juste milieu ?

Dans la version de l'abbé Drioux, le titre est : « Du milieu des vertus » ; et les questions sont ainsi traduites :

> 1. Les vertus morales consistent-elles dans un milieu ?
> 2. Le milieu de la vertu morale est-il un milieu réel ou rationnel ?
> 3. Les vertus intellectuelles consistent-elles dans un milieu ?
> 4. Les vertus théologales y consistent-elles aussi ?

Le texte original en latin, sur lequel s'appuie Drioux (mis par son éditeur au regard de la traduction) mentionne (sobrement) ceci :

> I^{a}-IIae q. 64 pr. Primo, utrum virtutes morales sint in medio. Secundo, utrum medium virtutis moralis sit medium rei, vel rationis. Tertio, utrum intellectuales virtutes consistant in medio. Quarto, utrum virtutes theologicae.

1. Commission en charge depuis 1872 au Vatican de l'édition des œuvres de Thomas d'Aquin.

En 1891, le « milieu » présent dans le texte de 1862 devient donc « *juste* milieu », ce que reprend la version de 1984, décalque de l'édition romaine. Le souci de Thomas d'Aquin, dans la formulation de Drioux de 1862, était cependant de savoir si les « *virtutes morales* sint *in medio* », ou si les « *intellectuales virtutes* consistant *in medio* » – et non *in iustus medio*...

In medio ? On s'étonne : Aristote définit la vertu comme un milieu (un moyen, une médiété, etc.) entre deux extrêmes ; il qualifie ces derniers de *vices* ; parler de « juste milieu de la vertu » revient donc à caractériser ces deux vices comme des vertus... La version latine du texte grec (que l'abbé Drioux met au regard de sa traduction) comporte des phrases comme celles-ci : « Il est donc évident que la vertu morale consiste au milieu » ; « Non seulement la vertu morale, mais encore la vertu intellectuelle a sa mesure, et par suite de sa conformité avec elle, on reconnaît qu'il y a en elle un milieu ».

On trouve, sous la plume de Thomas d'Aquin, de mêmes allusions au « milieu des vertus » (et l'on compatit avec le jeune séminariste du XIXe siècle tentant de comprendre ce trait du maître) : « D'après le Philosophe, le juste milieu de la justice se détermine selon une proportionnalité arithmétique, ce qui en fait un "milieu" objectif. »

Les (fausses) objections de Thomas d'Aquin à sa question 64 – qu'il construit pour mieux les réfuter – et les réponses qu'il leur apporte (à partir d'une sentence du « Philosophe ») permettent d'identifier ce qui pouvait être objet de controverses dans les universités médiévales de l'époque. Ces objections concernent : la qualification de « milieu » des vertus, morales et intellectuelles, et le statut de ce « milieu » (« réel » ou « rationnel », dans les mots de Thomas d'Aquin ; « dans les choses » ou « relatif à nous », dans ceux d'Aristote). Les discussions thomistes portent ainsi : sur « l'ultime » et « le maximum » qui ne sont pas « des milieux » ; sur l'abstinence sexuelle, une vertu qui ne saurait être « un milieu » ; sur l'intelligence, qui n'aurait pas de contrariété (d'excès et de défaut) ; sur les vertus intellectuelles, qui commandent les vertus morales, mais qui ne seraient pas commandées, etc. Levons l'ambiguïté de ces (étranges) formulations latines en rétablissant le sens et l'ordre des mots. Il faut lire *la vertu morale du milieu* (et non ce curieux « milieu de la vertu morale »...).

La confusion entre vertu de justice et vertu du milieu. Le chapitre V d'*Éthique à Nicomaque* est consacré à la vertu de justice ; peut-être est-il venu brouiller la compréhension de nos abbés traducteurs. Le raisonnement d'Aristote est clair : agir de façon *juste* est une vertu centrale de l'homme prudent (« une vertu complète au plus haut point », parce qu'elle a trait à autrui, et pas seulement à soi). *Juste*, ici, signifie pour Aristote : « ce qui est conforme à la loi et ce qui respecte l'égalité » (1129b). Il décline donc les différentes propriétés de ce juste : l'égal, le moyen, une proportion géométrique, une proportion arithmétique, et... l'opposé de l'injustice ; là réside la probable mécompréhension. Aristote indique que l'*action juste* est un « moyen entre l'injustice commise et l'injustice subie ». La vertu de justice est donc différente des autres vertus : elle n'a qu'un seul opposé, l'injustice, et non deux extrêmes (l'injustice unissant l'excès, « avoir trop », et le défaut, « avoir trop peu »). Il écrit donc : « La justice est une sorte de médiété » (traduction de Tricot) ; et celle-ci « relève du juste milieu »[1]. Justice = milieu, donc milieu = justice, donc juste = juste milieu : c'est probablement ainsi que les choses se sont télescopées dans les esprits savants du XIXe siècle...

L'effet politique (du tiret). L'hypothèse est plaisante pour le sociologue : outre l'influence thomiste à propos du « milieu des vertus » et la confusion entre justice et visée du milieu, l'effervescence politique entre 1831 et 1848 autour de la notion de « juste-milieu » (avec un tiret) a probablement eu pour effet de rendre « évidente » la traduction par « juste milieu » (sans tiret) d'un concept grec que d'autres savants européens ont traduit

1. Traduction de Bodéüs : « Si la justice est une sorte de moyenne, ce n'est pas de la même façon que les autres vertus, mais parce qu'elle est un milieu alors que l'injustice vise aux extrêmes. »

par « milieu » ou par « moyen » (puisque n'ayant pas eu de « monarchie de Juillet » pour les acculturer à ce « juste, tiret, milieu »[1]...).

1. Une brochure anonyme, enflammée – *Qu'est-ce qu'un homme du juste milieu ?* – témoigne de la pétulance de ce concept dans la France des années 1830. Extrait (texte complet accessible sur Gallica.fr) : « Un homme du juste milieu est celui qui est également honoré de la haine des absolutistes et des anarchistes. Un homme du juste milieu est celui qui, après avoir secoué le joug des jésuites et des hommes de cour, désire ne pas subir celui des écoliers et des prolétaires. Un homme du juste milieu est celui qui ne veut point voir reparaître en France de cocarde blanche, mais qui n'y veut pas non plus voir de bonnets rouges. Un homme du juste milieu est celui qui pense que les prêtres de toutes les religions doivent s'abstenir de toute influence dans les matières politiques, mais qu'une persécution directe ou indirecte contre un culte quelconque, et principalement contre celui de la grande majorité des Français, serait aussi injuste qu'impolitique. »

Des extrêmes

Le juste milieu, nous dit-on, se définit par ses extrêmes ; ce sont des vices. Quelle est la validité de ce raisonnement ?

Milieu désigne, tout à la fois : un *espace*, naturel ou aménagé, dont les composantes déterminent les conditions de vie de celles et ceux qui y habitent(« milieu rural ») ; la *partie centrale* d'une œuvre musicale ou littéraire (« au milieu du deuxième mouvement »), ou d'un espace (« le milieu de scène ») ou d'une séquence temporelle (« en milieu de match ») ; cette même partie centrale, *mais définie par ses extrémités*, qu'il s'agisse de rives, de murs ou d'arbres (« au milieu du lac ») ; cette partie centrale, *mais restreinte* (un point, ou une ligne) et *située à égale distance* de ces bords ; enfin, un *groupe social*, qui influence le comportement des personnes qui le composent (« milieu social d'origine ») ou qui réunit des personnes aux activités criminelles (« le milieu de la pègre »). Certaines de ces désignations sont relatives à des surfaces, d'autres à des moments, d'autres encore à des ambiances. Derrière cette hétérogénéité se profilent deux constantes : l'idée d'une *position centrale* – un milieu divise en deux moitiés plus ou moins égales un espace, ou se situe en son centre, à équidistance des bords – et celle d'une *position intermédiaire* – il relie deux éléments, qu'il articule dans un certain agencement.

Les « extrêmes », dans l'un ou l'autre cas, ne sont pas de même nature ; et il s'agit de positions *reliées* à ce milieu, plutôt qu'opposées à lui. Ce milieu peut être calculé, et sa distance aux extrêmes peut être mesurée ; il peut se présenter sous une valeur approchée, voire approximative (« les départements du centre de la France », « La République centrafricaine »). Sa fonction est diverse : il peut servir de *pivot* entre deux éléments ; il peut devenir une *synthèse*, et combiner deux éléments (la thèse et l'antithèse, par exemple) et les porter à un niveau supérieur de connaissance. Il peut, cela a été dit, faire office de *moyenne* entre des grandeurs, voire constituer une *médiane* et séparer deux séries de données. Cette diversité du sens et la multiplicité des usages sociaux de ce mot ne sont pas prohibitives ; il peut jouer le rôle d'un *passeur* ou d'un *traducteur*. Comme l'écrivait Blaise Pascal, un milieu étant composé d'éléments appartenant à chaque extrême, il établit des rapports entre des choses qui, sinon, ne nous seraient pas connues : c'est un *instrument de connaissance*. Le problème est donc moins ce « milieu », notion plastique et donc heuristique, que le triplet dans lequel il est enfermé, d'une part, et l'adjonction d'une connotation morale, en estimant que ce milieu serait *juste*.

Cette difficulté n'avait pas échappé à Pascal : le (long) paragraphe 72 des *Pensées* (édition Brunschvicg), noté « Disproportion de l'homme », lui est consacré. S'y trouve l'une de ses phrases célèbres :

> Car enfin qu'est-ce que l'homme dans la nature ? Un néant à l'égard de l'infini, un tout à l'égard du néant, un milieu entre rien et tout, infiniment éloigné de comprendre les extrêmes. La fin des choses et leur principe sont pour lui invinciblement cachés dans un secret impénétrable, également incapable de voir le néant d'où il est tiré et l'infini où il est englouti.

De la pérégrination de Pascal entre l'infiniment petit et l'infiniment grand (« ces deux abîmes de l'infini et du néant »), retenons trois idées fortes : l'infini des extrêmes rend indéfini leur milieu(« rien ne peut fixer le fini entre les deux infinis qui l'enferment et le fuient ») ; les extrêmes dépendent l'un de l'autre (« Ces extrémités se touchent et se réunissent à force de s'être éloignées et se retrouvent en Dieu, et en Dieu seulement ») ; et tous les points du plan sont des milieux possibles (« Dans la vue de ces infinis tous les finis sont égaux et je ne vois pas pourquoi asseoir son imagination plutôt sur un que sur l'autre »).

Ce raisonnement, certes, vaut dans un espace infini. Dans un plan fini, il est toujours possible de calculer les coordonnées d'un point-milieu. Ce que nous dit ici Pascal n'est pas d'ordre mathématique – pas plus qu'Aristote ne raisonne en point-milieu d'une droite (AB) définie par ses extrémités... La vertu de *libéralité* est, dit Aristote, le « milieu » entre l'excès – la prodigalité – et le défaut – la parcimonie. Être un « petit peu » prodigue, ou « très peu parcimonieux », n'est-ce pas être encore libéral ? La thèse pascalienne est salutaire : ce sont moins les extrêmes qui déterminent le milieu que le choix d'un point-milieu qui désigne les extrêmes correspondants ; et ceux-ci, par leur excès (on pourrait écrire : par leur outrance, leur radicalité, leur démesure, etc.) finissent par se rejoindre.

On trouve chez Pascal d'utiles méthodes pour identifier ce milieu : définir trois populations et deux activités, chacune avec leurs extrêmes ; former des groupes en combinant l'un ou l'autre de ces extrêmes ; puis isoler le groupe « du milieu » par opposition aux deux autres. Ainsi de ces trois fragments (257, 527 et 608 dans l'édition Brunschvicg) :

> « Il y a trois sortes de personnes : les uns qui servent Dieu l'ayant trouvé, les autres qui s'emploient à le chercher ne l'ayant pas trouvé, les autres qui vivent sans le chercher ni l'avoir trouvé. Les premiers sont raisonnables et heureux, les derniers sont fous et malheureux. Ceux du milieu sont malheureux et raisonnables. »
> « La connaissance de Dieu sans celle de sa misère fait l'orgueil. La connaissance de sa misère sans celle de Dieu fait le désespoir. La connaissance de Jésus-Christ fait le milieu parce que nous y trouvons et Dieu et notre misère. »
> « Les Juifs charnels tiennent le milieu entre les chrétiens et les païens. Les païens ne connaissent point Dieu et n'aiment que la terre, les Juifs connaissent le vrai Dieu et n'aiment que la terre, les chrétiens connaissent le vrai Dieu et n'aiment point la terre. Les Juifs et les païens aiment les mêmes biens. Les Juifs et les chrétiens connaissent le même Dieu. »

Enfin, dernière leçon utile de Pascal : les extrêmes (contrairement à Aristote qui fonde sur eux son raisonnement) sont peu identifiables : « Les choses extrêmes sont pour nous comme si elles n'étaient point et nous ne sommes point à leur égard ; elles nous échappent, ou nous à elles. »

Ou elles nous brutalisent, et nous en souffrons, sans pour autant savoir nous en libérer. « Nous voguons », écrit Pascal, « sur un milieu vaste, toujours incertains et flottants, poussés d'un bout vers l'autre. » Que faire alors, si ce milieu tant recherché se dérobe ? Réponse pragmatique de Pascal : « Ce milieu qui nous est échu en partage étant toujours distant des extrêmes, qu'importe qu'un autre ait un peu plus d'intelligence des choses »...

Autre critique célèbre de ces « extrêmes » : celle d'Emmanuel Kant. Il ne prend guère de gants avec son prédécesseur : le principe du juste milieu d'Aristote, écrit-il, est *faux*[1]. Son argument ? Les extrêmes qui déterminent ce milieu appartiennent à une *scène différente*. S'ils constituent une contrariété, celle-ci ne se situe pas de part et d'autre du point-milieu d'une même ligne ; ils s'inscrivent dans un *autre* espace. Kant prend l'exemple d'une « bonne économie domestique », souvent considérée « comme le *milieu* à suivre entre deux vices, la prodigalité et l'avarice ». Si on la considère comme une vertu, écrit-il, elle ne peut s'incarner dans l'amoindrissement du premier de ces deux vices (il s'agirait alors d'une épargne raisonnable), ni dans l'augmentation des dépenses restreintes par le second vice, « comme si, partant de points opposés, ces deux vices finissaient par se rencontrer au sein d'une bonne économie ».

Kant conclut : « Chacun d'eux a sa propre maxime, qui est nécessairement en contradiction avec celle de l'autre. »

Conséquence : la différence entre vice et vertu n'est pas une affaire de degré d'agir selon des maximes ; elle réside, dit Kant, « dans la *qualité* spécifique de ces maximes (dans leur rapport

1. Au chapitre XIII des *Principes généraux de la métaphysique des mœurs qui doivent être suivis dans l'étude d'une doctrine pure de la vertu* (1795).

avec la loi) ». Un vice n'est donc pas la pratique excessive d'une action (comme la prodigalité serait l'excès de consommation de ressources) ou sa pratique déficitaire (l'avarice comme un défaut), puisque seul importe le *degré* de cette pratique excessive ou déficitaire.

Le triplet *excès-milieu-défaut* empêche ainsi la prise en compte d'une graduation de la médiété vertueuse (d'autant plus, reconnaissait Aristote, qu'il est difficile de ne pas dévier « légèrement » de la droite ligne...). Sur le plan conceptuel, ce triplet est de plus grande heuristique que le doublet classique – deux états, et une seule contrariété. Là où le doublet oblige à la disjonction (*ou* le vice, *ou* la vertu ; *ou* le plus, *ou* le moins, etc.), le triplet élargit le champ des possibles[1]. Le courage peut donc se situer au milieu d'un segment allant de la folle témérité (l'excès) à la crainte paralysante (le défaut). Dans une situation où les individus sont réputés courageux (un commando aguerri de soldats des forces spéciales), ce segment est raccourci et ténue est la différence entre le courageux téméraire et le courageux prudent. À l'inverse, dans une situation où les individus sont craintifs de leur sort (à l'arrivée d'un convoi de la mort à Auschwitz-Birkenau, en pleine nuit), ce segment est élargi et multiples sont les gradients du courage – de la rébellion ouverte à la quasi-sidération. Situer moyen, excès et défaut est alors impossible puisque le gradient des actions et affections varie continûment, selon les convois, le moment de l'année, le type d'individus déportés, etc.

Aristote en convient : certaines médiétés sont *nommées* (le courage, la sagesse, la modération, la libéralité, etc.) – ainsi que leurs excès et défauts. Pour d'autres vertus, il ne peut nommer l'excès ou le défaut, ou déclare ne pas savoir désigner la médiété

1. Aristote y consacre le chapitre 8 du livre II : puisqu'il existe trois types de dispositions à l'action, que deux sont des vices, par excès ou par défaut, que la troisième est une vertu car elle est une moyenne entre les deux, et que « toutes ces dispositions sont d'une certaine façon opposées à toutes », il n'existe pas moins de *six appariements possibles* (« puisque les extrêmes sont à la fois contraires à la moyenne et entre elles, tandis que la moyenne est contraire aux extrêmes »).

correspondante. Les actions vertueuses se diluent souvent dans les subtilités des normes sociales : rechercher des honneurs immérités est un excès, se montrer indifférent à l'honneur qu'on vous fait, un défaut ; ne pas désirer l'honneur plus qu'il ne faut et ne pas s'en détourner plus qu'il n'est nécessaire constituent donc un juste milieu. Mais nous louons l'ambitieux « d'agir en homme et d'être plein d'ardeur », dit Aristote, et pareillement « l'homme sans ambition pour son sens de la mesure et de la modération » (1125b). Une action peut donc être vertueuse *et* non vertueuse. Il existe donc des « moyennes-excès » et des « moyennes-défaut » (ce qui explique qu'elles n'ont pas reçu de nom du fait de leur hybridité). Dans les mots d'Aristote, s'interrogeant sur « ce juste milieu qui n'a pas de nom » : « Comparé à chacun des extrêmes, [le juste milieu] semble revêtir l'apparence de l'autre. »

Une « ambition moyenne », comparée à une ambition démesurée, apparaît comme un manque d'ambition ; comparée au manque total d'ambition, elle apparaît comme... une ambition ! Comparée aux deux extrêmes (l'ambition démesurée et le manque total d'ambition), elle est, remarque Aristote, « les deux en même temps » ; et il ajoute : « Les extrêmes semblent se disputer cette place qui est, pour ainsi dire, restée vacante. »

Il ne tire de ce contre-exemple (complexe) que la conclusion (simple) que ce problème vient « de ce que le milieu n'a pas reçu de nom ». Est-ce le motif ? Non, bien sûr : l'absence de désignation est la conséquence, et non la cause du phénomène. Laquelle est-elle ? Le fait d'emprisonner dans un triplet des valeurs infiniment graduées. Comment alors procéder ? Un scénario a été proposé[1] : élargir le raisonnement sur quatre termes. S'il existe une vertu plus proche d'un vice que son opposé, alors il est possible d'intercaler une vertu B entre la vertu A et le vice 1 ou 2 le plus éloigné, par excès ou par défaut, comme en rend compte le tableau suivant :

1. Par Bruno Feuillet, ex-animateur du site catholique Discernement.com. Nommé évêque dans l'Orne par le pape François en 2021.

Vice 1 (par défaut)	Vertu A	Vertu B	Vice 2 (par excès)
Lâcheté	Prudence	Courage	Témérité
Avare	Économe	Généreux	Prodigue

Les avantages du raisonnement, énonce le théologien qui le propose, sont les suivants : l'attitude vertueuse se trouve investie, non pas dans *une* vertu comparée à *deux* vices, « mais dans une tension heureuse, productive de sens, créatrice de la liberté du sujet et autocritique » ; cela acte la latitude d'interprétation, dit-il, renforce sa capacité d'autorégulation et satisfait le critère du « relatif à nous ». Et, cerise sur le gâteau, cela relâche la contrainte de se conformer strictement à la droite règle (et donc autorise, pour reprendre le mot d'Aristote, une « légère déviation »...).

Problème : une fois le triplet remplacé par un quartet, le même raisonnement critique peut être opposé, et des vertus moins vertueuses peuvent s'intercaler entre les extrêmes et les vertus principales. Ces extrêmes changent alors d'état, et d'éléments situés à chaque bout d'un segment (ou d'éléments excédant la mesure), ils se dégradent en simples *positions*, chacune étant un « plus » que la précédente, et un « moins » que la suivante... Sur un seul axe, l'individu peut repérer l'action qui convient ; mais sur plusieurs axes (par exemple si l'on suit la proposition de Kant) ? L'individu est alors dans la situation que décrit Platon dans la *République* : il monte un escalier, descend quelques marches, en remonte plusieurs, redescend encore, etc. ; bientôt il ne sait plus à quel étage il se trouve. Toute son erreur, dit Platon, résulte de « l'ignorance où il est de ce qui est véritablement en haut, au milieu et en bas ». Comment réduire cette ignorance ?

De l'intermédiaire

Autrement dit : comment situer ce « milieu » ? Tout dépend de quel milieu parle-t-on : celui *mesuré dans la chose*, point-milieu situé à égale distance des extrêmes, dont la mesure peut s'objectiver ; ou celui, subjectif, mesuré *par rapport à nous*, donc variable selon les individus et les situations. « J'appelle milieu de la chose », explique Aristote (dans la traduction de Bodéüs),

> ce qui se trouve à égale distance de chacun des deux extrêmes, milieu qui est un et le même aux yeux de tous. En revanche, le milieu déterminé relativement à nous, c'est ce qui n'est, pour nous, ni trop ni trop peu ; or ce milieu n'est pas une chose unique, ni la même pour tous. Si dix est beaucoup, et deux peu, on prend six comme le milieu dans la série, puisqu'il dépasse et est dépassé par une quantité égale. Et ce milieu est conforme au rapport arithmétique. En revanche, le milieu relatif à nous-mêmes ne doit pas être pris de cette façon. En effet, si pour un homme, dix mines à manger, c'est beaucoup et que deux, c'est peu, le diététicien ne va pas pour autant prescrire invariablement six mines, car c'est peut-être encore beaucoup pour celui qui doit les prendre, ou bien trop peu (1106b 5).

Comment objectiver ce milieu « relatif à nous » ? Que faut-il donner à cet homme : quatre, six ou huit mines de nourriture ? Sur quels critères se fonder ? Certains choix posent des problèmes éthiques ou politiques : la raison ne garantit pas les droits humains. N'accorder qu'un droit de vote partiel (ne voter qu'au premier tour) aux primo-votants âgés de moins de 20 ans, en arguant qu'ils ont une expérience politique moindre que celle de leurs aînés, ou n'accorder ce droit de vote aux personnes âgées de plus de 75 ans que pour les seconds tours, pour les raisons inverses (une expérience politique, certes, mais figée dans le passé), relève de choix « moyens », à mi-distance d'un droit de vote sans restriction et d'une absence de ce droit. L'exemple fait sourire ; le raisonnement est de même structure que celui d'Aristote. La question est double : de quelle justice relève un *juste milieu relatif à nous* ? Et comment le situer pour chaque individu, sachant, en outre, que sa personnalité et ses caractéristiques sont plurielles ? Aristote a répondu à la première question : c'est une justice *distributive*, répondant au principe de proportionnalité. Les personnes étant inégales du fait de leur singularité (« leur valeur propre », traduit Tricot), ces biens alloués sont inégaux – de sorte qu'ils respectent l'inégalité des rapports, donc l'égalité des dotations[1]. Répondre à la seconde question, c'est admettre le relativisme moral, et accepter qu'un agir modéré soit d'abord un agir *approprié*. Et donc : diversifié, au regard des enjeux et des fins poursuivies. Prenons le cas de la gratuité accordée aux enseignants du premier et du second degré de l'Éducation nationale aux collections permanentes des musées et monuments nationaux à Paris. Elle peut être considérée comme un juste milieu entre deux options : la gratuité pour tout le monde – ce qui serait l'excès ; ou aux seuls primo-enseignants, et uniquement la première année – ce qui serait le défaut. Si l'on déplace les curseurs (gratuité à tout le monde, « sauf aux touristes », ou « sauf aux visiteurs à lunettes », etc. ; ou « seulement à la population X démunie de Y », etc.), le juste milieu se déplace de conserve. Autrement dit : c'est

1. Soit deux individus, A et B, inégaux dans leurs besoins et leurs mérites. On donnera à A la part X et à B la part Y. A et B recevront chacun une part juste, qui est le moyen terme entre leurs mérites respectifs. Ces parts étant proportionnées aux personnes, celles-ci, après les avoir reçues, restent dans le même rapport que précédemment : $(A + X)/(B + Y) = A/B$.

moins l'existence d'un juste milieu évanescent qui pose problème que les critères qu'on utilise (ou que l'on rejette) pour spécifier sa justice. Cette gratuité des musées parisiens est accordée « aux jeunes de moins de 26 ans ressortissants de l'un des vingt-huit pays européens ». Abaissons l'âge d'admission (23 ans, par exemple) et ne l'accordons qu'aux ressortissants des six pays fondateurs de l'Union européenne (Allemagne, Belgique, France, Italie, Luxembourg, Pays-Bas) : s'agit-il (toujours) d'un juste milieu entre « gratuité pour tous » et « gratuité pour personne » ?

Examiner les (parfois curieuses) objections de Thomas d'Aquin permet d'identifier ce qui était l'objet de controverses académiques dans les universités médiévales de l'époque ; cela nourrit les controverses contemporaines et promeut une conceptualisation décomplexée du *juste milieu.* Car « chercher à l'atteindre », comme le recommandait Aristote, n'est pas plus une pratique sociale répandue en 2023 dans le péristyle de l'université de la Sorbonne qu'elle ne l'était sur le *peripatos* du Lycée à Athènes en 333 avant J.-C. (ou sous un porche du monastère de Cîteaux en 1275)...

Qu'objecte Thomas d'Aquin ? Ce qui est ultime (la mort, par exemple ; ou ce qui peut représenter un maximum : le fait d'être magnanime et de pardonner l'offense sans barguigner) n'est pas, par définition, un milieu. Or la magnanimité (du latin *magnanimitas*, « grandeur d'âme ») est louangée, plus que critiquée ; elle est considérée comme un comportement vertueux ; or la vertu tend au milieu ; il y a donc des milieux qui tendent à l'ultime... Si le milieu se tient entre deux contraires, il y a donc trois termes, dont l'un est le terme moyen. Or, l'intelligence n'a pas deux contraires – mais un seul : la non-intelligence. Et on ne peut dire que quelqu'un est « trop » intelligent ; il y aurait ainsi des choses dont le milieu coïnciderait avec la chose elle-même... Si une vertu morale réside dans une action *in medio*, elle devrait perdre ce statut de vertu dès qu'elle tend à l'extrême. Or, l'abandon de sa fortune aux pauvres, « par miséricorde ou par libéralité », ou une retraite définitive dans un monastère, est socialement considéré comme une vertu hautement morale ; l'extrême peut donc être socialement louangé...

On pourrait poursuivre ce jeu de démolition, en bon scolastique ; cela a peu d'intérêt : on ne pense que de son temps, et de façon finalisée. L'objection relative *à l'impermanence* du milieu relativement à ses extrêmes perd de sa force dès lors que nous la rapportons à une vie d'homme : nos choix moraux d'actions, au cours de celle-ci, sont rarement soumis à de grands écarts valoriels. À cet horizon temporel, leur universalité est stable.

Admettre cette relativité des valeurs orientant l'action humaine ne signifie pas que celles-ci ne partagent pas un solide socle moral universel. Qu'il existe diverses manières, dans le monde, de « vivre une vie bonne avec et pour autrui dans des institutions justes » – pour reprendre la (belle) formule de Paul Ricœur[1] – n'efface pas le fait qu'il y a (souvent) désaccord, au sein même des aires culturelles, sur les critères de cette vie bonne ou sur ceux relatifs à la justesse des institutions. Ni ne porte atteinte à l'autorité, respectée, des standards moraux. Le sociologue Steven Lukes, dans un essai passionnant, *Le Relativisme moral*, montre que la reconnaissance du pluralisme des valeurs n'implique pas que nous devrions nous abstenir de juger les autres (ou que les autres ne devraient pas nous juger), ni encore moins que les morales en cours dans différents coins du monde ne puissent être passées au crible de la critique[2]. Qu'il y ait eu moult « milieux vertueux » et divers « extrêmes vicieux », au cours des siècles et que ces différences perdurent, dans le monde d'aujourd'hui, entre aires culturelles ou cycles sociopolitiques, n'invalide pas l'existence, *hic et nunc*, d'une droite règle, ou d'une juste mesure, potentiellement universelle ; cela nous invite seulement à relativiser l'existence d'absolus moraux, sans limite spatiale ou temporelle de validité.

Un *mi-lieu* divise un segment, en parties égales ; il se nomme *centre* dès qu'il se tient à égale distance des points de la circonférence d'un cercle. Dans les deux cas, ce milieu peut être dit *intermédiaire* : il établit un lien entre ces points. La droite qui passe par ce centre

1. Paul Ricœur, *Soi-même comme un autre*, Paris, Seuil, 1990.
2. Steven Lukes, *Le Relativisme moral*, Genève, Markus Haller, 2008.

partage ce cercle en deux surfaces égales ; pas de centre, et point de partage possible ; c'est un *point de passage* obligé. L'intermédiaire – l'individu – sert de lien entre divers autrui, qu'il met en rapport ; pas d'intermédiaire, pas de rapport – sauf si l'autrui X a un accès direct à l'autrui Y. L'intermédiaire – la chose – se place entre deux éléments, qu'il relie. Mais pas seulement : il emprunte, à l'un *et* à l'autre. La pièce intermédiaire entre deux tuyaux X et Y, de diamètres différents, se nomme un réducteur ; à un bout, son diamètre est de taille *x*, à l'autre bout, il est de taille *y* ; il est constitué de deux éléments différents dont il est la réunion partielle. « Une des premières idées des hommes », énonce Voltaire dans la notice « Ange » de son *Dictionnaire philosophique portatif* (1764), « a toujours été de placer des êtres intermédiaires entre la Divinité et nous ». Mot qu'il définit ainsi : « Nous entendons par ce mot [ange], des ministres de Dieu, des députés, des êtres mitoyens entre Dieu et les hommes, envoyés pour nous signifier ses ordres. »

Était *mitoyen*, au temps de Voltaire, ce qui est, en nos temps modernes, nous dit la notice CNRTL, « au milieu (de deux opposés, de deux extrêmes) ; qui participe de deux ou de plusieurs éléments opposés, extrêmes ou simplement différents ».

Et si ce juste milieu que nous cherchons à conceptualiser était *surtout* un intermédiaire (ou plutôt : et si nous le saisissions *comme* un intermédiaire) ? Le résultat serait l'ouverture du champ d'observation du phénomène, donc sa meilleure compréhension. Prenons le dialogue que Platon imagine, dans son livre le *Banquet*, entre Socrate et Diotime à propos de l'*opinion vraie*. Dans la traduction de Victor Cousin (1831), ce dernier demande au premier s'il croit qu'il existe « un milieu entre la science et l'ignorance ». Socrate demande : « Quel milieu ? » Diotime réplique ceci :

> Avoir une opinion vraie sans pouvoir en rendre raison, ne sais-tu pas que cela n'est ni science, puisque la science doit être fondée sur des raisons, ni ignorance, puisque ce qui participe du vrai ne peut s'appeler ignorance. L'opinion vraie tient donc le milieu entre la science et l'ignorance.

Dans la version d'Émile Chambry (1961), cette « opinion vraie est quelque chose *comme un milieu* entre la science et l'ignorance », et dans celle de Luc Brisson (2008), elle devient « l'opinion droite », et « quelque chose d'intermédiaire entre le savoir et l'ignorance ».

La dégradation successive, en un siècle et demi de traduction, de ce point situé entre un X et un Y, est révélatrice d'une évolution de notre manière de penser cet intrigant juste milieu : il « tient » le milieu, puis il est « comme un milieu », et désormais « quelque chose d'intermédiaire »... Autrement dit, ce milieu « juste » est indéterminé car empruntant à deux figures, à deux phénomènes (ou à deux extrêmes) ; il est simultanément *aucun des deux* et *tous les deux* ; Quelques échanges plus tard, quand Diotime indique au jeune Socrate que l'amour est un démon car « il tient le milieu entre les dieux et les hommes » [202e], elle ajoute, répondant à Socrate l'interrogeant sur la fonction d'un démon :

> Être l'interprète et l'entremetteur entre les dieux et les hommes apportant au ciel les vœux et les sacrifices des hommes, et rapportant aux hommes les ordres des dieux et les récompenses qu'ils leur accordent pour leurs sacrifices.

Ce va-et-vient incessant, des hommes vers les dieux et des dieux vers les hommes, donne aux démons pouvoir et puissance. *Pouvoir*, car ils peuvent inciter les dieux ou les hommes, par leurs rapports circonstanciés, à modifier leurs plans d'action ; mais aussi *puissance*, car leur mission leur donne pleine liberté d'action : dissimuler, et ne pas tout rapporter aux dieux ; ou rapporter mal, et inventer des méfaits ou des ordres ; coaliser les uns, pour diviser les autres, etc. Cette puissance d'agir provient de leur statut d'intermédiaire. Comme le dit Platon (dans les mots de Diotime) : « Les démons sont le lien qui unit le grand tout. » Saint Augustin avait repris le trait : les démons, écrivait-il dans sa *Cité de Dieu*, « font médiation entre les dieux et les hommes, car ils ont un caractère de chacun[1] ».

1. Saint Augustin, *La Cité de Dieu*, Paris, Institut d'études augustiniennes, « Bibliothèque augustinienne », IX, p. 381.

Si nous sommes passés d'un milieu qui partage à un intermédiaire qui relie, on peut également passer de cet intermédiaire entre deux extrêmes à une *synthèse* de ces extrêmes. C'est ce que montre la distinction d'Aristote entre une médiété résidant « dans les choses » et celle « relative à nous ». Dans le premier cas, la *mesotès* est une excellence dans l'action, et sa mesure est extrinsèque à l'individu puisque référée à des extrêmes qui affecteront, s'ils sont adoptés, le « bon » comportement (ou le « bon » raisonnement) des individus. À ce raisonnement axiologique (car externe) s'ajoute un second, ontologique (car interne à l'individu) : la médiété est ce qui permet à l'individu d'agir avec justesse, puisque se refusant, dans ses actions et ses pensées, à tout excès comme à tout manque[1]. Du point de vue ontologique, la distance entre l'excès et le défaut est maximale. Du point de vue axiologique, c'est entre le milieu et les extrêmes que la distance est la plus grande puisqu'il s'agit pour ces derniers de deux vices, d'égale nuisance. Le « milieu » est ainsi, par ce double mouvement d'écarts, une synthèse des éléments composant ces extrêmes. Ces derniers sont des « extrêmes » par exagération ou unilatéralisme ; ils contiennent en eux des éléments utiles, louables et nécessaires à l'action vertueuse de l'homme modéré (sensé, réfléchi, sagace, etc.). Ainsi le courage, vertu médiane définie par ses extrêmes (la lâcheté et la témérité) est-elle la synthèse de la prudence, en tant qu'attitude réfléchie, circonspecte, et de l'audace, en tant que prise de risque. Ou la modération, la synthèse entre une recherche régulée de plaisirs et une abstention mesurée de ces plaisirs.

La dualité des vertus, à la fois *médiété* (si on les saisit « en substance ») et *sommet* (si on les prend « dans leur perfection »), brouille le raisonnement[2]. Dans une note de bas de page, Jules Tricot explique (page 107, à la suite d'une observation d'Aristote selon

1. Nous empruntons ce raisonnement au commentateur (anonyme) de l'ouvrage de Harald Schilling, *Das Ethos der Mesotes. Eine Studie zur Nikomachischen Ethik des Aritoteles*, Tübingen, Mohr Siebeck, 1930, dans un compte-rendu paru dans le supplément critique au *Bulletin de l'Association Guillaume-Budé*, 1931, 3, p. 103-104.

2. « De même que la tempérance et le courage n'admettent ni excès ni défaut, parce que la juste moyenne ici constitue en quelque sorte un point culminant, de même les

laquelle les vices ne sauraient disposer de médiété et que les vertus peuvent être, sous certaines conditions, des extrêmes) que la mesure qui définit la vertu « n'est pas une mesure d'elle-même, mais une mesure de l'activité dont elle est le degré mesuré ».

C'est reconnaître ici l'impasse que constitue le raccourci sémantique thomiste. Si la vertu n'est pas *in medio*, alors faut-il porter le regard, moins sur un milieu qui préexiste à l'action mesurée et qu'on peut catégoriser *ex ante*, et plus sur l'*activité* qui, en visant « un milieu », *le constitue comme tel*, et, en le faisant advenir, rend celle-ci mesurée.

Autrement dit, s'il n'y a pas unicité de la médiété (c'est-à-dire : s'il y a plusieurs façons d'être modéré, libéral, magnifique, magnanime, etc.), le juste milieu est moins « un lieu » dûment identifié qu'*une orientation, une direction à prendre*. Et le chemin pour y parvenir (et s'y maintenir) : une sorte de « bande passante », au spectre large, bornée par des extrêmes, eux-mêmes fluctuants. Cela ne résout pas l'indétermination du juste milieu : cela la justifie. C'est le raisonnement qu'adoptait le philosophe Ludwig Wittgenstein, dans ses *Recherches philosophiques* (1953). Il y présentait, avec pédagogie, un commentaire sur la règle qui peut s'appliquer à ce juste milieu :

> Une règle se présente tel un poteau indicateur. – Ne laisse-t-il subsister aucun doute quant au chemin à suivre ? Indique-t-il la direction à prendre, une fois que je l'ai dépassé ; soit la route, soit le sentier, soit à travers champ ? Mais par quoi saurais-je interpréter son indication : dans la direction de la main, ou (p. ex.) dans la direction opposée ? Et si au lieu d'un seul poteau indicateur se trouvait toute une chaîne ininterrompue d'écriteaux, ou des traits à la craie sur le sol – n'y a-t-il pour eux qu'une interprétation ? Donc je puis dire que le poteau indicateur laisse subsister un doute. Ou plutôt : parfois il en laisse, parfois non[1].

---

vices que nous avons cités n'admettent ni moyenne, ni excès, ni défaut, parce qu'en s'y livrant on commet toujours une faute » (traduction de Bodéüs, 1107a 20).

1. Ludwig Wittgenstein, *Recherches philosophiques*, Paris, Gallimard, 2005 [1953], § 85.

Parler d'*interprétation* d'un juste milieu indiquant une seule orientation ne le déconsidère pas : cela avertit que cette visée n'équivaut pas à des « rails » qui vont de manière invisible jusqu'à l'infini, et qu'il faudrait suivre, aveuglément[1] ; elle fournit plutôt une aide, une indication sur ce qu'il est possible de faire, sans nous y contraindre. D'ailleurs, pourrait-on objecter à Aristote : la vertu, en tant que « disposition à agir » et à « viser le milieu », ne vaut que comme *une action à engager*. C'est l'action qui rend possible son devenir vertueux ; le juste milieu n'existe *que parce qu'il est atteint*[2].

1. « Lorsque j'obéis à la règle, je ne choisis pas. Je suis la règle *aveuglément* [*blind*] », Ludwig Wittgenstein, *Recherches philosophiques*, *op. cit.*, § 219.
2. Le lecteur intéressé peut prolonger ces remarques avec Sandra Laugier, « Où se trouvent les règles ? », *Archives de philosophie*, 2001, vol. 64, p. 505-524.

De la visée du juste milieu

Viser le *juste milieu* est un travail, dit Aristote ; il n'est pas, ajoute-t-il, « à la portée de tout le monde ni chose facile ». Pour quelles raisons ? Parce que certains extrêmes présentent quelque ressemblance avec le milieu (« comme la témérité avec le courage, et la prodigalité avec la générosité ») et comme l'un des extrêmes est proche de ce dernier, ce n'est pas lui, mais son contraire que nous prenons pour opposé. À ces problèmes de perception – *des biais cognitifs*, dirions-nous aujourd'hui –, Aristote ajoute les problèmes liés à nos inclinations, en tant que sujets désirants et seuls décideurs de nos actions ; ils nous éloignent de ce milieu ; nous sommes ainsi portés à l'intempérance plus qu'à la modération. Pour lui résister (« prendre garde à l'agréable et au plaisir »), Aristote conseille de « nous arracher vers la direction opposée ». Nous pouvons aussi décider, de ces deux maux que sont les extrêmes, de *choisir le moindre*. Aristote ne développe guère ce point ; il propose seulement de « changer de navigation » (1109b). Dans une note de bas de page, Tricot écrit qu'il s'agit d'un proverbe grec signifiant « adopter un pis-aller, comme sur les bateaux, on se sert des avirons quand le vent tombe[1] ». Georges Cruchon, traducteur d'Aristote dans les

1. Bodéüs, lui, traduit ainsi : « Il faut, comme on dit, "prendre la seconde voie navigable", en choisissant le moindre des maux ». Son appel de note indique : « Expression proverbiale d'origine inconnue ».

années 1930, affirme que ce dicton renvoie au louvoyage. Hypothèse plausible : en cas de vent contraire, on « tire des bords », et le bateau avance en zigzaguant. Le chapitre se clôt d'ailleurs sur cette recommandation : « On doit pencher, tantôt vers l'excès, tantôt vers le défaut, parce que c'est ainsi qu'il nous sera le plus facile d'atteindre le milieu et le bien. »

Aristote l'admet : celui qui dévie « légèrement » de la droite ligne « n'est pas répréhensible ». L'est celui « dont les écarts sont par trop considérables ». Ce seuil, convient Aristote, est malaisé à « déterminer rationnellement ». Il nous laisse le définir nous-mêmes car « cela rentre dans le domaine de l'individuel et la discrimination est du ressort de la sensation » (1109b 20-25).

Tricot avoue que pour lui ce passage est difficile à traduire ; le *milieu* aristotélicien, avertit-il, « n'est pas un point géométrique, mais une étendue, un continu, qui admet des fluctuations à l'intérieur de ses limites ».

Citant un propos de Léon Robin, il plaide pour une action discriminante en misant « sur la sûreté de coup d'œil qu'une longue expérience génératrice d'inductions donne seule aux intuitions de la Raison[1] ».

Pour atteindre ce juste milieu, plusieurs démarches sont donc possibles. Examinons-les.

La conformité. Dans l'autoproduction de sa conduite moyenne, l'individu est enclin à faire siennes des médiétés socialement exigées ou recommandées (parler à voix basse dans les églises et les bibliothèques ; faire un don d'un montant raisonnable lors de campagnes de solidarité sociale, etc.). Comment ces « médiétés collectives » sont-elles produites ? Elles naissent du besoin collectif d'instituer des règles du vivre-ensemble, imposées ou consenties. Nous trouvons là, « sur étagère », un comportement moyen, légalement contrôlé et socialement approuvé. Quand nous divergeons trop de la « droite

1. Voir la recension qu'en fait Roger Mehl : « Léon Robin, *La Morale antique*, 1938, Collection "Nouvelle Encyclopédie philosophique" », *Revue d'histoire et de philosophie religieuses*, 1940, n° 3, p. 178-180.

règle socialement admise », le degré de réprobation des autrui informe du degré de notre déviation[1].

Cette conformité envers un juste milieu défini de façon extrinsèque s'opère sous différents formats ; le religieux est le plus répandu. Sur le site catholique Aleteia, Jean-François Thomas décrit une possibilité pour l'homme chrétien de découvrir le juste milieu : non par la raison et l'exercice d'un *logos* autonome, mais par « une sage conformité au réel ». Être vertueux, écrit Thomas, c'est réaliser pleinement sa nature, *telle que Dieu l'a créée*. Notre raison est mesurée par la réalité ; si nous la plaçons au-dessus de cette réalité, elle devient son unique critère et son propre juge – « et les ennuis commencent ». Préférons, avertit-il, la sage conformité au réel et faisons les choses comme il le faut, avec « un sens commun non pollué par la raison devenue folle et prisonnière de tous les relativismes[2] ». « Il faut toujours tendre vers ce qu'il faut comme il le faut », ajoute-t-il : « Nous ne sommes pas à nous-mêmes le critère de discernement et de jugement pour le bien et le mal. »

Sous ce format, mais à son opposé, existe un dire laïc et encyclopédique, produit par des clercs savants, où figure la liste des médiétés possibles (définies de façon stricte ou relâchée). Il s'agit moins d'un catalogue de « bonnes vertus » que de *positions moyennes*, renseignant l'individu sur l'action qui convient. Dans une brochure de 1910, *Du juste milieu. Traité général de philosophie et d'art*, Georges de Tollemonde[3], philosophe belge, de bonne renommée au début du XXe siècle, proposait un tableau en trois colonnes, dédiées à différentes notions profanes, classées comme extrêmes, d'autres étant considérées comme un juste milieu. Il le nommait : « Tableau synoptique ou échelle progressive de quelques grandeurs », pour

1. Cette réprobation dépend cependant de l'espace social dans lequel cette déviation s'accomplit : sont licites dans un milieu mafieux des actions légalement illicites...

2. Jean-François Thomas, « Comment la vertu tend vers le vrai juste milieu », *Aleteia*, billet du 18 mars 2019.

3. Georges de Tollemonde, *Du juste milieu. Traité général de philosophie et d'art*, Paris, Cerf, 1910 ; rééd. Paris, Hachette BNF, 2013.

illustrer, écrivait-il, qu'un même principe, « unique et général, gouverne tout dans l'univers ». Voici (un large extrait de) son tableau :

Extrême 1	Extrême 2	Juste milieu
Chaos	Organisation	Univers
Matière	Forme	Corps
Attraction	Répulsion	Équilibre
Excès	Pondération	Modération
Outrance	Tempérament	Mesure
Commencement	Milieu	Fin
Complication	Simplification	Explication
Enveloppement	Développement	Éclaircissement
Problème	Démonstration	Solution
Ligne courbe	Ligne brisée	Ligne droite
Dionysos	Apollon	Harmonie
Mouvement	Rythme	Mesure
Femelle	Mâle	Petit
Attente	Tension	Détente
Anarchie	Constitution	Société
Hostilité	Guerre	Paix
Discorde	Médiation	Concorde
Contradiction	Conciliation	Réconciliation
Conflit	Lutte	Accord
Mécontentement	Grève	Arbitrage
Révolution	Évolution	Dévolution
Tempête	Zéphyr	Accalmie

Classicisme	Romantisme	Modernisme
Hellénique	Classique	Romantique
Cruauté	Devoir	Héroïsme
Socialisme	Despotisme	Individualisme
Férocité	Justice	Courage
Barbarie	Éducation	Civilisation
Sauvagerie	Élégance	Politesse

Ce tableau illustre la difficulté d'inscrire le monde et ses infinies nuances dans un raisonnement fondé sur trois seuls éléments, dont l'un tiendrait « le milieu » entre deux autres, ses opposés. L'auteur lui-même reconnaît que cette classification est « approximative ». Le problème est l'incomplétude de cette liste : le monde contient d'infinies nuances et sa division en « moins, plus et égal » est forcément sommaire. Multiples sont les classifications possibles des choses dans les mondes que nous habitons – y compris celle de Jorge Luis Borges, que Michel Foucault commentait en liminaire de son ouvrage *Les Mots et les Choses* (1966) :

> Les animaux se divisent en : a) appartenant à l'Empereur ; b) embaumés ; c) apprivoisés ; d) cochons de lait ; e) sirènes ; f) fabuleux ; g) chiens en liberté ; h) inclus dans la présente classification ; i) qui s'agitent comme des fous ; j) innombrables ; k) dessinés avec un pinceau très fin en poils de chameau ; l) *et caetera* ; m) qui viennent de casser la cruche ; n) qui de loin semblent des mouches.

Ce que révèle cette curieuse taxinomie, dit Foucault, c'est une limite, *notre* limite : l'impossibilité de penser l'ordre du monde sans l'enserrer dans des catégories logiques qui, elles-mêmes, échappent à la logique. Ce qui provoque le rire, mais aussi le malaise, dans l'énumération de Borges, ce sont ces rencontres insolites, ce mélange désordonné, ces voisinages sans rapport, ces énoncés incongrus.

Recourir au seul triplet excès-milieu-défaut fait cesser le vertige ; mais des dizaines d'entités seront éliminées...

Le tâtonnement. Le problème est pratique : comment, se demande Aristote, à l'égard de qui, pour quels motifs et pendant combien de temps doit-on être en colère ? Ou à quel moment précis cesse-t-on d'avoir raison et commençons-nous d'avoir tort – c'est-à-dire : quand basculons-nous dans l'excès, et une fois dans la non-mesure, est-ce légèrement ou de façon accentuée ? Aristote nous autorise « une légère transgression de la limite permise » ; mille exemples vécus viennent à l'esprit pour attester l'existence de cette zone grise, socialement construite, dont parlent les sociologues en différenciant la *règle*, contraignante par nature, et la *norme*, traduction sociale et relâchée de cette dernière. On atteindrait ainsi le juste milieu par une démarche de type *essai-erreur*, en testant une attitude, puis en vérifiant si elle est conforme à ce qui socialement attendu ; si non, en adoptant une attitude différente, etc.

L'ajustement aux circonstances pose un autre problème : lesquelles sont atténuantes, lesquelles sont exaltantes ? Le jugement ne peut s'opérer qu'*a posteriori* ; l'acteur social est donc démuni au moment du choix d'action. Faut-il respecter l'impératif absolu de ne pas mentir et dire toute la vérité, quel qu'en soit le prix, pour demeurer « l'homme même », comme le pensait Kant, ou se permettre l'omission d'une part de vérité, *si nécessaire* – ce qui serait la médiété – ou mentir effrontément, la fin justifiant les moyens employés ? Benjamin Constant fournit une première réponse : le devoir de l'un de ne pas mentir est inséparable du droit d'un autre à ne pas subir de dommages si la vérité nuit à sa vie ou à son action. Agir *au milieu* consiste donc à sans cesse adapter la norme sociale aux situations ; l'excès d'agir serait un rigorisme moral déguisé sous le manteau de l'impératif catégorique. La réponse de Kant à l'argument de Constant (mentir aux autres, c'est d'abord mentir à soi-même) offre une autre perspective : le juste milieu (ici : s'en tenir à la vérité) réside dans le refus de tout atermoiement, puisqu'il se définit, non pas par rapport à des situations, évolutives et diversement interprétables, mais au regard d'une loi morale, intrinsèquement juste. Les devoirs éthiques, dit-il dans sa *Doctrine de la vertu*, « ne dépendent point de la connaissance empirique que nous avons des hommes, tels qu'ils sont, mais de la connaissance rationnelle qui nous les fait concevoir tels qu'ils doivent être pour être conformes à l'idée de l'humanité[1] ».

D'où provient cette connaissance rationnelle ? De la *raison délibérante*. Examinons ce que cela signifie.

La vertu aristotélicienne, en tant que visée vers un juste milieu, requiert plusieurs composantes : une *disposition* à agir, l'*hexis*, ce qui suppose un *habitus*, une permanence dans cet agir ; une *capacité à délibérer* – c'est-à-dire : à choisir en toute connaissance de cause, en pesant le pour et le contre, *hexis proairetikè* (ce en quoi cette disposition à agir devient vertu puisque devenue une seconde nature, un *ethos*) ; une *orientation* vers le juste milieu, ou la moyenne, *mesotès*, ce qui résulte d'un travail sur soi, requérant une constante vigilance pour éviter la démesure, l'*hubris* ; une *autodifférenciation*, de sorte que cette visée vers le juste milieu est conforme à la personnalité de chacun ; une *raison pratique*, qui vient normer cet agir personnalisé, faisant office de « boussole de rectitude », l'*orthos logos* ; enfin *l'homme prudent*, ce personnage capable de discernement, rompu à la délibération, à la fois modèle de vertu et praticien engagé dans l'action, le *phronimos*.

Six composantes, donc des dizaines de configuration décisionnelles possibles, selon leur agencement. Là réside l'intérêt de cette lecture sociologique : repérer différentes manières de délibérer et de décider, dès lors qu'il y a un seul décideur ou plusieurs, que le débat est contradictoire, que les arguments sont fondés en raison, que les préférences peuvent être révisées au cours du processus, etc. Philippe Urfalino a détaillé tout cela dans son *Décider ensemble*.

1. Augustin raisonnait ainsi et interdisait tout mensonge, même pour sauver un individu de la mort, puisque l'âme, écrivait-il, « étant, de l'aveu de tous, supérieure au corps, il faut à la pureté du corps préférer l'intégrité de l'âme, qui, elle, peut être gardée éternellement ». Voir *De Mendacio*, VII, 10, dans *Œuvres de saint Augustin*, vol. 2, Paris, Institut d'études augustiniennes, « Bibliothèque augustinienne », 1948 ; cité dans Luc-Thomas Somme, « La vérité du mensonge », *Revue d'éthique et de théologie morale*, 2005, vol. 236, p. 33-54.

La fabrique de l'obligation collective (2021) ; nous y renvoyons le lecteur. Ce qui nous intéresse ici est la visée du juste milieu lors de la délibération. Que dit Aristote ? Que décider est le propre des êtres dotés de raison ; qu'une décision n'est pas un appétit, une impulsion, une ardeur, un souhait ni une opinion ; qu'une décision est un *choix entre des options* (l'une d'entre elles est *préférée*) ; et ce dernier se décide à l'issue d'une délibération. Qu'est-ce une délibération ? L'étape où les choix possibles sont examinés. Ils portent sur : « les choses qui dépendent de nous et que nous pouvons réaliser » (1112a 30) ; « tout ce qui arrive par nous et dont le résultat n'est pas toujours le même » (1112b 5) ; les arts, plus que sur les sciences, « car nous sommes à leur sujet dans une plus grande incertitude » ; les choses qui, « tout en se produisant avec fréquence, demeurent incertaines dans leur aboutissement » (1112b 10) ; « non pas sur les fins, mais sur les moyens d'atteindre les fins ». Aristote conclut (dans la traduction de Bodéüs) : « C'est pourquoi la décision est soit une intelligence désidérative, soit un désir intellectif. Et tel est le principe constitutif de l'homme » (1139b 5).

Interrogeons cette intelligence – la *raison*, donc – et comprenons comment elle oriente l'action vers ce juste milieu recherché. Aristote, au livre VI, consacré aux vertus intellectuelles, introduit le terme de « rectitude » et décrit ce qu'il nomme une « rectitude de délibération » : celle qui, visant le milieu, cherche à atteindre le bien ; cela est l'œuvre de l'homme *prudent*. Qui est ce dernier ? Celui qui, après délibération, opte pour un choix préférentiel conforme à la « droite règle ». Laquelle est-elle ? « La droite règle est celle qui est selon la prudence ». Qu'est cette prudence ? « La prudence est une droite règle ». Ce raisonnement circulaire est irritant. Aristote précise cependant : la prudence, en tant que vertu suprême, dont découlent les autres, est une disposition à agir « intimement *unie* à la droite règle[1] » (1144b 25-30). Tirons de cet imbroglio deux leçons : plus

1. Pour une discussion à propos cette « liaison intime » entre décision d'action et droite règle, voir Pierre-Marie Morel, « Vertu éthique et rationalité pratique chez Aristote. Note sur la notion d'*hexis proairetikê* », art. cit., p. 141-153.

la délibération est méthodique, et plus juste sera l'option d'action choisie ; viser la « position moyenne » oblige le décideur à définir la limite au-delà de laquelle son action lui semble (ou sera jugée par autrui) excessive ou manquante. La « droite règle », c'est cela : savoir à quel moment elle ne régit plus la bonne décision... Il faut donc que cet homme prudent s'interroge sur les conséquences du choix d'action qu'il s'apprête à opérer, y compris les effets pervers, non voulus, que celui-ci va générer.

Cette démarche a été conceptualisée par John Dewey et le courant pragmatiste nord-américain. Dans *Le Public et ses problèmes*, il nous invite à considérer les actes *accomplis* – et non leurs causes hypothétiques – puis leurs conséquences effectives, sur les individus et leurs actions. Être attentif à ces conséquences, explique Dewey, « mène à un effort ultérieur pour contrôler l'action de sorte que certaines conséquences soient assurées et d'autres, évitées ».

Ces conséquences peuvent affecter les actions de personnes directement concernées (par exemple, lorsqu'un agriculteur disperse des pesticides sur des champs proches d'habitations, ou quand des voisins trop bruyants, sur le balcon d'à côté, vous empêchent de dormir...) ; elles peuvent également en affecter d'autres, au-delà de ce premier cercle (par exemple, lorsque des travaux sur une route départementale occasionnent un embouteillage monstre à l'entrée de la ville-centre, le long de la route nationale). D'où, dit Dewey, une nécessaire distinction à opérer entre privé et public. Dans le premier cas, les personnes affectées sont peu nombreuses et la transaction qui les relie est d'ordre privé ; dans le second cas, les personnes affectées sont nombreuses – elles constituent *le public* – et les conséquences d'une action x (l'entreprise qui effectue les travaux sur la route ; le ministre qui modifie le montant d'une allocation ; la décision d'un président de région de supprimer la subvention d'un centre culturel, etc.) sont telles qu'elles nécessitent un contrôle, une interdiction, une valorisation, etc., et, à tout le moins, un examen sérieux, par ces opérateurs (l'entreprise, le ministre, le président de région, etc.), des conséquences exactes de leur choix, du fait de la connexion des actions entre elles, de proche en proche. Ces conséquences (embouteillage, perte de revenus, faillite d'un centre d'art, etc.) acquièrent une nouvelle valeur, note Dewey, quand elles sont *prises en considération avant* d'engager l'action qui va les provoquer : « Remarquer les effets de l'action connectée pousse les hommes à réfléchir sur la connexion elle-même ; cela en fait un objet d'attention et d'intérêt. Si la connexion est connue, chacun agit en vue de la connexion. »

Cette lecture (contemporaine) de la « droite règle » permet de la socialiser : elle n'est plus une « disposition à agir vers le bien », éthérée et individualisée, mais *un guide pratique* pour une action juste, orientée vers le bien public et soucieuse des effets qu'elle produira...

De l'invariable milieu
(Confucius)

Khoung-fou-tseu (que les missionnaires nommèrent Confucius en latinisant son nom), mit en ordre, au VIe siècle avant J.-C., différents textes moraux, religieux, politiques et philosophiques, constituant un solide corpus doctrinaire, que ses disciples recueillirent. Parmi eux : *Les Quatre Livres*, regroupant *La Grande Étude* (appelée *La Grande Science*, au XIXe siècle), *L'Invariable Milieu*, *Les Entretiens* et *Les Œuvres de Meng-tseu* (Mencius, en latin).

Le deuxième livre (classé comme tel en 1691 par les lettrés de la nouvelle dynastie, d'origine mandchoue, qui conquit Pékin en 1644 et fonda la dynastie Qing) compile différentes citations de Confucius, ordonnées en fonction de diverses thématiques morales. Elles ont été, dit la légende, recueillies par Tseu-se, le petit-fils de Confucius. Le titre en chinois de ce livre est 中庸, *Tchoung-Young*, jadis ; *Zhong Yong*, en romain d'aujourd'hui ; il a été diversement traduit : *L'Invariable Milieu*[1] ; *L'Invariabilité dans le milieu*[2] ;

1. Deux traducteurs ont choisi ce titre : Jean-Pierre Abel-Rémusat, *L'Invariable milieu. Ouvrage moral de Tsèu-ssê, en chinois et en mandchou, avec une version littérale latine, une traduction françoise, et des notes, précédé d'une notice sur les quatre livres moraux communément attribués à Confucius*, Paris, Imprimerie royale, 1817 (disponible sur le site « Notes du mont Royal »). Et Séraphin Couvreur, « L'invariable milieu », dans *Les Quatre Livres (attribué à Confucius)*, Hejian, Imprimerie de la Mission catholique, 1895. Prêtre jésuite français, Séraphin Couvreur fut missionnaire en Chine de 1870 à 1919.

2. Guillaume Pauthier, « L'invariabilité dans le milieu », dans *Les Quatre Livres de philosophie morale et politique de la Chine. Confucius et Mencius*, Paris, 1858

La Régulation à usage ordinaire[1] ; *Le Juste Milieu, ou Le Milieu immuable*[2] ; *La Pratique équilibrée*[3] ; *The Doctrine of the Mean*[4] ; ou encore *La Doctrine du juste milieu*[5]. On se doute, devant cette diversité, que la notion de *zhong yong* s'offre à de multiples interprétations...

En quelques mots, résumons l'approche confucianiste : l'homme possède la faculté (ou est en capacité raisonnable) de faire le bien ; il est doté d'une rectitude rationnelle ; cette rectitude engendre l'harmonie dans son âme. Il est aussi un être de passions, que sa raison doit dominer ; il doit se perfectionner lui-même ; c'est son devoir. Le livre *Zhong Yong* s'ouvre sur trois notions : *la nature*, *la loi* et *le sage* (dans la traduction d'Abel-Rémusat[6]), et sur une pratique congruente à la loi naturelle : *l'éducation de soi.* Citons la traduction du § 1 du chapitre par Abel-Rémusat, sobre et précise : « L'ordre établi par le Ciel s'appelle nature ; ce qui est conforme à la nature s'appelle loi ; l'établissement de la loi s'appelle instruction. »

S'ensuivent des paragraphes introduisant d'autres notions-clés, variables selon les traducteurs (nous soulignons) :

> « 5. Lorsque le *milieu* et l'*équilibre* sont dans leur perfection, le ciel et la terre sont *tranquilles* ; toutes choses prennent leur accroissement. » [Abel-Rémusat]
> « 5. Lorsque le *milieu* et l'*harmonie* sont portés au point de perfection, le ciel et la terre sont dans un état de *tranquillité* parfaite, et tous les êtres reçoivent leur complet développement. » [Pauthier]

(disponible sur Gallica.fr). Orientaliste et poète, Guillaume Pauthier est mort à Paris en 1873. L'édition de l'opus aux éditions Classiques Garnier est toujours fondée sur la traduction de Guillaume Pauthier.

1. Paris, Imprimerie nationale, 1993, traduction de François Jullien.
2. Traduction de François-André-Adrien Pluquet, Paris, 1784.
3. Rémi Mathieu, « La pratique équilibrée », dans *Philosophes confucianistes*, Paris, Gallimard, « Bibliothèque de la Pléiade », 2009.
4. James Legge, « The doctrine of the mean », dans *Confucian Analects : The Great Learning, and the Doctrine of the Mean*, 1861. Réédité chez de nombreux éditeurs, format papier ou numérique.
5. *Wengu – classiques chinois*, s. d.
6. Chez d'autres traducteurs : la loi naturelle, la voie et le sage (Séraphin Couvreur) ; la nature rationnelle, la droite voie et l'homme supérieur (Guillaume Pauthier).

« 5. Quand l'*équilibre* et l'*harmonie* atteignent leur plus haut degré, chaque chose est à sa place dans le ciel et sur la terre ; tous les êtres se propagent et se développent heureusement. » [Couvreur]

Le chapitre II décrit l'attitude du sage (ici, dans la traduction de Couvreur) :

> 2. Confucius dit : « L'homme vertueux reste dans l'invariable milieu ; celui qui n'est pas vertueux, s'en écarte. (*Tchoung*, qui n'est ni oblique ni incliné, et atteint la limite sans la dépasser ; *Young*, ordinaire et constant). Pour ce qui concerne l'invariable milieu, l'homme vertueux ne s'en écarte jamais, parce qu'il est vertueux ; celui qui n'est pas vertueux, n'évite et ne craint rien, parce qu'il est vicieux. »

La fiche Wikipédia consacrée à la traduction de James Legge, *The Doctrine of the Mean* (1861), propose un bon résumé : « *The goal of the mean is* to maintain balance *and harmony from directing the mind to a state of* constant *equilibrium. The person who follows the mean is on a path of duty and* must never leave it[1]. »

Deux questions sont à instruire : pourquoi parler de *milieu* ? Et pourquoi serait-il immuable, ou invariable ? Comparons deux commentaires. Le premier est issu d'une thèse, celle de Jean-Baptiste Kao, franciscain, qu'il soutient en 1938 à l'Université catholique de Lille[2] ; le second est aussi une thèse, passionnante, celle de Manh Trung Ho[3], soutenue en 2011 à l'université Paris VII. Kao, en conclusion de son ouvrage, qualifie ainsi la doctrine confucéenne : « solidement rationnelle », « éminemment humaine et sociale », « spiritualiste », « démocratique », « universaliste et pacifiste »,

1. Nous soulignons.

2. Jean-Baptiste Kao, *La Philosophie sociale et politique du confucianisme*, Paris, Éditions franciscaines, 1938.

3. Manh Trung Ho, *La Notion de* zhi *et ses corrélats dans la culture chinoise. Une méthode pour conduire sa vie* (2011), publiée l'année suivante aux Éditions universitaires européennes (Sarrebruck).

et « bien équilibrée dans ses principes ». Pour cette dernière qualité, il indique :

> C'est une doctrine de « juste milieu », pour employer l'expression de l'école confucianiste. Au point de vue individuel, elle préconise le travail de développement parallèle de toutes les facultés humaines en vue de l'ascension vers la plus haute perfection. Elle ne méprise aucune des facultés, ni intellectives ni affectives et elle les soumet aux règles de la raison [...]. Au point de vue social, tout en respectant les droits et les devoirs de la famille, elle donne leur grande importance aux droits et aux devoirs découlant de la vie en société. Ce caractère d'équilibre ressort aussi bien de l'heureuse proportion établie entre les quatre classes sociales que de l'attention égale apportée aux besoins matériels et aux exigences morales de la collectivité.

Kao résume ici la doctrine confucéenne : le nécessaire perfectionnement de l'individu ; la conduite rationnelle de ce dernier ; et sa responsabilité sociale dans la cité. Notons qu'attribuer l'expression « juste milieu » à « l'école confucianiste » est un peu cavalier ; on vérifie ici l'influence des théologiens catholiques dans la promotion de cette expression[1]... Kao explique (p. 108) que cette loi naturelle a deux aspects : l'un est statique, l'autre est dynamique. « Le premier », écrit-il, « est un état d'invariable équilibre appelé en chinois *tchoung-young*, juste milieu, voie droite ». Il cite en appui la présentation qu'en fit un lettré de la Chine du Sud, au XIIe siècle, Tchou-hi (Zhu Xi, en romain moderne), contemporain d'Averroès et l'un des maîtres de l'orthodoxie confucéenne[2] (qui influencera toutes les traductions françaises à partir du XVIIIe siècle et sur lesquelles les universitaires travailleront jusqu'aux années 1960). Voici la version

1. Résultant, on l'a vu dans l'étude précédente, d'une confusion entre « justice/vertu du milieu » (c'est-à-dire : en tant que position équilibrée) et « milieu de la justice/vertu ».

2. Pour une présentation, voir Stanislas Le Gall, « Le philosophe Tchou-hi, sa doctrine, son influence », Shanghai, Mission catholique de l'orphelinat de T'ou-sé-wé, « Variétés sinologiques », 1894, n° 6. En ligne : https://www.chineancienne.fr/le-gall-le-philosophe-tchou-hi-sa-doctrine-son-influence.

de Zhu Xi (dans la traduction d'Abel-Rémusat, 1817) : « Ce qui n'est pas dévié, s'appelle *tchoung* ; ce qui ne change pas, s'appelle *young*. Le milieu est la droite voie de l'univers, l'invariabilité en est la raison fixe. »

Convenons que le traducteur, ici, est peu pédagogue : on a peine à distinguer la différence entre ce qui serait droit et en même temps un milieu... Quant au dernier segment de la seconde phrase, Stéphane Mallarmé n'aurait pas fait plus abscons. Guillaume Pauthier (1874) est à peine plus clair : « Le milieu est la droite voie, ou la droite règle du monde ; l'invariabilité en est la raison fixe. »

Il faut attendre 1895 et la traduction de Séraphin Couvreur pour comprendre ce dont il s'agit : « On appelle milieu ce qui n'incline d'aucun côté, et constant ce qui ne change pas. Le milieu est la voie droite pour tous les êtres, et la constance est la loi invariable qui les régit. »

Se dissolvent les ambiguïtés : « milieu » et « invariable » (ou « constant ») sont des dénominations d'états du monde ; le milieu n'est pas la voie de l'univers, mais celle que tous les individus doivent adopter ; et ces derniers doivent demeurer dans cet état de modération ; ce qui demande des efforts : « On peut gouverner les empires et les royaumes, refuser les titres et les richesses, fouler aux pieds les épées nues, etc. Tout cela est plus facile que de garder invariablement le milieu » (§ 9).

Cette première difficulté étant levée, passons à la suivante : pourquoi ce milieu est-il invariable (ou constant) ? Revenons à la distinction que fait Kao entre milieu statique (le *tchoung*) et milieu dynamique (le *young*) ; et examinons ces deux versions du § 4 du chapitre I :

> « 4. Avant que la joie, la colère, la tristesse et la gaieté soient nées dans l'âme, elle est dans l'état qu'on appelle *milieu*. Lorsque ces passions se sont élevées, et qu'elles ont toutes atteint une juste mesure, c'est ce qu'on appelle *équilibre*. Le milieu est la grande base de l'univers, l'*équilibre* en est la voie universelle. » [Abel-Rémusat]

> « 4. Quand il ne s'élève dans l'âme aucun sentiment de joie, de colère, de tristesse ou de plaisir, on dit qu'elle est en *équilibre* (parce qu'elle n'incline d'aucun côté). Quand ces sentiments naissent dans l'âme sans dépasser la juste mesure, on dit qu'ils sont en *harmonie*. L'*équilibre* est le point de départ de toutes les transformations et de tous les changements qui s'opèrent dans l'univers. L'*harmonie* est la loi générale de tout ce qui se fait dans l'univers. » [Couvreur]

Dans l'âme humaine, il y a donc deux états psychiques : le premier correspond au « juste milieu » de Kao (« l'essence de la loi naturelle, la norme de toutes les vertus morales », écrit-il) ; c'est ce que les traducteurs nomment, respectivement, « milieu » et « équilibre ». Le second état psychique correspond à l'effort accompli par l'homme sage pour demeurer avec constance dans cette voie droite, du milieu. Dans les mots de Kao (p. 112) :

> Pour suivre parfaitement la loi naturelle, il faut connaître le juste milieu, son aspect statique et faire un effort constant pour marcher toujours dans le juste milieu, et c'est là son aspect dynamique. Ce double aspect est inséparable. Mais l'aspect dynamique est plus important pour garantir l'efficacité de la loi naturelle et l'accomplissement de toute vertu morale.

Pourquoi cet état est-il « plus important » ? Parce que cette constance dans l'effort fait exister, dans les faits, cette voie droite. Dans les mots de Kao (p. 108) :

> À tout instant, nous devons avoir une vigilance constante et devons exercer un sévère contrôle sur les moindres mouvements de notre cœur, afin qu'ils soient conformes à la direction de cette loi interne ; à défaut de cette vigilance, nous nous écarterions d'elle.

Vérifions ce raisonnement avec Manh Trung Ho. Il livre tout d'abord une explication de bon sens à la traduction de *zhong yong* par « milieu » : le titre évoque une des (nombreuses) notions que contient le texte ; le traducteur peut donc s'autoriser à mettre l'accent sur une dimension plutôt qu'une autre :

> *zhong*中 prononcé avec le premier ton[1] a comme sens : centre, milieu mais aussi : (l')intérieur, (le) fond du cœur de l'homme ; sa vie intérieure, sa pensée profonde ; juste, impartial. Prononcé avec le quatrième ton, il signifie : frapper juste, atteindre le but.

Le second terme, *yong* 庸, signifie :

> [...] employer, mettre en pratique, suivre (un chemin), pratiquer constamment ; ordinaire, banal. Le *Shuowenjiezi* [...] indique qu'il est formé par l'association des caractères *geng* 庚 et *yong* 用 ; par *yong* 用 il a le sens de mise en œuvre, mise en pratique ; *geng* 庚 apporte l'idée de changements au milieu desquels se déroule cette pratique.

Une dimension, explique Manh Trung Ho, est présente dans le texte confucéen : celle de la « vie intérieure » de l'homme ; ce qu'ignore la version de Zhu Xi, tout occupé à gloser sur l'univers et son immuabilité. Si *zhong* correspond à ce qui n'incline d'aucun côté – ce qui se tient au centre, ou en équilibre –, il renvoie également à « l'âme » de l'individu, à ce qui s'y passe *avant* et *après* la naissance de ces émotions. *Avant*, aucune force émotionnelle n'agit sur l'individu ; l'âme est donc au milieu, en équilibre, non déviée, non tiraillée, etc. *Après* le déploiement de cette force émotionnelle, l'âme est déviée, tiraillée, etc. L'individu doit veiller à maintenir l'équilibre entre ses passions – les modérer, donc. Et cela de façon constante.

Le texte confucéen articule donc quatre idées : l'âme « au repos » ; l'âme agitée par des passions ; la nécessaire modération de ces passions ; et la constance de ce travail de modération. Se comprennent mieux les différences de traduction : le doublet « milieu-équilibre » insiste sur une même idée, redondante : celle d'un point zéro. Le doublet « équilibre-harmonie », lui, rend compte d'une *dynamique* : d'une position centrale (géométrique) à une situation adéquate, appropriée (pertinente). La lutte de l'individu contre ses passions

1. Le chinois mandarin est une langue tonale : chaque mot est associé à un ton.

est ainsi orientée vers une convenance généralisée. Il y a *he* 和, harmonie, parce que tout s'agence, s'aligne correctement : l'univers, l'individu, son âme.

Manh Trung Ho propose de traduire *zhong* par *centre*, ou *centralité*. Cela permet de se débarrasser de ce « milieu » encombrant (et de la justice, ou de la justesse, qui lui a été accolée depuis Thomas d'Aquin). La traduction du § 4 devient alors : « Quand le contentement, la colère, la tristesse ou la joie ne sont pas encore déployés, on appelle cela *centralité* (*zhong* 中). Quand ils sont déployés mais restent équilibrés et modérés en vertu de la centralité, on appelle cela *harmonie* (*he* 和). »

Qu'a-t-on appris à l'issue de cette rapide incursion dans l'univers de la philosophie chinoise de l'Antiquité ? D'abord, et comme Aristote le recommandait, que l'homme sage doit veiller à se maintenir dans la « voie droite », agir « au milieu », etc. ; cela suppose une veille constante pour ne pas s'en écarter. Cette similitude des postures, à quelques siècles de distance, et sur deux aires culturelles éloignées[1], confirme l'idée d'un *universel de la modération*, fondé sur un même triptyque : une voie droite, un agir raisonné, un homme sage.

Puis, seconde leçon : à la différence des auteurs grecs[2], l'intérêt est de penser de façon dialectique ce qui demeure (le chemin droit) et ce qui change (l'homme recherchant sans cesse ce chemin), évitant ainsi le piège d'une pensée mécaniste – un milieu, deux excès, quatre vertus, etc. –, comme le produisit la tradition thomiste. Pour cette raison, le terme de « milieu » doit être utilisé avec prudence : il connote une dimension géométrique ou arithmétique que l'expression *zhong yong* ne possède pas dans le texte original et dans la

1. Sur ce sujet, voir Weijia Zhu, *La diffusion et l'influence de la philosophie d'Aristote en Chine à partir de la fin de la dynastie des Ming*, Limoges, Presses universitaires de Limoges, 2020. Voir également le chapitre « La philosophie morale », dans Christophe Bardyn, *Socrate et Confucius*, Paris, Armand Colin, 2020.

2. Pour une comparaison des deux pensées, voir Lin Xiao, *Confucius et Aristote. Éléments d'un essai de comparaison – le « ren », la vertu, le juste milieu – à partir des textes originaux et de traductions françaises*, thèse soutenue à l'université de Limoges en 2013.

tradition philosophique chinoise[1]. *Idem* pour « juste milieu » dans la traduction de Kao. L'idée est de se maintenir dans la voie médiane – c'est en ce sens que cet effort peut être dit *yong* ; c'est-à-dire : invariable, immuable.

1. Au sujet du choix des termes par les traducteurs, voir le (passionnant) chapitre d'Andrew Plaks, « The mean, nature, and self-realization : European translations of the *Zhongyong* », dans Viviane Alleton et Michael Lackner (dir.), *De l'un au multiple. Traduction du chinois vers les langues européennes. Translation from Chinese into European Languages*, Paris, MSH, 1999.

De la médianité
(*al-wassatiya*)

L'objectif de 'AbdAllah al-Luhaydân, en liminaire de son ouvrage *Le Juste Milieu dans la* da'wa, est de montrer qu'« exagération et intransigeance ne relèvent en aucune façon de l'islam[1] ». La sourate 7, verset 31, du Coran, indique : « Ne commettez pas d'excès, car Dieu n'aime pas ceux qui commettent des excès. » « Notre époque, dominée par l'extrémisme », écrit de son côté Mustapha Chérif, ancien ministre algérien des universités au début des années 1990, dans *Le Principe du juste milieu*, « mérite de retrouver la voie de la rectitude, celle de la communauté médiane »[2]. Tous deux souhaitent, par leurs écrits, « former des êtres centrés, équilibrés, à la fois rationnels et pieux, qui ne méprisent et n'idolâtrent personne ».

Le doublet aristotélicien « juste milieu-extrêmes » est au cœur du raisonnement. Le milieu, *wasat*, rappelle Al-Luhaydân, désigne, tout à la fois : « un élément qui possède deux extrémités blâmables » – telle la générosité, à mi-chemin entre l'avarice et le gaspillage ; « une chose qui a une extrémité louable et une autre blâmable, comme le bien et le mal » ; une situationlimite, quand un individu « outrepasse les limites du bien » ; mais aussi le mérite d'une personne qui sait se tenir à distance des extrêmes et, par extension : celle

1. 'AbdAllah al-Luhaydân, *Le Juste Milieu dans la* da'wa, Bruxelles, Al-Hadith, 2013, p. 13.
2. Mustapha Chérif, *Le Principe du juste milieu*, Paris, Albouraq, 2013.

dont le comportement modéré traduit la noblesse de son lignage et l'excellence de sa conduite. Explicitant le verset 143 de la sourate « Al-Baqara », Ibn Jariral-Tabari, exégète perse du Coran au Xe siècle, affirme que les musulmans forment une communauté de justes car

> ils ne sont pas excessifs comme les chrétiens qui exagèrent dans leur vie monacale, ainsi que dans les propos qu'ils tiennent à l'égard de Īsā [le nom coranique de Jésus]. Ils ne ressemblent pas non plus aux juifs qui ont fait preuve de manquement lorsqu'ils ont changé le livre d'Allah, tué ses prophètes, dit des mensonges sur le compte de leur Seigneur et mécru en Lui. Ils sont plutôt des gens de modération et d'équilibre dans la religion. Allah les décrit comme justes car Il préfère le juste milieu dans tout ce que l'on entreprend.

Ibn Qayyim al-Jawziyya, disciple de Tabari (et probable lecteur d'Aristote), parle de l'islam comme d'une « religion droite [...] à mi-chemin entre deux déviations » ; il situe la *sunna* (les faits et les dits du prophète Mahomet) comme « le point intermédiaire entre deux types d'innovation ». Même conviction chez Ibn Taymiyya, théologien syrien du XIIIe siècle, qui distingue « celui qui est capable et celui qui est impuissant », « celui qui est excessif et outrancier et celui qui ne l'est pas » ; il indique que cette distinction fonde l'islam et la communauté musulmane, « une communauté de justes et du juste milieu ».

Jusqu'à la Renaissance, Moyen-Orient arabo-musulman et Occident chrétien sont imprégnés de la pensée aristotélicienne, remixée par Avicenne et Averroès[1], pour l'un, Thomas d'Aquin, pour l'autre. Abu'Ali al-Husaynibn Sina (son nom persan) traduit Aristote, le commente abondamment ; il y affirme ses positions personnelles. Ibn Rushd (de son nom arabo-musulman), un siècle plus tard, discute les principaux textes d'Aristote[2]. Cette tradition

1. Pour une présentation de la pensée philosophique islamique, voir Henry Corbin, *Histoire de la philosophie islamique*, Paris, Gallimard, « Folio essais », 1986.

2. Voir sa notice Wikipédia, labellisée « article de qualité » en 2016. Pour une discussion académique de son œuvre écrite, voir Ali Benmakhlouf, *Averroès*, Paris, Les Belles Lettres, 2000.

hellénisante, dite du « péripapétisme arabe », déclina après la mort d'Averroès en 1198. L'effort contemporain des intellectuels et théologiens musulmans pour penser un islam modéré s'organise autour de trois ambitions : conceptualiser cette médianité ; l'inscrire dans la communauté des croyants ; la promouvoir intellectuellement.

La médianité. Ce concept n'est pas assez pensé, affirme Chérif ; et seuls quelques penseurs en ont traité, dont Ibn Khaldun, à la fin du XIVe siècle, dans son *Discours sur l'histoire universelle. Al-Muqaddima.* Il faut donc (ré)engager ce travail de conceptualisation – car « il est du devoir de tout intellectuel de tenter d'approfondir l'orientation fondamentale de la "communauté médiane" ». Le terme *al-wassat* signifie, tout à la fois : « la médiane, le juste, la justice, l'équité, le meilleur, le supérieur, la qualité, le noble, l'exemple, le centre, le cœur, le juste milieu, la droiture, la rectitude, le lien ».

Al-Luhaydân n'est pas plus sobre :

> Le juste milieu signifie l'équité, la bienfaisance, l'excellence et la justesse. [...] Le juste milieu renvoie à la bienfaisance. Or celle-ci suppose l'équité, la bonté et la commisération. C'est ainsi que s'ordonnent les diverses significations du terme de modération.

La médianité est un *entre-deux*, prudent : elle a pour but « l'épanouissement de toutes les facultés humaines, tout en évitant toutes les formes d'excès ». Elle est un *dépassement*, pas seulement un centre : « Ce n'est pas l'absence de position entre deux défauts ou erreurs. La position se veut claire, non pas seulement au centre, entre des postures contradictoires, mais leur dépassement. »

La médianité est un *ni-ni* : « Ni désespoir face à la dureté du monde [...], ni orgueil, illusion et prétention face à l'éblouissement du monde » ; « Ni oubli de soi et des proches, ni égoïsme » ; « Ni dilution dans le monde, ni tourner le dos au monde » ; « Ni diluer, ni figer le sacré » ; « Ni nier autrui, ni l'imiter aveuglément » ; « Ni égoïsme, ni oubli de soi » ; « Ni populisme, ni élitisme » ; « Être musulman, ce n'est ni refuser l'étrangeté du monde, ni se perdre en lui » ; « Priorité à la vie de l'au-delà sans tourner le dos au monde ici-bas » ; « Ni la vitesse effrénée, ni l'immobilisme, mais l'harmonie avec la nature » ; « N'exclure ni la diversité des situations, ni la pluralité des opinions ».

Suivre « la ligne médiane », c'est respecter « la méthode coranique et prophétique de la position juste, équitable, équilibrée et mesurée ». Quelles sont les règles de cette méthode ? Chérif les égrène au fil de son propos, examinant cette « médianité », successivement, dans la religion, en société, du point de vue de son éthique et de ses valeurs, en économie, dans la famille, dans les rapports entre hommes et femmes, enfin dans la science. Rapide inventaire :

- « ne pas se couper du monde et des autres fonctions profanes, sociales et naturelles, pas de vie monastique ni de célibat ; ni se limiter à des formalités, des principes vagues, abstraits, théoriques et utopiques » ;
- « assumer et lier toutes les dimensions de l'existence » (car la voie de la droiture, médiane, juste, signifie non pas se priver, ou préférer une activité ou un aspect par rapport à un autre, mais les assumer tous) ;
- apprendre « à bâtir les ponts et les médianes qui unissent les différences et les oppositions, à tout le moins [les respecter], sans relativisme ni syncrétisme » ;
- « participer de manière commune et publique à la recherche de l'équilibre » ;
- « adorer, sans excès, mais ouvertement et sereinement, Dieu, dans chacun de ses actes ».

La communauté médiane. C'est un espace d'interconnaissance et de reconnaissance :

> Seul un être centré peut se mettre à l'écoute du monde et de l'autre. Il s'agit d'éduquer à la culture de la droiture, à l'acceptation de la différence, de la multi-appartenance et de désaccords raisonnables afin de favoriser la coexistence. L'interconnaissance est essentielle. Pour qu'une communauté médiane ait une existence réelle, les individus qui la composent doivent avoir la possibilité de témoigner, de partager leurs repères, qui donnent du sens à leur vie, et la

> dimension d'un vivre avec les autres [...]. Par le dialogue au sein de l'*umma* et avec le reste du monde, par l'éducation de la voie médiane au profit de la jeunesse, il sera possible de mettre fin aux extrémismes et de réinventer une nouvelle civilisation commune, qui fait défaut.

La « communauté », l'*umma* (« l'ensemble des croyants musulmans, par-delà leurs origines ethniques, leurs cultures et leurs nationalités ») se veut, souligne-t-il, « ouverte à toutes les autres communautés religieuses et culturelles, pour viser l'humanité tout entière ». Elle se garde « de tout excès et toute ingratitude et vise l'excellence, étape par étape, station par station, pour maîtriser les passions et répondre au projet divin ».

Les pratiques culturelles au sein de l'*umma* doivent être « équilibrées et précises », respecter « la nature humaine et son souci d'harmonie, de totalité et d'équilibre ». Elles sont orientées par un principe général qui règle les comportements des croyants dans l'*umma* : la « voie médiane », ou la « médianité » (*al-wassatiya*).

La promotion de la médianité. C'est le dernier étage de l'argumentaire ; il prend diverses formes : la capacité du concept à « conjuguer authenticité et modernité » ; la transmission du vrai visage de l'islam, celui de la médianité, *al-wassatiya* ; la formation d'une élite islamique modérée[1] ; l'éducation à la voie médiane, الممرالأوسط (ou à la voie du milieu, *almamaru al'awsat*) :

> La complexité des problèmes au sein des sociétés incite à l'élargissement du dialogue et de la participation de tous ceux qui acceptent le débat. Mobiliser toutes les bonnes volontés tracera le chemin d'une société responsable, celle de la ligne médiane.

L'étude (trop rapide) des pensées islamique et confucéenne confirme que l'expression « juste milieu » est d'abord un choix

1. « Une élite musulmane peut émerger, attachée à la ligne médiane, au bien commun, apte à l'autocritique et au dialogue, formée en sciences, en théologie et spiritualité, liée par des valeurs communes. »

de traduction. Pour les auteurs contemporains examinés ici, nul doute qu'ils utilisent « juste milieu » dans son acception classique, telle qu'elle a été explicitée dans les pages précédentes. Les textes d'origine, qu'ils soient de Confucius, Averroès ou des exégètes du prophète Mohammed, n'utilisent pas cette expression – même si les mots employés illustrent une idée équivalente. Il y a donc une spécificité française à qualifier de « juste » un milieu, une moyenne ou une médiane. Pour comprendre son succès en France, il faut rapprocher cette formule d'autres locutions, de même construction : *juste prix*, *juste salaire*, *juste profit*, etc. En quoi des prix ou des bénéfices peuvent-ils être dits « justes » ?

Du juste prix

Dix-sept mille notices, sur les soixante-trois mille que compte le *Dictionnaire raisonné des sciences, des arts et des métiers*, publié de 1741 à 1765 sous la direction de Denis Diderot et Jean Le Rond d'Alembert, ont été rédigées par Louis de Jaucourt. Parmi elles : la notice « Justesse ». Est de grande *justesse*, énonce Jaucourt, une pensée vraie, précise, appropriée au sujet :

> La *justesse* de la pensée consiste dans la vérité & la parfaite convenance au sujet ; & c'est ce qui fait la solide beauté du discours. Les pensées sont plus ou moins belles, selon qu'elles sont plus ou moins conformes à leur objet. La conformité entière fait la *justesse* de la pensée ; de sorte qu'une pensée juste est, à proprement parler, une pensée vraie de tous les côtés, & dans tous les jours qu'on la peut regarder.
> La *justesse* d'esprit sait démêler le juste rapport que les choses ont ensemble ; la *justesse* de goût & de sentiment, fait sentir tout ce qu'il y a de fin & d'exact dans le tour, dans le choix d'une pensée, & dans celui de l'expression.

Démêler le juste rapport que les choses ont ensemble. Peut-être est-ce là une qualité majeure de l'homme agissant avec mesure : il observe, il déduit, il distingue ou rapproche des éléments – pour comprendre une situation, un phénomène. Platon, dans le *Politique* (284e), se réfère « à la juste mesure, à ce qui est convenable, opportun, requis ». Aristote glose sur « le possible et le convenable[1] ». À propos de l'éducation musicale des jeunes hommes, il a ce trait – généralisable à tout agir : « Trois choses sont essentiellement requises : c'est d'abord d'éviter tout excès ; c'est ensuite de faire ce qui est possible ; enfin, ce qui est convenable. »

La justesse est un art raisonné de la convenance ; nous le verrons avec Cicéron dans notre troisième étude. Gardons ici à l'esprit le jugement de Thomas d'Aquin (Q. 64.1) :

> C'est un excès de tendre au maximum quand il ne faut pas, ou bien là où il ne faut pas, ou encore pour un motif qu'il ne faut pas ; mais c'est un défaut de ne pas tendre à ce maximum là où il le faut et quand il le faut.

Jean-Jacques Rousseau rédige en 1765, pour la dernière édition de l'*Encyclopédie*, la notice « Juste, injuste ». Il rappelle la distinction d'Aristote : est juste ce qui se conforme aux lois civiles ; est équitable ce qui réside dans la convenance avec les lois naturelles. Le juste (ou l'injuste) précède-t-il la loi ? Oui. Les principes d'équité et de convenance des choses lui sont antérieurs ; c'est sur eux que la loi se fonde :

> Les maximes gravées, pour ainsi dire, sur les tables de l'humanité, sont aussi anciennes que l'homme, & ont précédé les lois auxquelles elles doivent servir de principes ; mais ce sont les lois qui, en ratifiant ces maximes, & en leur imprimant la force de l'autorité & des sanctions, ont produit les droits parfaits, dont l'observation est appelée *justice*, la violation *injustice*.

La loi fait donc le juste ; est-elle raisonnable, équitable ? Si oui, ses arrêts, dit Rousseau, ajoutent de la justice à la raison et à l'équité. Si non, elle ne saurait rendre juste ce qu'elle ordonne. Rousseau conclut : nos actions sont moralement justes si elles demeurent dans cette convenance des choses avec d'autres choses. C'est une manière

1. « Car le possible et le convenable sont les principes qui doivent surtout guider tous les hommes » (*Politique*, V, § 10).

de questionner le juste prix des choses : quelle est cette chose dont le prix d'une autre chose convient avec elle ? Pour répondre, deux autres concepts sont nécessaires. Victor Hugo, dans une de ses formules lumineuses, les évoque.

Nous sommes à l'Assemblée nationale ; c'est le 15 janvier 1850. Victor Hugo est à la tribune. En discussion : le projet de loi du ministre de l'Instruction publique et des Cultes, le comte Alfred de Falloux ; il autorise l'Église catholique à ouvrir des écoles primaires et secondaires. Hugo, lui, plaide pour une « école laïque, gratuite et obligatoire ». Dans sa confrontation avec le comte Charles de Montalembert, un des corédacteurs de la loi, Hugo a cette phrase, passée à la postérité[1] : « La loi du monde matériel, c'est l'équilibre ; la loi du monde moral, c'est l'équité. »

Deux lois, car deux mondes – mais en correspondance. L'*équité* et l'*équilibre*, Aristote les avait déjà rapprochés. Ainsi des lignes 1131a 15-20de son *Éthique à Nicomaque* (traduction de Bodéüs) :

> En d'autres termes, comme milieu, le juste est une moyenne entre certaines choses (c'est-à-dire le trop et le trop peu) et comme équitable, il est un équilibre entre deux quantités, mais en tant que tel, il est juste pour certaines personnes[2].

Explorons ces deux notions. Résumons à gros traits le raisonnement d'Aristote. La justice, pose-t-il d'emblée, est cette disposition (cette vertu, donc), « qui rend les hommes aptes à accomplir les actions justes, et qui les fait agir justement et vouloir des choses justes » (1129a 10).

Cette disposition est « complète », dit Aristote, car elle se porte moins vers soi-même que vers les autres : elle est un *bien pour autrui*. Le juste se présente sous trois aspects : comme *moyenne* entre deux extrêmes, le plus et le moins (*l'heure juste*, par exemple, est

1. Citation extraite de l'article « L'étendard laïque de Victor Hugo "Je veux la liberté de l'enseignement sous la surveillance de l'Etat" », *Le Monde*, 23 avril 1984.

2. Traduction de Richard Bodéüs (2004). Dans celle de Tricot (1959), *équitable* et *équilibre* deviennent « égal », *milieu* devient « moyen », les *choses* deviennent des « extrêmes » et *deux quantités* se réduisent à « deux choses ».

celle qui n'indique ni retard ni avance) ; comme *égal* (ou *équitable*) entre deux quantités (s'il faut deux œufs par personne et qu'il y a quatre convives, on cassera donc huit œufs pour l'omelette...) ; enfin comme *juste relatif* (puisqu'il sera tenu compte de l'âge, du poids, de la taille, du statut, etc., des personnes). L'homme juste est celui qui, par choix délibéré, se déclare apte à accomplir *ce qui est juste* : dans un partage, il ne s'attribue pas la plus grosse part ; il donne à autrui ce qui lui revient. Voilà pour l'essentiel, et pour la théorie. Et en pratique ?

Deux questions ont structuré la pensée économique occidentale[1] : qu'est-ce qu'un *juste prix* ? Et comment des échangistes parviennent-ils à l'établir ? Simplifions le trait, et repérons cinq approches idéal-typiques : celle de Thomas d'Aquin et de l'école scolastique, adossant leur raisonnement à celui d'Aristote – le juste prix comme expression d'une justice d'égalité, de moralité et de légalité, dans une société pensée comme un « organisme structuré selon une finalité immuable[2] » ; celle des opposants à cette thèse, comme Jean Duns Scot, privilégiant l'idée, qui fait aujourd'hui consensus, du juste prix comme résultat de l'ajustement des préférences individuelles ; celle d'Adam Smith, érigeant la libre concurrence comme garantie d'un prix équitable (ou raisonnable) aux consommateurs ; celle de Léon Walras, avec la figure du commissaire-priseur, imposant aux contractants des prix justes car équilibrés entre une offre et une demande ; enfin celle d'une microéconomie renouvelée, réintroduisant l'éthique, la confiance et la socialisation là où les savants précédents les avaient (trop) souvent ignorées. Les premières approches sont politiques et philosophiques ; elles ont structuré la pensée économique de l'Église catholique à l'époque médiévale. Les suivantes ont irrigué la science économique moderne – et nous sommes redevables de

1. Voir Alfred de Tarde, *L'Idée du juste prix*, thèse de doctorat en droit à l'université de Paris, 1906 (disponible sur Gallica.fr).

2. André Lapidus, *Le Détour de valeur*, Paris, Economica, 1986. Voir les chapitres I (« La conception thomiste du juste prix ») et II (« Juste prix et prix de marché : les rendez-vous manqués »).

leurs stylisations ; la dernière revisite sociologiquement les précédentes. Toutes ont contribué à faire du juste prix à la fois un *horizon* – ce vers quoi il faut tendre (et donc il est nécessaire de limiter ou empêcher les pratiques marchandes qui l'entravent) – et un *principe efficient* de régulation des marchés.

La justice qu'Aristote[1] nomme « particulière » régit l'activité des individus dans des sphères telles que « l'honneur, l'argent ou la sécurité », structurées par le plaisir et le gain ; elle abrite deux types de justice, selon qu'elle se fonde sur le mérite et la valeur propre des personnes – la *justice distributive* – ou sur les torts causés aux personnes, quels que soient leur mérite ou leur statut – la *justice corrective*.

Le juste distributif est « un milieu entre deux extrêmes », tous deux *hors de proportion* – puisque ne respectant pas l'égalité. L'injuste est ce qui est *non proportionné* (donner trop, ou trop peu ; recevoir trop, ou trop peu, etc.) ; le juste est donc ce qui est proportionné (1131a). Pourquoi ? Parce qu'il existe, note Aristote, deux sortes d'inégal – manquer à l'égalité et agir de façon injuste ; le juste milieu entre ces deux inégalités est l'égal. Si l'injuste est inégal, le juste est donc l'égal ; donc il est aussi un milieu, situé entre un plus inégal et un moins égal. Il est également relatif aux personnes (elles peuvent ne pas être égales – en poids, en taille, en capacité d'esprit, etc.) et dépend des choses que ces personnes échangent ou à propos desquelles elles se disputent.

Il faut donc, pour agir justement, traiter inégalement les éléments inégaux. Si les personnes ne sont pas égales, leurs parts ne doivent pas être égales ; si ces personnes sont égales, elles ne doivent pas recevoir des parts inégales. Il faut donc une égalité de rapports (ou un rapport identique entre des grandeurs différentes) ; c'est-à-dire : *une proportion* ; celle-ci est *géométrique* : une même égalité régit *et* les personnes (elles sont deux, en litige ou dans l'échange) *et* leurs

1. Pour un exposé méthodique, voir Jocelyne Saint-Arnaud, « Les définitions aristotéliciennes de la justice : leurs rapports à la notion d'égalité », *Philosophiques*, 1984, vol. 11, n° 1, p. 157-173.

parts respectives. Le juste est réalisé quand le *ratio* du premier couple est égal au *ratio* du second. Dans les termes d'Aristote (1131b) :

> Quand le rapport entre la première paire de termes est le même que celui qui existe entre la seconde paire, car la division s'effectue d'une manière semblable entre les personnes et les choses. Ce que le terme A alors est à B, le terme Γ le sera à Δ ; et de là, par interversion, ce que A est à Γ, B l'est à Δ ; et par suite aussi le rapport est le même pour le total à l'égard du total [...]. Si les termes sont joints de cette façon, le couplage est effectué conformément à la justice.

Le *juste correctif* (ou « rectificatif ») est, lui, par différence avec le distributif, *le milieu entre une perte et un gain*. La différence des dotations est injuste puisque inégale : ce que l'un a gagné, l'autre l'a perdu. Le juge, si l'échange privé est contesté par l'une des parties, s'efforce de restaurer l'égalité dans l'échange, selon une proportion cette fois-ci *arithmétique* – c'est-à-dire : sans considération des mérites et du statut des échangistes[1]. Thomas d'Aquin[2], dans sa *Somme théologique*, notamment sa question 61 (à propos de la justice dans les échanges), s'interroge : le juste milieu se détermine-t-il pareillement pour l'une ou pour l'autre de ces justices ? Sa réponse est celle d'Aristote : « Le juste milieu vertueux [en justice *universelle*] ne se détermine pas par une égalité de chose à chose, mais selon une proportion des choses aux personnes. »

Dans les échanges privés (en justice *particulière*, donc), on donne à une personne un bien en remplacement de ce que l'on a reçu d'elle. Il faut donc « égaler objet à objet, de telle façon que, tout ce que l'un a reçu en plus en prenant sur ce qui est à l'autre, il le lui restitue en égale quantité ».

1. « Peu importe que ce soit un homme de bien qui est dépouillé ou un malhonnête homme [...] ou un adultère commis par un homme de bien », écrit Aristote (*Éthique à Nicomaque*, 1132a).

2. Pour un exposé méthodique, voir le (passionnant) article de Julius Kirshner, « Les travaux de Raymond de Roover sur la pensée économique des scolastiques », *Annales. Économies, Sociétés, Civilisations*, 1975, 30-2-3, p. 318-338.

L'égalité s'établit selon une moyenne arithmétique, définie par un excédent quantitatif égal. Exemple (simple) fourni par d'Aquin :

> 5 est le milieu entre 6 et 4 ; il dépasse l'un des deux nombres d'une unité et est dépassé par l'autre d'autant. Si donc, avant tout échange, les deux parties avaient 5 et que l'une d'elles reçoit 1 de ce qui appartient à l'autre, elle aura 6 et il ne restera à l'autre que 4. Pour revenir au juste milieu, il faudra, en justice, que la partie qui a 6 donne 1 à celle qui a 4 ; en effet, l'une et l'autre auront ainsi 5, qui est le milieu.

La question 77 de la *Somme théologique* de Thomas d'Aquin, consacrée à la fraude, fournit d'autres éléments normatifs. Fidèle à sa méthode – poser le problème, émettre des objections, en tirer une conclusion, proposer des solutions concrètes –, Thomas d'Aquin aborde les questions relatives à la vente : « Qu'est-ce qu'une vente injuste ? », « Est-il permis de vendre une chose plus cher qu'elle ne vaut ? », « Le vendeur est-il tenu de révéler les défauts de son produit ? », etc. Thomas d'Aquin commence par souligner la nécessité d'un échange juste, car non inégal, du fait qu'il répond à un intérêt commun aux deux parties, chacune d'elles ayant besoin de ce que l'autre possède. Si le prix demandé, dit-il, dépasse en valeur la qualité et la quantité de marchandise fournie ou si celle-ci vaut plus que son prix, « l'égalité de la justice » est détruite : l'échange n'est pas juste. Il faut donc tenir compte de la différence de valorisation entre les échangistes (si l'acheteur veut, par exemple, obtenir à tout prix un bien que son propriétaire hésite à vendre) et de leur capacité à s'entendre sur un prix, dès lors « qu'il n'y[a] pas de fraude et qu'on ne dépasse pas certaines limites ». La juste vente est ainsi une vente décidée telle par les échangistes. Que l'un s'octroie un gain additionnel, consenti par l'autre, ne réduit pas la justice de l'échange – à condition que ce profit soit raisonnable. Qui décide qu'il l'est ? Les échangistes. Comment le mesurent-ils ? Thomas d'Aquin ne le dit pas explicitement ; mais on devine sa réponse : la valeur de ce profit « raisonnable » résulte d'une confrontation argumentée entre les échangistes. La loi civile se contentant de réprimer ce qui tend à détruire la vie en commun, ajoute Thomas d'Aquin, des transactions privées peuvent aboutir à des ventes abusives. Dans ce cas, la loi oblige à restituer l'objet contesté, « par exemple si l'un des contractants a été trompé pour plus de la moitié du juste prix ». Mais la loi divine, elle, « oblige à respecter l'égalité de la justice dans l'échange ». Celui qui a reçu davantage est donc tenu de compenser la perte de celui qui a été lésé (si toutefois le préjudice est notable, nuance le théologien...). Aristote, rappelle-t-il, distingue deux sortes d'échange. Le premier est naturel et nécessaire : il consiste à « échanger denrées contre denrées, ou denrées contre argent, pour les nécessités de la vie ». Ce type d'échange n'est pas propre aux négociants ; il permet à la maisonnée ou à la cité de disposer des denrées nécessaires à la vie quotidienne. L'autre sorte d'échange consiste à « échanger argent contre argent ou des denrées quelconques contre de l'argent, non plus pour subvenir aux nécessités de la vie, mais pour le gain ».

Le premier échange est louable, estime Thomas d'Aquin, reprenant l'argument aristotélicien ; mais pas le second, qui « favorise la cupidité, laquelle n'a pas de bornes et tend à acquérir sans fin ». Le négoce a donc quelque chose de honteux, poursuit-il, « car il ne se rapporte pas à une fin honnête et nécessaire ». Rechercher un gain n'est pas, cependant, contraire à la vertu : il peut être voué à une fin nécessaire, ou même honnête – par exemple s'il permet de soutenir une famille, de secourir des indigents, d'aider sa patrie ou de récompenser un effort (si le produit a été bonifié, il possède une plus grande utilité sociale ; le gain du vendeur est donc juste et licite).

Un juste prix est donc un prix *juste* : il ne dépend pas de l'utilité du produit – sinon les bouteilles d'eau seraient plus chères que les montres en or ! – ni du temps de travail nécessaire pour le produire – sinon les maraîchers seraient plus riches que les footballeurs... C'est un prix que les échangistes, au moment de l'échange marchand, estiment *équitable* et dont la fixation doit profiter à tous, acheteurs comme vendeurs. S'il est trop bas, il entraîne une surconsommation, donc un possible déséquilibre écologique. S'il est trop haut, il exclut des usagers potentiels – par exemple ne pouvant accéder à des médicaments trop coûteux. « C'est pour cela que l'économie doit rester *politique* », concluait Thibaut de Saint Maurice dans une émission de France Inter (« Un prix peut-il être juste[1] ? »). Les autorités peuvent ainsi se substituer aux échangistes quand leur rapport est trop asymétrique et imposer un prix public n'avantageant pas le vendeur ni l'acheteur, mais défini au regard du bien commun d'une communauté.

Certes, le juste prix, dans cette tradition scolastique, est le plus souvent le *prix de marché*, défini à la suite d'une délibération entre échangistes. Le « marché » est jugé ici *fonctionnel*, du fait de la multiplicité d'acheteurs et de vendeurs, un lieu où circulent des informations vérifiées, accessibles à tous, une structure censée être débarrassée de tout cartel ou monopole, et où les profits sont licites car justifiés par la qualité des produits. Comment se définit leur prix ? *Par tâtonnements*, au fil des rencontres entre échangistes. Il est ainsi calculé *secundum aestimatio en fori occurentis* – selon l'estimation faite sur place. Ce juste prix peut donc varier, selon le moment ou selon le produit ; ce qui est admissible si cette légère augmentation ou diminution de prix « ne porte pas atteinte », note Thomas d'Aquin, « à l'égalité de la justice ». S'il varie trop, et si cette égalité n'est plus respectée, les autorités doivent alors *décréter* ce « juste prix ». D'où, pour un certain nombre de denrées, notamment les céréales, la fixation d'un prix *administré*. Celui-ci, rapporte André Lapidus[2], fut « de moins en moins une grandeur unique, mais une valeur bornée par un maximum et un minimum, calculés à partir d'une étude minutieuse des coûts de production ».

Voilà pour la tradition thomiste et médiévale. Six siècles plus tard, Adam Smith remet l'ouvrage sur le métier. Pour lui, le juste prix d'un bien manufacturé est un prix d'équilibre : il se tient entre son *prix naturel* – c'est-à-dire : ce que l'entrepreneur a dû débourser pour le produire (les salaires des ouvriers, les matières premières, les

1. Diffusée le 11 avril 2019.
2. André Lapidus, *Le Détour de valeur*, *op. cit.*

espaces de travail, les avances d'argent, etc.) et son *prix de marché*, déterminé par le rapport entre l'offre et la demande[1]. S'il est trop élevé, les producteurs se sont enrichis (et les consommateurs ont payé le prix fort) ; s'il est trop abaissé, ces producteurs se sont appauvris (car mal rémunérés de leurs efforts). Comment parvenir à l'équilibre ? Par la libre rencontre entre un vendeur et un acheteur, s'accordant, sans qu'ils y soient contraints, à propos d'un prix et d'une quantité, chacun étant mû par son intérêt personnel : l'un a décidé de produire au moindre coût pour vendre au meilleur prix, l'autre de rechercher le meilleur produit et de l'acheter au moindre prix. Qu'un producteur peine à minorer ses coûts de production, et le prix de ses produits s'enchérira ; il perdra des clients. Qu'un second producteur innove dans une façon nouvelle de travailler et d'organiser son temps, et il pourra baisser le prix de ses produits ; il écoulera sa production. Ses concurrents l'imiteront – pour le plus grand bien des consommateurs. Survient une pénurie de matières premières, une grève des prolétaires ou une crise sanitaire, les prix montent, la demande augmente. Bientôt, elle n'est plus satisfaite : de nouveaux offreurs apparaissent sur le marché et pallient cette demande non pourvue. Les prix se rééquilibrent. Le marché réalise ainsi, dit Smith, ce que même un souverain bien attentionné ne sait pas faire : fixer un *juste prix*, du simple fait du comportement *intéressé* de producteurs et de consommateurs. Chacun est conduit, comme l'écrit avec élégance le philosophe écossais, « par une main invisible pour remplir une fin qui n'entre nullement dans ses intentions ».

Le juste prix est ainsi le résultat non intentionnel de comportements individuels intéressés. C'est ce qu'affirme la plus célèbre citation de la science économique, celle de Smith dans *La Richesse des nations* :

> It is not from the benevolence of the butcher, the brewer, or the baker that we expect our dinner, but from their regard to their

1. Voir Raymond de Roover, « The concept of the just price : Theory and economic policy », *The Journal of Economic History*, 1958, vol. 18, n° 4, p. 418-434.

> own self-interest. We address ourselves not to their humanity but to their self-love, and never talk to them of our own necessities, but of their advantages.

Contrairement à ce que répète la vulgate antilibérale, Adam Smith, dans cette phrase, énonce surtout une *évidence* : en offrant des produits de qualité, en restant ouvert tard le soir, en souriant à sa clientèle, etc., ce boucher la fidélise et l'élargit ; il hausse alors le niveau de ses gains – ce qui le conduit à persister dans son comportement. Ses clients sourient de sa bonne fortune, leurs intérêts de consommateurs étant satisfaits. Ils n'ont pas besoin de solliciter son « humanité » ni d'exiger de lui qu'ils soient bien servis : il suffit, dit Smith, qu'ils montrent de l'intérêt à lui acheter leur dîner, ce qui le flattera et renforcera son désir de leur offrir de beaux produits pour les voir revenir le lendemain...

Pourquoi boucher et clients parviennent-ils à s'entendre sur un prix qui agrée aux deux parties ? Réponse de Smith, dans sa *Théorie des sentiments moraux* (1759), son autre ouvrage canonique : il existe entre eux « un lien de sympathie », condition préalable de leur échange. Entrer dans la tête d'autrui permet de partager ses passions et ses opinions, comprendre ce qui le motive et le contraint. Mais cela ne suffit pas ; il faut aussi que ces échangistes sachent changer de position et comparer, dit Smith, les intérêts opposés :

> Nous ne devons les voir, ni de notre place, ni avec nos yeux, ni de la place ni avec les yeux de la personne en opposition avec nous, mais de la place et avec les yeux d'un tiers impartial et désintéressé[1].

Une dernière condition préside à la « qualité de la justice » de l'échange marchand : la délibération entre vendeur et acheteur. Celle-ci est conditionnée par la faculté des échangistes d'apprécier

1. Adam Smith, *Théorie des sentiments moraux. Essai analytique sur les principes des jugements que portent naturellement les hommes*, III, 3, Paris, Guillaumin et Cie, 186, p. 152 (1759).

pareillement le quantum des peines (à produire et vendre) et des plaisirs (à acheter et consommer). D'où le rôle prépondérant de ce *spectateur impartial* dont chaque échangiste joue, alternativement, le rôle : modérer les égoïsmes et activer la sympathie envers autrui. Ce qui n'est guère facile : chacun manque d'informations sur celui qui lui fait face, et ignore si d'autres, producteurs ou consommateurs, sont prêts à accepter les termes d'un échange différent, permettant de hausser le prix de vente ou de réduire le prix d'achat ; l'acheteur sait peu de choses sur la manière dont le bien a été fabriqué, donc s'il sera durable ou fonctionnel ; et le vendeur ne sait pas si son client lui sera fidèle[1]. Que peuvent-ils faire ? Discuter – « marchander », dit-on – et s'efforcer ensemble, par un jeu d'offres et de contre-offres, de déterminer un prix de marché s'approchant du juste prix. L'effort est volontaire et s'opère dans l'échange, au travers d'une libre confrontation des jugements. Si la délibération sur les prix permet de les déterminer, sans qu'ils soient arbitrairement fixés, du fait du pouvoir inégal des échangistes, il convient cependant de l'organiser – donc d'instituer des règles de marché – pour doter chaque échangiste d'informations fiables et pertinentes. Cette détermination du prix par délibération des échangistes est-elle exacte, affinée ? Point n'est besoin : « C'est en marchandant et en débattant les prix de marché [que le juste prix] s'établit, d'après cette grossière équité qui, sans être fort exacte, l'est bien assez pour le train des affaires communes de la vie[2]. »

Car si l'enjeu est d'importance – la qualité de notre dîner ! –, il porte sur des transactions de faible montant. L'enjeu est la répétition quotidienne de ces petites transactions, ou le maintien des personnes dans le cercle des échangistes ; ce qui freine les ardeurs opportunistes des uns et des autres. Le juste prix, dans la vision smithienne comme dans celle de Thomas d'Aquin, est un *prix approché* ; et c'est parce qu'il est un jour légèrement au-dessus du prix

1. Je m'inspire ici de l'article de Jean-Daniel Boyer, « *Adam Smith Problem* ou problème des sciences sociales ? Détour par l'anthropologie d'Adam Smith », *Revue française de socio-économie*, 2009, n° 3, p. 37-53.

2. Adam Smith, *Théorie des sentiments moraux*, *op. cit.*, I, V.

du marché, et légèrement au-dessous le lendemain, qu'il est tenu pour un prix juste.

Le juste, ici, résulte d'un échange *social*. Peter Blau, deux siècles après Smith, théorise cette *rough equality*, cette équité approximative, en montrant comment le prêteur désintéressé d'un jour (le voisin à qui l'on emprunte sa puissante débroussailleuse) s'attend à ce que son don, une fois reçu, soit rendu, à une date indéterminée et sous une forme indéfinie[1]. En cela, leur échange est juste puisque fondé sur les valeurs respectives qu'allouent les échangistes aux biens qu'ils échangent ; chacun s'arrange, sur la longue durée, pour que ces valeurs s'équilibrent…

1. Peter Blau, *Exchange and Power in Social Life*, Hoboken, Wiley, 1964.

De l'échange

Léon Walras rompt le lien entre prix du marché et prix de production ; l'idée est de donner un fondement rationnel à la main invisible de Smith. D'où la nécessité de réordonner les priorités : il y a d'abord *le marché*, en tant qu'espace autonome organisant les transactions entre des agents libres et rationnels ; ensuite *la sphère de production*, qui exécute les commandes de ces agents ; celle-ci n'est plus le lieu où délibèrent offreurs et demandeurs de produits et qui, adossés à leur commune humanité, en déduisent conjointement le prix : le marché s'y substitue ; il devient l'espace où se définit la valeur objective des biens, celle-ci découlant de la confrontation concurrentielle des désirs des individus. Il faut donc organiser ce marché, l'équiper de règles et de procédures, étayées par des principes. Lesquels ?

Premier principe : l'individu n'a besoin d'aucune médiation dans son rapport aux biens marchands : il sait les évaluer, comparer leurs fonctionnalités ; il dispose d'informations à leur sujet. Second principe : l'individu et ses partenaires d'échange procèdent par tâtonnements pour définir des prix justes ; de ces multiples essais, réunis et réussis, émane un équilibre général. Troisième principe : pour garantir aux échangistes qu'aucune manipulation des prix n'est opérée, une sorte de coordinateur central – Walras le nomme : « le commissaire-priseur » – veille à la sécurisation des échanges : il annonce un prix pour les biens et services disponibles ; il reçoit les offres et les demandes ; il identifie les marchés faisant l'objet d'un déséquilibre entre offre et demande, et recalcule les niveaux de prix, si les produits sont en excédent ou en déficit.

Le juste prix est-il par ce moyen garanti ? Oui, puisque ce « commissaire-priseur » (virtuel) est mû par la recherche d'une solution juste, satisfaisant et l'offreur et le demandeur. Mais cette procédure est dépendante : si la libre concurrence vient à faillir, la procédure ne crée pas de solution équitable. Des conditions préalables doivent donc être réunies – « des conditions de justice » –, lors de l'échange sur le marché et lors de l'acte productif : qu'il n'y ait, dit Walras, « qu'un seul prix sur le marché, celui auquel a lieu l'égalité de l'offre et de la demande, que le prix de vente des produits soit égal à leur prix de revient en services » et « que les services s'échangent les uns contre les autres suivant des proportions communes résultant des dispositions de tous leurs propriétaires »[1].

Unité de prix, absence de profit illicite et dotations proportionnées garantissent ainsi le juste prix. Cette justice est donc *procédurale*. Problème : dans cette approche – et la figure, externe, du « commissaire-priseur » le confirme –, les échangistes ne se rencontrent pas, ne délibèrent pas ; il existe un marché et des échangistes, certes, mais pas de *lieu d'échange*... Les continuateurs de l'œuvre de Walras, redécouverte dans les années 1930, notamment grâce à John Hicks, un économiste états-unien de la négociation collective, vont s'atteler à démontrer ce que Walras n'était pas parvenu à établir solidement : que ces multiples « tâtonnements » convergent vers l'équilibre des prix. Une question demeure irrésolue : comment, en partant d'une situation de déséquilibre, le marché produit-il des prix d'équilibre ? Kenneth Arrow, dans un article tardif (1987), résumait ainsi le problème[2] :

1. Léon Walras, *Études d'économie appliquée*, édité par Pierre Dockès, Pierre-Henri Goutte, Claude Hébert, Claude Mouchot, Jean-Pierre Potier et Jean-Michel Servet, Paris, Economica, 1992 [1936].

2. Kenneth Arrow, « De la rationalité – de l'individu et des autres – dans un système économique », *Revue française d'économie*, 1987, vol. 2, n° 1, p. 22-47.

> Même si nous faisons toutes les hypothèses nécessaires à la concurrence parfaite – tout ce que cela suppose en termes de connaissance, de concavité des technologies de production, d'absence de position dominante sur les marchés –, la question demeure de savoir comment l'équilibre peut être réalisé. Pour parvenir à l'équilibre, un processus de déséquilibre est nécessaire. Que signifie un comportement rationnel en situation de déséquilibre ? Les individus spéculent-ils sur le processus équilibrant ? Si tel est le cas, peut-on considérer le déséquilibre comme une sorte de processus d'équilibre d'ordre supérieur ? Puisque personne n'a de pouvoir de marché, personne ne fixe les prix ; pourtant ils sont fixés et modifiés.

Nulle magie, nul Léviathan n'est à la manœuvre (pas plus qu'un commissaire-priseur...). Le mystère s'éclaircit dès qu'on réinjecte de l'éthique, de la confiance dans l'échange marchand, d'une part, et qu'on raisonne en termes de convergence des attentes, sur fond de savoir social commun, d'autre part...

Commençons par l'éthique. Autrement dit : ce qu'il convient de faire, ou de ne pas faire lors d'un échange marchand. Ces règles morales, souvent légales, permettent aux échangistes de sécuriser leurs échanges. Sont ainsi attendus, à une table de négociation, bonne foi, loyauté, fiabilité des informations et respect des promesses ; les Codes civil, du travail et du commerce le stipulent expressément. Ces conventions sociales – par exemple : répondre à une concession par une autre concession ; manifester un vouloir sincère de parvenir à un accord ; faire ce qui a été dit qu'il sera fait, etc. – structurent les transactions économiques[1] ; elles sont prégnantes car elles sont socialement partagées ; et elles sont telles car chaque échangiste, à l'égal de son partenaire, pense qu'elles sont utiles et bénéfiques – pour lui comme pour son interlocuteur. Elles sont explicites dans les manuels de négociation commerciale et constituent un savoir commun aux

1. « Des éléments éthiques entrent en jeu dans toute transaction ; sans eux, aucun marché ne pourrait fonctionner » (Kenneth Arrow, *Collected Papers*, Oxford, Basil Blackwell, p. 136-152). Voir aussi Nicolas Postel, « Marché et autonomie des acteurs : histoire d'une illusion », *L'Économie politique*, 2008, n° 37, p. 23-37.

négociateurs ; elles rendent possible l'accord sur un prix convenable et sur une solution satisfaisante car chacun sait que son comportement influencera celui de l'autre, que tromper autrui est le meilleur moyen d'être trompé, et que coopérer en premier est le moyen le plus sûr pour obliger autrui à coopérer.

On retrouve ici l'intuition (et la conviction) d'Adam Smith, qui ouvre sa *Théorie des sentiments moraux* :

> Si égoïste que l'on puisse supposer l'homme, sa nature comporte apparemment des principes qui font qu'il s'intéresse à la fortune des autres, et qui lui rendent leur bonheur nécessaire bien qu'il n'en dérive rien d'autre que le plaisir de le voir.

A fortiori quand cet homme prend plaisir au commerce avec autrui puisque ce dernier lui apporte ce qu'il désire (et reçoit, en retour, ce qu'il recherche). Que naissent entre eux des liens de sympathie n'est pas illogique : une commune humanité les réunit, et une solidarité organique les pousse à coopérer : ils détiennent chacun des ressources, des informations ou des compétences, diverses et complémentaires. De ces différences, voire de leurs divergences, naît la nécessité de leur échange. Ils apprennent à céder un bien pour en acquérir un autre ; cette fongibilité des choses rend inutiles le vol et la violence pour accaparer des richesses ; ce qui fait dire à Georg Simmel que le compromis, celui qui résulte de cette fongibilité, « est une des plus grandes inventions de l'humanité, tant il fait partie des techniques que nous utilisons tout naturellement pour notre vie quotidienne[1] ».

Un *sacrifice contre un gain*, tel est donc le schéma de l'échange marchand : l'un abandonne (une part de sa production, ou une part de son argent) et l'autre reçoit (un produit, ou une somme d'argent) ; de sorte que tous sont satisfaits. Agissent-ils sans opportunisme ? Dans la majorité des cas, oui. Dans quelques autres, il y a tromperie, menaces et dissimulation. La science économique en

1. Georg Simmel, *Sociologie. Étude des formes de la socialisation*, Paris, Puf, 1999, p. 341.

étudie les raisons et les effets ; la sociologie rappelle que justice et réciprocité dans l'échange sont des normes sociales ; que s'y dérober a un coût ; et que la confiance est un mécanisme approprié pour fluidifier les relations sociales – l'économiste Kenneth Arrow disait qu'elle était une « institution invisible » et un « lubrifiant des rapports sociaux »[1].

Cette « hypothèse sur la conduite future d'autrui » – la définition de la confiance par Georg Simmel – est heuristique : cela évite de surveiller, contrôler l'action de l'autre, et l'incertitude qu'elle entretient : faire confiance, c'est ne retenir, dans un flux indéterminé de futurs possibles, que ceux espérés et recherchés. Il faut néanmoins connaître (un peu) cet autrui. Rien de mieux, pour illustrer ce point, qu'écouter Adam Smith, dans sa *Théorie des sentiments moraux*, nous enjoindre « d'entrer dans le corps » de nos adversaires/partenaires...

> Ce n'est que par l'imagination que nous pouvons former une conception de ce que sont ses sensations [celles de notre frère, d'autrui]. Et cette faculté ne peut nous y aider d'aucune autre façon qu'en nous représentant ce que pourraient être nos propres sensations si nous étions à sa place. Ce sont les impressions de nos sens seulement, et non celles des siens, que nos imaginations copient. Par l'imagination nous nous plaçons dans sa situation, nous nous concevons comme endurant les mêmes tourments, nous entrons pour ainsi dire à l'intérieur de son corps et devenons, dans une certaine mesure, la même personne.

Cette capacité sympathique est-elle utile pour déterminer le juste prix des choses ? Oui. Les échangistes, si chacun sait se mettre à la place de l'autre, anticipent les réactions de leur partenaire et ajustent en conséquence leurs actions et leurs discours. Ainsi, note Thomas Schelling, lorsqu'un mari et sa femme perdent contact l'un avec l'autre dans un grand magasin, il y a de grandes chances pour

1. Kenneth Arrow, *Les Limites de l'organisation*, Paris, Puf, 1976. Voir également Éloi Laurent, *Économie de la confiance*, Paris, La Découverte, 2012.

qu'ils se retrouvent rapidement, même s'ils n'ont pas prévu au préalable de point de rendez-vous : ils se dirigeront « vers un point suffisamment évident pour que chacun pense que l'autre fera de même ». Thomas Schelling nomme *focal point* (« foyer de convergence », a-t-on traduit en français ; *point focal* est plus fluent...) la solution, parmi un ensemble de solutions possibles, « qui polarise la coordination des choix » – et qui permet de parvenir à la décision commune. S'il s'agit d'intérêts communs ou sans enjeu pour les protagonistes, cette solution résulte plus de l'imagination que du raisonnement logique et probabiliste : ils reproduiront un accord précédent, penseront en termes de symétrie ou de proportionnalité, utiliseront des analogies, exploreront les combinaisons possibles, etc. S'il s'agit d'intérêts divergents, chacune des parties en présence, indique Schelling, « est prisonnière des attentes de son vis-à-vis tout en bénéficiant elle-même de cette situation : aucune ne peut se permettre de ne pas tenir compte du sentiment de son partenaire sur ce qu'elle devrait faire elle-même[1] ».

Les échanges directs entre producteurs et consommateurs – par exemple dans le cadre des « marchés à la ferme », ou lors de la présence de producteurs locaux sur les marchés hebdomadaires de légumes en zone rurale – sont proches de la figure idéal-typique de l'échange théorisé par Smith ou Walras : un producteur de biens (ici : alimentaires), valorisant ses facteurs de production et confronté à l'utilité sociale de son effort productif lors de sa rencontre hebdomadaire avec ses clients. Comme l'écrit Benoît Prévost[2], cet encastrement local favorise une délibération collective susceptible de « faire émerger des prix justes suivant le principe de sympathie qui joue dans la proximité de pratiques sociales répétées ».

Celles-ci, pense-t-il, permettent « un apprentissage mutuel des échangistes indispensable à la convergence de leurs intérêts *via* un jugement impartial sur la valeur des biens en jeu dans la transaction ».

1. Thomas Schelling, *Stratégie du conflit*, Paris, Puf, 1986 [1960], p. 85.
2. Benoît Prévost, « Échanges alimentaires et juste prix. Un détour par l'histoire de la pensée économique pour alimenter un débat contemporain », *L'Homme & la Société*, 2012, n° 183-184, p. 35-59.

Le producteur peut ainsi rendre visibles les efforts quotidiens qu'il fournit pour assurer l'approvisionnement de ce marché ; le consommateur identifie mieux les contraintes pesant sur ce producteur ; ce qui nourrit le processus de « codétermination » de sa juste rémunération ; et tous de profiter d'un gain généré par un face-à-face où ont été réduites les asymétries d'information (par le questionnement de l'un et la transparence de l'autre) et où ont été débattus les critères permettant de fixer un prix juste.

Les principes et pratiques du *fair trade*, du commerce équitable, sont fondés sur cette conception élargie du juste prix. Ce dernier doit couvrir, classiquement, les coûts des matières premières, les moyens de production et le temps de travail des producteurs, mais aussi les coûts sociaux et environnementaux engendrés par la fabrication des produits, le fonctionnement du groupement de producteurs, la promotion féminine en son sein, etc. Pour les produits alimentaires disposant d'un marché international, le prix de ces produits est supérieur au prix du marché, avec la garantie d'un prix minimum payé aux producteurs ; cela concerne le café, le cacao ou le sucre. Ce prix varie selon le label, les pays, la qualité du produit, etc. Dans la grande distribution, les marges des intermédiaires sont les mêmes que pour les produits classiques. D'où un prix final souvent plus élevé, dont doit s'acquitter le consommateur. Pourquoi l'accepte-t-il ?

Parce que ce surcoût n'est pas généralisé : beaucoup de produits équitables sont vendus à des prix comparables à ceux du marché, et nombre d'entre eux sont compétitifs, à qualité égale. Parce que le consommateur est ici dans une démarche « citoyenne » ; il est prêt à payer un produit à un prix plus élevé s'il satisfait des critères qu'il juge importants : rémunération correcte du producteur, garantie d'un prix stable, production respectueuse de l'environnement, conditions de travail décentes, etc. Parce que le panier de ce consommateur inclut en majorité des produits non issus du commerce équitable, ce qui lui permet d'absorber le surcoût.

Intervient ainsi, dans la formation du juste prix des choses échangées, une *raison éthique partagée* entre producteur et consommateur.

Cette « justice avant l'échange » rend celui-ci possible parce qu'elle est fondée sur des valeurs partagées. À l'instar des intellectuels médiévaux considérant l'avidité comme un élément néfaste du comportement économique, qu'il fallait rectifier en imposant une réglementation moralement étayée[1], les échangistes du *fair trade* considèrent que rémunération des producteurs et satisfaction des consommateurs peuvent se conjoindre autour d'un produit alimentaire dont les conditions d'élaboration respectent des normes d'équité et environnementales. La démarche (et la marque) *C'est qui le patron ?!* (CQLP), initiée et créée en 2016 en France, repose sur cette double conviction : « Permettre à nous tous consommateurs de reprendre en main notre consommation » et « [s]outenir les producteurs en les rémunérant à un juste prix leur permettant de vivre de leur travail ». La marque CQLP est ainsi présentée par ses créateurs (sur leur site web) :

> Nous créons collectivement des produits solidaires qui aident les producteurs à vivre de leur travail en leur garantissant : une rémunération ajustée en continu en fonction des besoins des producteurs et des variations de leurs charges ; une rémunération permettant aux producteurs d'être payés au juste prix et de pouvoir investir sur leur exploitation ; des contrats de trois ans permettant d'envisager l'avenir plus sereinement. Nos achats solidaires permettent aujourd'hui de soutenir des centaines de familles de producteurs partout en France.

1. Sur le concept médiéval du juste prix, voir : Omar Hamouda, B. B. Price, « The justice of the just price », *The European Journal of the History of Economic Thought*, 1997, vol. 4, n° 2, p. 191-216 ; Fabio Monsalve, « Scholastic just price versus current market price : Is it merely a matter of labelling ? », *European Journal of the History of Economic Thought*, 2014, vol. 21, n° 1, p. 4-20.

Du partage équitable

Existe-t-il un *juste partage* ? Distinguons entre biens divisibles et biens indivisibles, procédures parfaites et procédures satisfaisantes[1]. Des biens peuvent être divisés (un gâteau, une somme d'argent, etc.) ou ne peuvent pas l'être (un véhicule, une armoire savoyarde, etc.). Dans le premier cas, les règles de partage obéissent à deux principes : la *proportionnalité* (chacun des *n* participants au partage est garanti qu'il recevra 1/*n* de la valeur du bien), et l'*absence d'envie* (aucun participant ne doit penser qu'un autre a été mieux doté que lui). Dans le second cas (biens indivisibles) s'ajoutent deux autres règles : un *droit de veto* octroyé aux participants, qui leur garantit qu'aucune décision de partage ne sera prise contre leur gré ; et un *mécanisme de compensation*, pour équilibrer les dotations, compte tenu des préférences de chacun. Le droit de veto caractérise les procédures dites « satisfaisantes » (elles incluent les règles relatives à la décision d'effectuer ce partage) ; la compensation concerne le partage lui-même ; la procédure est dite « parfaite » puisqu'elle est fondée sur la proportionnalité des attributions.

Distinguons partage *pragmatique* et partage *raisonné*. Le premier est fondé sur le contrôle des parts par un autrui ; le second fait appel à des procédures objectivées de partage, préexistantes à l'attribution des parts. Prenons deux enfants devant se partager un gâteau

1. Voir Pierre Moessinger, *Décisions et procédures de l'accord*, Paris, Puf, 1998.

d'anniversaire en parts égales. La règle est : *l'un coupe, l'autre choisit.* Si l'enfant 1 coupe inégalement le gâteau, l'enfant 2 va s'adjuger la plus grosse moitié. Pour éviter cela, l'enfant 1 va s'efforcer d'égaliser les parts. Autre procédure, celle du couteau déplacé : un tiers tient un couteau, la lame se déplaçant lentement et horizontalement au-dessus du gâteau, en partant de la gauche. Lorsqu'un enfant crie « Stop ! », ce tiers coupe le gâteau à cet endroit et lui donne la part à gauche du couteau.

Le *partage raisonné* est approprié aux biens non divisibles. Sa justice repose sur une procédure complexe, fondée sur l'estimation par les participants de la valeur des biens à partager et sur un mécanisme de compensation (pour égaliser les dotations). L'idée vient d'un mathématicien polonais, Bronisław Knaster. Imaginons que Pierre et Paule héritent d'une armoire normande. On demande à chacun de lui attribuer une valeur marchande. Supposons que Pierre l'évalue à 2 000 euros, et Paule à 1 500 euros. Si leurs droits sont égaux, la part respective qui leur reviendrait, compte tenu de leurs estimations, est de 1 000 euros pour Pierre, 750 euros pour Paule. Pierre obtient l'armoire puisqu'il en a fait la plus grosse estimation. Pierre donne donc à Paule 750 euros, somme qu'elle estimait lui revenir, puis partage en parts égales le solde des différences d'estimation (250 euros, soit 125 euros chacun) ; il verse donc 125 euros de plus à Paule. Pierre a, au terme de ce partage, obtenu l'armoire et déboursé 875 euros ; Paula a reçu, en compensation, 875 euros[1].

Deux mathématiciens états-uniens, Steven Brams et Alan Taylor, ont proposé une variante de cette procédure ; elle tient compte des estimations de chacun ; elle permet aussi, d'où son intérêt, de mettre d'accord des personnes en désaccord en prenant en compte une pluralité d'items et les préférences correspondantes des participants. La méthode est fondée sur des points, 100 au total pour chaque partie

1. On peut simplifier cette procédure en calculant la moyenne de deux estimations, le donataire versant ensuite à son partenaire la moitié de celle-ci. Imaginons deux enfants se disputant un jeu vidéo. Léon l'estime à 40 euros, Léonine à 50 euros. Cette dernière obtient donc le jeu, et verse à son camarade la moitié de la moyenne (45 euros) des deux estimations, soit 22,50 euros.

ou participant ; ils sont répartis pour chaque item selon les priorités exprimées par chacun. La méthode a été appliquée (postérieurement, par Steven Brams et son collègue Jeffrey Togman) pour analyser le processus de négociation de l'accord de Camp David de 1978, signé par Israël et l'Égypte[1]. Les sujets discutés à la table de négociation étaient territoriaux (le Sinaï, occupé par Israël depuis 1967et dont l'Égypte voulait recouvrer l'entière souveraineté ; le statut de Jérusalem, qu'Israël ne voulait pas rétrocéder arguant qu'il fallait alors réécrire la Bible ; la rive ouest du Jourdain et la bande de Gaza, qu'Israël voulait à tout prix conserver, pour des raisons de sécurité), mais deux autres sujets, à haute valeur symbolique, étaient présents dans toutes les têtes : la reconnaissance diplomatique d'Israël et la reconnaissance des droits des Palestiniens (et, au-delà, leur autonomie et la création, à terme, d'un État palestinien). Brams et Togman, à partir des priorités exprimées par les deux parties à la table de négociation, attribuèrent les points suivants aux sujets de désaccord :

	Israël	**Égypte**
Sinaï	35	55
Jérusalem	20	5
Rive ouest et bande de Gaza	20	10
Reconnaissance d'Israël	10	5
Droits des Palestiniens	5	20
Autonomie palestinienne	10	5
Total	*100*	*100*

L'Égypte priorisait la récupération du Sinaï, et Israël le maintien de sa présence à Jérusalem, à Gaza et le long de la rive ouest du

1. Steven Brams, Jeffrey Togman, « Camp David : Was the agreement fair ? », *Conflict Management and Peace Science*, 1996, vol. 15, n° 1, p. 99-112.

Jourdain. À l'issue du partage (virtuel) et comme la procédure de Brams-Taylor le prévoit, chacun obtient ce qu'il désire : le Sinaï retourne sous drapeau égyptien et l'Égypte obtient d'Israël un geste en faveur des droits des Palestiniens ; Israël conserve Jérusalem, Gaza et la rive ouest. L'Égypte a donc, à ce stade, obtenu 75 de ses points revendiqués, et Israël 60. Une compensation doit donc avoir lieu, au profit d'Israël. Elle portera sur l'item qui a le rapport des points le plus proche de 1 : le Sinaï (puisque 55/35 = 1,57, alors que les autres rapports de préférences sont de 2 et de 4...). Le montant de la compensation est fourni par l'équation :

$$20 + 55x = 35\ (1-x) + 60$$

Ce qui donne :

$$x = 75/90 = 5/6 = 0{,}83$$

L'Égypte ne récupère donc que 83 % du Sinaï... Un résultat (virtuel) très proche du résultat (réel) de l'accord de Camp David : les parties y ont, peu ou prou, obtenu ce qu'elles désiraient, la question de l'autonomie palestinienne n'étant cependant pas incluse dans le traité...

Que retenir de cette procédure Brams-Taylor ? D'abord que son application (ou sa démonstration en début de processus de négociation entre les parties) fait gagner du temps, évite les coups de théâtre et les attitudes opportunistes ; elle satisfait en outre les attentes de chacun puisque le mécanisme de compensation égalise les gains. Elle suppose cependant la coopération des deux parties, une certaine transparence dans l'énoncé de leurs priorités, et une autolimitation des priorités. Pierre Moessinger estime, à juste titre, que les participants n'accepteront cette méthode

> que si les points à négocier sont déjà clairement fixés, et qu'ils souhaitent aboutir rapidement. Sans doute faut-il aussi qu'ils se mettent d'accord sur une sorte d'arbitre, ou de vérificateur, qui recueille les points et effectue les calculs.

Trois conditions sont donc à réunir : une volonté de parvenir, vite et sans tergiverser, à un accord satisfaisant ; une liste d'items sur lesquels le partage s'effectuera ; et la présence d'un tiers arbitre, chargé des calculs. Seront-elles, ces conditions, toujours réunies ? On se doute que non. Un « partage juste » est donc tributaire de la volonté coopérative des parties ; un tiers peut les convaincre d'essayer ; ce dernier peut être un individu, une institution, une tradition, etc. Par exemple : les règles du Talmud, écrites ou orales, issues de la Torah…

Certaines d'entre elles concernent la manière d'allouer un bien contesté à des personnes qui en revendiquent chacune l'usage ; il faut donc les dé-partager. Un célèbre passage de la Mishna, dit du « vêtement contesté », indique ceci : deux personnes revendiquent un vêtement : l'une le réclame en entier ; l'autre en réclame la moitié. La première en reçoit les trois quarts, la seconde un quart. Le partage est-il juste ? Oui, si l'on accepte l'idée que le différend porte sur l'usage d'une seule moitié du vêtement (la différence entre les deux prétentions) ; il est donc réglé par l'attribution à parts égales de cette moitié conflictuelle (un quart attribué à chacune). Cette sentence peut être dite équitable puisque fondée sur une égalité de traitement. Il y a équité car le partage a porté *sur ce qui fait conflit*. S'explique mieux le rejet de l'égalité simple (une moitié du vêtement attribuée à chacune) ou d'une proportionnalité (deux tiers du vêtement à l'une, un tiers à l'autre – puisqu'il s'agit de prétentions inégales : deux moitiés exigées d'un côté, une moitié de l'autre) au profit d'une règle fondée sur une rationalité différente, *déduite du bien disputé*.

Jean-Christophe Pereau relate un autre exemple de partage talmudique, emprunté à Barry O'Neil (1982) à propos de l'héritage entre les fils de Jacob[1]. Ruben revendique la totalité des biens, Siméon la moitié, Lévi un tiers et Juda un quart. Toutes ces demandes sont recevables ; il faut cependant choisir un mode de répartition. Le rabbin Ibn Ezra propose le suivant : trois des frères attribuent au plus jeune un quart de sa prétention, soit un seizième. Ils ont droit chacun, disent-ils, à une part égale à ce montant et se l'attribuent. Ruben propose ensuite d'allouer à Lévi le tiers de sa demande, soustrait du paiement déjà reçu (un quart) ; puis dit à Siméon que le conflit entre eux est soluble *via* un partage portant sur le sixième

1. Jean-Christophe Pereau, « Négociation et théorie des jeux : les "dessous" d'un accord acceptable », *Négociations*, 2009, n° 12, p. 35-49.

du bien. La répartition finale, en proportion de l'héritage, est donc celle-ci :

9/144 {= (1/16)} pour Judah
13/144 {= (1/16) + (1/3) (1/12)} pour Lévi
25/144 {= (1/16) + (1/3) (1/12) + (1/2) (1/6)} pour Siméon
97/144{= (1/16) + (1/3) (1/12) + (1/2) (1/6) + (1/2)} pour Ruben

Cet exemple montre que ce partage est accepté car il émane d'un homme de Dieu révéré et réputé bienveillant ; il est proposé par un tiers, membre de la communauté, mais non impliqué dans le litige ; il se fonde sur un raisonnement objectivé ; et le résultat de ce partage objectivé, certes éloigné des préférences initiales de chacun (Ruben n'obtient que 67 % des biens convoités, Siméon 17 %, Lévi 0,9 % et Juda 0,6 %), respecte la dotation espérée de chacun des fils de Jacob tout en rendant possible une répartition de ces biens : en obtenant 25 des 144 parts disponibles, Siméon est satisfait puisque la règle « Tout est donné à l'aîné, parce qu'il est l'aîné » aurait conduit à un gain zéro pour les trois frères ; ceux-ci sont donc gagnants. Quant à l'aîné, il obtient plus des deux tiers des biens, ce qui est voisin de sa cible ; mais cela ne prive aucun de ses frères ; et s'éloigne le risque d'une rébellion de ces derniers...

Du juste profit

Qu'est-ce qu'un *juste profit* (ou un profit *excessif*[1]) ? À la différence du partage, dont on peut objectiver le calcul et parvenir à une égalité des dotations en fonction des préférences initiales, le profit, en tant que gain monétaire résultant d'un écart positif entre dépenses et recettes, s'y prête difficilement. Cela suppose que soit déterminés un seuil raisonnable de dépenses à engager et un seuil lui-même raisonnable de recettes à engranger ; or ces montants dépendent d'une multitude de facteurs. La « justice » du profit n'est appréciable qu'*en situation*, une fois mesurées l'utilité et la priorité des biens produits. Sur quoi se fonde le raisonnement ? *Sur une mise en rapport.*

C'est ainsi que le montant d'un profit est interrogé : en comparaison d'une valeur, auquel il est rapporté. Ce peut-être : un chiffre d'affaires, un taux d'imposition, un nombre de licenciements, un pourcentage de mal-logés, etc. L'argumentation est souvent morale : elle met, en regard d'un bénéfice, un *maléfice*. Deux pétitions, initiées en 2023, illustrent ce travail argumentatif. En Belgique, au 1er novembre 2023, un peu plus de 27 000 personnes avaient signé une pétition intitulée « Le juste prix des médicaments : votre santé

1. Voir la déclaration du ministre de l'Économie et des Finances Bruno Le Maire qui, relate le journal *La Tribune* du 15 septembre 2023, « s'est interrogé jeudi sur les "marges élevées" du raffinage. Il a ainsi assuré qu'il prendrait "les décisions nécessaires" pour éviter des "profits excessifs" dans le secteur, dominé par TotalEnergies en France ».

avant le profit ! ». Le site web « Le juste prix des médicaments » qui la promeut argumentait ainsi :

> L'évolution des chiffres d'affaires des firmes qui ont vendu des vaccins Covid parle d'elle-même. Pfizer, BioNTech et Moderna ont engrangé un bénéfice record de 34 milliards de dollars en 2021[...]. Les stratégies utilisées au niveau mondial par les firmes pour maximiser leur profit sont multiples. Elles vont des plus anciennes comme le *salami slicing* ou découpage en petites tranches des indications pour lesquelles le médicament demande à être remboursé (puisque plus le groupe de patients est petit et plus il est facile de négocier des prix élevés), l'utilisation de patients comme moyen de pression sur les décideurs politique [...], ou les contrats avec des ristournes confidentielles afin de faire croire aux autres pays que les prix demandés ont été obtenus.

En Suisse, le Syndicat interprofessionnel des travailleurs et travailleuses (SIT) indiquait sur son site, en novembre 2023, soutenir l'initiative « Pour une taxation plus juste des superprofits » initiée dans le canton de Genève par une alliance d'organisations et d'associations, « Ensemble à gauche ». Il argumentait ainsi :

> Il y a un principe fondamental dans les contributions publiques (les impôts) : celui qui gagne plus doit contribuer avec une part plus importante que celui qui gagne peu. Or ce principe ne s'applique pas pour les entreprises : toutes sont imposées à un taux unique de 3,33 % [...] Certaines PME paient même plus que des multinationales, qui peuvent utiliser diverses niches fiscales. L'initiative veut renverser cette logique, en réinstaurant un barème progressif.

Pourquoi inviter les citoyens suisses à signer cette pétition ? Le SIT répondait ainsi :

> Notre collectivité fait face à un enjeu essentiel : s'adapter à la nouvelle donne d'une transformation sociale et écologique urgente vers la durabilité et la sobriété. Les ressources sont finies, la biodiversité s'effondre, et les pratiques humaines doivent changer si

> on veut un futur habitable. Le marché ne vise que le court terme et le profit des capitalistes, et c'est donc à la population d'imposer ce changement [...].

Une tribune publiée le 7 mai 2008, intitulée « La juste place du profit », signée de Pierre Deschamps, qui présidait à l'époque le groupement « Entrepreneurs et dirigeants chrétiens », introduit un argument systémique : le profit est une *condition*, et non une finalité. D'où sa proposition de « remettre le capitalisme d'aplomb » en donnant au profit « sa juste place ». Son argumentaire était le suivant :

> Toute entreprise a donc deux finalités : une finalité financière (*profit*) et une finalité sociétale (*people* et *planet*) [...]. La question décisive est de déterminer la hiérarchie de ces deux finalités. La réponse actuelle de tous les chefs d'entreprise, y compris les partisans de la RSE et des chartes éthiques, est d'affirmer haut et fort que la finalité financière est au premier rang. Et si nous inversions ces deux priorités ? [...] Il ne s'agit pas de renoncer au profit, qui demeure indispensable au développement des entreprises. Il s'agit de le positionner à sa juste place, qui est celle d'une condition et non d'un objectif.

L'idée d'un *juste profit* a de multiples acceptions, dont les trois suivantes : le profit « légalement modéré », où une réglementation stricte encadre la production de ce surplus ; le profit « à son juste niveau », qui tient compte des externalités que sa recherche occasionne et qui s'inscrit dans un équilibre global avec des justes salaires ; enfin, le profit « remis à sa juste place ».

La première acception est celle issue de la tradition thomiste : pragmatique, mais fondée sur la justice et adossée à une conviction, celle de l'existence d'« une norme supérieure qui régit les comportements des hommes[1] », d'origine divine. Dans sa *Somme*

1. Selon les mots de Gérard Guyon, dans sa communication : « La position de l'Église face aux marchés : le réalisme théologique et canonique appliqué au juste prix et au prêt à intérêt au Moyen Âge », dans Françoise Bayard, Patrick Fridenson et Albert

théologique (Q. 78[1]), Thomas d'Aquin, devant l'impossibilité d'éradiquer une pratique marchande nécessaire à la vie quotidienne (et, dit-il, « pour ne pas nuire au plus grand nombre »), indiquait que le prêteur ne pouvait exiger davantage que le prix de son intermédiation ; sinon, « on demande le prix de ce qui n'existe pas. C'est une exaction injuste ». L'interdiction de l'intérêt est rappelée dans l'encyclique *Vix pervenit* du 1er novembre 1745 où Benoît XIV, saisi au sujet de la légitimité d'un prêt à 4 % contracté par la ville de Vérone au début des années 1730, réitère cette condamnation (mais laisse les évêques juger par eux-mêmes de la licéité des pratiques marchandes dans leur diocèse). Dénonciation confirmée en 1891 par Léon XIII dans l'encyclique *Rerum novarum.* Le Code de droit canonique de 1917, promulgué par Benoît XV, introduit la notion de « profit légal » et le définit par sa modération (disposition reprise dans le Code de droit canonique promulgué par Jean-Paul II en 1983). Enfin, le *Catéchisme de l'Église catholique,* publié en 1992, mentionne l'interdiction du prêt à intérêt parmi les mesures juridiques prises dès l'Ancien Testament pour venir en aide aux pauvres (§ 2449), dénonce « des systèmes financiers abusifs sinon usuraires » entre les nations (§ 2438) ainsi que « les trafiquants, dont les pratiques usuraires et mercantiles provoquent la faim et la mort de leurs frères en humanité » (§ 2269)[2].

La deuxième acception – le profit de *juste niveau* – est celle qui prévaut dans les mouvances politiques social-démocrates ou social-chrétiennes. Le profit doit être « mesuré », « raisonnable », etc., et s'inscrire dans une démarche de modération patronale, dont le triptyque *juste prix*, *juste salaire*, *juste profit* est l'incarnation. Cette rhétorique était puissante au premier quart du XXe siècle, sous l'influence d'économistes, souvent catholiques ou issus du mouvement

Rigaudière (dir.), *Genèse des marchés*, *Colloque des 19 et 20 mai 2008*, Paris, Institut de la gestion publique et du développement économique, 2015.

1. Relative au « péché d'usure dans les prêts », mais qui s'applique également au profit en tant que surplus né de la vente de produits à un prix « injuste ».

2. Informations reprises de l'article de Dominique Greiner, « Intérêt, usure et finance : une longue tradition de discernement », *La Croix*, 22 mai 2018. Voir également l'article de Gérard Sivéry, « La notion économique de l'usure selon saint Thomas d'Aquin », *Revue du Nord*, 2004, n° 356-357, p. 697-708.

solidariste. Ainsi Charles Gide, professeur au Collègue de France et théoricien du mouvement coopératif :

> On dit que l'échange est juste de même que quand on fait une pesée si les deux plateaux sont en équilibre, on dit que le poids est juste. Mais les solidaristes ne se contentent pas de cette justice qui porte la balance mais qui porte aussi le glaive. Ils pensent qu'en dehors et au-dessus du prix déterminé par l'échange, il y a un juste prix ; et qu'au-dessus du salaire, déterminé par le contrat entre le patron et l'ouvrier – si on peut appeler cela un contrat – il y a le juste salaire ; et qu'au-dessus des profits tels qu'ils sont déterminés aussi par la loi de l'offre et de la demande, par l'habileté des spéculateurs ou l'ignorance des consommateurs, il y a un juste profit qu'il faut essayer de déterminer et de réaliser[1].

Cette détermination objectivée n'est pas simple ; ceux qui s'y risquèrent se contentent d'invoquer la seule morale chrétienne. Par exemple Charles Périn, avocat et économiste belge[2] :

> Pour fixer le juste profit, qu'on peut appeler aussi profit normal, où le patron doit trouver une rémunération qui réponde à des conditions de vie convenables pour lui et sa famille, pour fixer ce juste profit, il faut considérer, aussi bien que pour le juste salaire, ce qui constitue les moyens d'existence d'un patron sobre et honnête, réglant sa vie suivant son état, conformément aux règles de la modération chrétienne.

Ou Louis Garriguet, économiste catholique qui, dans un discours solidariste, appelle les patrons à respecter « les règles de la plus rigoureuse équité[3] » :

1. Charles Gide, *La Solidarité. Cours au Collège de France (1927-1928)*, Paris, Puf, 1932.

2. Charles Périn, *Premiers principes d'économie politique* (suivi d'une *Étude sur le juste salaire d'après l'encyclique « Rerum novarum »*), Paris, Librairie Victor Lecoffre, 1896.

3. Louis Garriguet, *Manuel de sociologie et d'économie sociale : les principaux problèmes sociaux étudiés aux lumières de la théologie, du droit naturel et de l'histoire*, Paris, Bloud et Gay, 1924.

> Si tout profit n'est pas nécessairement illégitime, il peut y avoir et il y a des profits qui excèdent ce que permet la justice ; car, contrairement à ce qu'enseignent bon nombre d'économistes classiques, la liberté dans les échanges ne va pas jusqu'à permettre d'acheter au plus bas prix possible et de vendre aussi cher qu'on peut [...]. Ce que le patron touche de trop est un inique prélèvement opéré sur le travailleur, il s'enrichit avec du travail non payé ou non suffisamment payé.

Cette conception *morale* du « juste profit » a progressivement fait place à une troisième conception, plus *politique*, élargie au fonctionnement global de l'économie marchande. Ce n'est plus l'employeur qui doit se contenter, par modération, d'un profit raisonnable, mais le *système économique lui-même* qui doit se refonder et s'orienter selon le bien commun[1]. Trois illustrations récentes (de Mgr Tomasi, lors d'une rencontre du pape François avec des chefs d'entreprise au Vatican, le 17 novembre 2016 ; de Bruno Roche, animateur du site de l'Institut du capitalisme responsable ; et d'Emmanuel Mossay, économiste belge et spécialiste de l'économie circulaire) témoignent de cette approche *politique* (au sens de « sociétale ») :

> « Mgr Tomasi souligne la position "innovatrice" du pape François, "qui parle d'une économie de marché sociale, c'est-à-dire avec des règles bien équilibrées entre le juste profit et le bien de toutes les personnes concernées : entre les employeurs, les chefs d'industrie, et les ouvriers, les employés qui ont droit à une vie décente"[2]. »
> « Aujourd'hui, devant les nouvelles formes de rareté et d'abondance que nous avons à gérer collectivement (rareté de ressources

1. « C'est une constante de l'enseignement social chrétien depuis la grande encyclique *Rerum novarum* en passant par toutes les encycliques intermédiaires. L'Église dit que la libre entreprise et le marché sont de bonnes choses, parce que ce sont des instruments de créativité et l'homme est fait, à l'image de Dieu, créateur. Mais ce ne sont que des instruments, et ils sont subordonnés au bien commun. Et donc le profit ne peut pas être atteint à n'importe quelles conditions » (Jérôme Vignon, « L'Église a toujours dit que la recherche du profit ne pouvait pas être le moteur de l'économie », *Le Monde*, 24 décembre 2008).
2. Extrait de l'article paru sur le site web « Zenit. Le monde vu de Rome ».

naturelles, rareté de prospérités communes, surabondance de capitaux financiers), avec la taille et l'influence grandissante des entreprises multinationales [...] de nouvelles lois du profit doivent être écrites pour que [...] l'humanité invente les chemins qui mènent vers une prospérité mutuelle [...]. Une réforme en profondeur du capitalisme est donc une nécessité impérieuse. Une réforme qui passera par une redéfinition du rôle de l'entreprise dans la société (sa raison d'être), une redéfinition du modèle économique, juridique et comptable de la valeur, et une transformation de l'enseignement dans les écoles de management[1]. »

« La recherche du "juste" profit optimal vise à développer son activité, sa capacité d'autofinancement tout en respectant les normes sociales et environnementales au sein de son entreprise et de ses fournisseurs, ainsi que les limites et la régénération des ressources planétaires [...]. En ne respectant ni les normes sociales et environnementales, ni les limites biocapacitaires par la recherche illimitée du profit, pouvant entraîner une concurrence monopolistique ou un *dumping*, une entreprise met en danger son propre écosystème, et ses capacités à offrir des produits & services et donc à répondre aux besoins et fonctions vitales de ses clients[2]. »

1. Bruno Roche, « Quel est le juste niveau de profit ? Le nouveau capitalisme devra répondre », Institut du capitalisme responsable, 26 janvier 2022.

2. Emmanuel Mossay, économiste belge et spécialiste de l'économie circulaire. De nombreux posts en libre accès à ce sujet sur LinkedIn. L'extrait publié ici est celui du 2 septembre 2020.

De l'équilibre

La science positive, notait (férocement) Emmanuel Mounier dans son *Traité des caractères*, ne donne du *milieu* qu'une image géométrique[1] ; ce dernier disparaît dès qu'il n'y a plus autour de lui de consistance organique ; sa fixité le met « à l'écart des spontanéités et des créations humaines ». Le positivisme, estimait Mounier, néglige un problème qui lui serait fatal s'il se le posait : la formation des forces. Il ne parle que de forces données, jamais de forces naissantes, ou réagissantes ; il ignore, écrit Mounier, l'*équilibre*.

Cette notion, au sens profane comme académique, réunit deux dimensions : celle d'un *rapport* (ou d'une proportion entre des éléments opposés ou différents) ; et celle d'une *instabilité*, provoquée par la poussée de deux forces antagonistes. L'idée d'un « accord équilibré » – un *fair agreement*, disent les Anglo-Saxons – construit par des négociateurs, qu'il s'agisse de diplomates ou de partenaires sociaux, cumule ces deux aspects : l'accord équilibré réunit des prétentions à l'origine divergentes, mais en satisfaisant les deux parties.

L'*équilibre* est examiné ici (et dans les chapitres suivants) à partir de différents objets (le corps humain, la négociation internationale, etc.). L'objectif est d'arrimer l'étude du juste et de l'équilibré à des phénomènes sociaux où coexistent des dimensions morales et stratégiques. L'ambition est de montrer combien ces dimensions

1. Emmanuel Mounier, *Traité des caractères*, Paris, Seuil, 1946, p. 75-76.

sont solidaires, et que le juste et l'équilibré sont des facteurs d'efficience. L'idée n'est pas nouvelle ; Michel Rocard l'a souvent répété (et la vie politique contemporaine, tout sauf raisonnable, le montre à l'envi...) : « Quand on envisage les problèmes avec sérieux et réalisme, il est en fait très rare que la morale s'oppose à la politique. La morale est très souvent une condition de l'efficacité[1]. »

Deux assertions étayent ce chapitre : tout équilibre supposant deux forces opposées, la négociation, sociale ou internationale, peut, en condition de non-asymétrie des forces, produire une solution équilibrée ; et la mise en compatibilité de préférences rivales – le compromis, donc – repose, par définition, sur des renoncements ; la justice d'un tel accord dépend du degré d'équilibration des abandons des deux parties.

Le sociologue Jean Saglio a fort bien résumé la première assertion :

> Tout un courant de pensée, où l'on trouve Léon Blum notamment, estime qu'il n'existe en soi pas de solution juste en matière salariale hors la négociation. C'est donc l'exact opposé de Taylor qui, à la même époque, cherche une détermination « scientifique » du salaire. Dans cette perspective, l'économiste Gaétan Pirou explique qu'il serait illusoire de considérer qu'il existe un « bon employeur », ou des méthodes qui garantissent des bonnes conditions de travail. La solution juste consiste à avoir une négociation équilibrée. Du coup, la négociation collective apparaît comme meilleure qu'une décision de l'État ou de technocrates. Dans les syndicats, cette approche pragmatique convient tout à la fois aux réformistes et aux anarcho-syndicalistes qui privilégient la négociation et le rapport de force direct entretenu à la base[2].

La *prospect theory*, la théorie des perspectives, a-t-on traduit, a montré de son côté que la désutilité résultant d'une perte est jugée

1. Voir l'article « M. Michel Rocard à *L'Express* : "On peut gouverner à gauche sans sectarisme" », *Le Monde*, 26 décembre 1987.

2. « Le statut des conventions collectives est-il un frein pour la mobilité ? », interview de Jean Saglio pour *Millénaire 3. La prospective de la métropole de Lyon*, 8 décembre 2008.

plus grande qu'une désutilité provenant d'un renoncement à un gain potentiel – même si les sommes en jeu sont identiques. Ce phénomène est au cœur de l'activité de concession et d'abandon de prétentions, lui-même fondateur du jeu de négociation...

Qu'est-ce qu'une action (ou un accord, une parole, etc.) *équilibrée* ? Le mot s'emploie surtout au singulier ; il désigne une situation où des forces contrebalancent d'autres forces, de sorte que la position d'un objet, sous l'action de ces forces opposées, ne bascule pas d'un côté ou de l'autre. Si la constance des antagonismes rend cet équilibre possible, il est fragile. Il se maintient tel parce que les forces agissant sur l'objet sont équivalentes (les recettes équivalent aux dépenses ; les pouvoirs sont compensés par des contre-pouvoirs ; les déficits sont effacés par les excédents, etc.) ; ou parce que ces forces sont inégales, et qu'un mécanisme correctif externe empêche certaines d'être dominantes. C'est le cas de certaines courses hippiques : pour égaliser les chances, on attribue à chaque cheval, compte tenu de ses performances usuelles, un handicap (une plus grande distance à parcourir, un poids supplémentaire à porter, etc.).

Le terme d'équilibre désigne également l'harmonie des éléments et leur proportion constante. On parlera d'*équilibre* des traits d'un visage, ou d'une œuvre d'art *équilibrée*, pour signifier que leurs composantes sont dans un juste rapport, et que le tableau d'ensemble est plaisant car harmonieux. Aucun des constituants ne l'emporte sur l'autre ; leur agencement produit une métafigure, supérieure à la somme de ses figures particulières. S'inscrivant dans un rapport de convenance, ils se mettent chacun en valeur ; la configuration finale est ainsi plus riche. Certaines couleurs, mises à proximité sur une toile, se dynamisent ; c'est le cas quand on associe violet et orange : ces deux couleurs ont le rouge en commun mais apportent à l'autre ce qui lui manque (le bleu, pour l'orange, et le jaune pour le violet). Vassily Kandinsky, dans sa toile de 1925, *Jaune-rouge-bleu*, exposée au MNAM de Paris, provoque un équilibre pictural complexe en faisant s'affronter, à gauche, un jaune léger et lumineux, à droite, un bleu froid et sombre, le tout accompagné de lignes diverses ou de formes différentes, jouant sur le contraste des courbes et des angles, des traits et des formes pleines. *A contrario*, le mélange égal d'un bleu et d'un jaune produit un vert, d'où ont disparu les effets respectifs des deux couleurs d'origine. Le vert est réputé être une couleur d'équilibre, mais d'un équilibre « passif », dit Kandinsky, fait « d'indifférence et d'immobilité ». L'égalité des forces conduit ainsi à l'inaction ; il y a équilibre, certes, mais il est statique : toute impression de mouvement est exclue. Des touches de rouge, habilement ajoutées, rendront dynamique la composition picturale.

Dans le cas d'un écosystème, marin ou terrestre, l'équilibre provient cette fois de la proportion inchangée des éléments qui le composent. Aucune espèce n'y tyrannise d'autres espèces, et l'on n'y relève pas d'invasions biologiques (d'animaux, de plantes ou de microbes). Cet équilibre est endogène mais son déséquilibre est exogène – car ces écosystèmes sont eux-mêmes des composantes d'un ensemble de cycles biogéochimiques complexes et interdépendants ; le déséquilibre d'une partie conduit alors au déséquilibre du tout. La remise à l'équilibre d'une des parties, à la suite, par exemple, de mesures drastiques prises par la puissance publique, n'entraîne pas, *ipso facto*, la remise à l'équilibre du tout : ce dernier n'est qu'un *équilibre d'équilibres*, fragile et provisoire.

La somme des « justes milieux » comportementaux, comme celle des « justes équilibres » au sein d'écosystèmes ou de systèmes socio-économiques, peut être une somme nulle ou positive. Dans le premier cas, le déséquilibre ici est compensé par le déséquilibre là, de sorte que le tout semble en équilibre ; mais ce dernier est un *état*, prompt à se rompre. Dans le second cas, des situations d'*équilibration* – pour parler comme Jean Piaget[1] – produisent de nouveaux équilibres, plus fonctionnels ; l'équilibre y est devenu une *dynamique*. Piaget a proposé le concept d'*équilibration majorante* pour rendre compte du développement de nos connaissances ; celui-ci résulte « de rééquilibrations améliorant les situations antérieures ».

1. Voir la page « Équilibration » sur le site Web de la Fondation Jean-Piaget. Voir également, pour une discussion critique : Gérard Noelting, « Le constructivisme piagétien et la théorie de l'équilibration illustrés par la construction de la notion de proportion », *Philosophiques*, 1977, vol. 4, n° 2, p. 145-194.

Ce qui est premier, dit-il, est le déséquilibre, les contradictions internes, les insuffisances ; de ces conflits et tensions émerge un nouvel équilibre, plus riche, car issu d'une « amélioration de la forme précédente ». Voilà pour les généralités. Approfondissons avec Galien et son concept de « corps équilibré ».

Pour Hippocrate, qui meurt quand naît Aristote, la santé est d'abord un équilibre :

> Il y a essentiellement santé quand ces principes [sang, pituite, bile jaune et noire] sont dans un juste rapport de crase, de force et de quantité, et que le mélange en est parfait ; il y a maladie quand un de ces principes est soit en défaut soit en excès, ou, s'isolant dans le corps, n'est pas combiné avec tout le reste[1].

Médecin de l'empereur Marc Aurèle, Claude Galien reprend à Hippocrate le concept d'équilibre des quatre fluides, mais le complexifie avec sa *théorie des tempéraments*, à partir de quatre propriétés : le chaud, le froid, le sec et l'humide[2]. D'où, dit-il, huit états : les quatre précédents et leurs opposés composés (chaud/humide, chaud/sec, froid/humide et froid/sec). Mais il ajoute que « ces habiles médecins et philosophes se sont trompés » : ils ont oublié *le tempérament bien tempéré*, supérieur à tous ceux qu'ils ont cités, à la fois en vertu et en puissance. Ce neuvième tempérament, pense-t-il, est celui « vers lequel ils tournent leur regard pour corriger les tempéraments mal tempérés ».

Galien complexifie son modèle en croisant les quatre qualités du vivant (chaud, froid, sec et humide) aux états relatifs à la taille des êtres vivants (petit ou grand) et à leur disposition corporelle (lent ou rapide). L'équilibre général des personnes, qu'il convient de rechercher, provient du dosage approprié de ces qualités et de ces états. Galien les nomme : le « juste équilibre » (*summetron*) pour le corps, et le « juste milieu » (*meson*) pour le tempérament. Ces deux positions

1. *Œuvres complètes d'Hippocrate*, éd. Émile Littré, Paris, Baillière, 1849, vol. 6, p. 41.

2. Véronique Boudon-Millot, « Galien de Pergame face au mirage de la beauté parfaite », *Bulletin de l'Association Guillaume-Budé*, 2006, 1, p. 127-141.

sont indissociables : « Ceux qui occupent le milieu dans chaque genre (ici celui des êtres vivants) et dans chaque espèce (y compris l'espèce humaine) sont ceux qui sont justement équilibrés[1]. »

Galien reprend ce raisonnement dans son *Art médical* : « Est purement et simplement sain un corps qui dès la naissance est bien tempéré dans ses parties simples et premières, et justement équilibré dans les organes composés de celles-ci. »

Milieu et équilibre sont liés l'un à l'autre : le second n'est possible qu'en présence du premier, puisqu'il convient – pour un corps humain (comme pour le corps citoyen) – qu'états et qualités soient sans excès et sans manque. Qu'un élément soit absent ou prépondérant dans un choix d'action, et l'équilibre peut être rompu. Choisir le milieu, entre deux extrêmes, c'est donc s'assurer qu'aucune force ne l'emporte sur l'autre. C'est cela, l'équilibre : aucun élément dominant, mais tous cherchant à l'être, et chacun empêchant les autres de dominer...

Galien complexifie encore son modèle, selon que ce corps est équilibré « souvent » ou « toujours » (ou « dès sa naissance » ou au moment de l'observation). Il s'éloigne ainsi du modèle horizontal initial, celui de la *médiété* – le refus des excès et la nécessité d'un juste équilibre – pour adopter un second modèle, *vertical* cette fois, où ce « juste équilibre » devient gradué : à son sommet, la figure du « bon tempérament et du juste équilibre des meilleurs », toujours égal, cela depuis la naissance de l'individu (ce qui le rend « purement et simplement sain »), et, en s'appauvrissant de plus en plus, les figures qui s'approchent seulement de cet absolu (et le « manquent de peu »), puis celles qui en sont plus éloignées, ensuite celles de l'individu au corps malsain, etc.

Il n'existe donc pas qu'un seul équilibre, à différencier de ce qui *n'est pas* équilibré, mais *des* équilibres, chacun d'eux étant plus relatif que le précédent, plus instable. Viser l'équilibre du corps et la modération des humeurs n'est pas parvenir à un état d'équilibre

1. Cité par Véronique Boudon-Millot, « Galien de Pergame face au mirage de la beauté parfaite », art. cit., p. 132.

– mais *éviter sa dégradation.* « L'homme tempéré et équilibré », si l'on pousse le trait, est moins un individu se tenant à équidistance des extrêmes, qu'un individu s'approchant (ou s'éloignant) d'une norme. Avec Galien s'affirme une saisie différente du « milieu » : non pas une valeur mesurable *hic et nunc*, et si possible objectivement, mais une *valeur d'attente.* C'est-à-dire, pour prendre des exemples contemporains (en sylviculture, psychologie cognitive ou mécanique quantique) : une valeur espérée, compte tenu des multiples et permanents ajustements entre divers éléments, que le médecin (le forestier, le manager ou le physicien) peut observer ou provoquer, de sorte que ces déséquilibres partiels nourrissent un équilibre général. Il y a ainsi *équilibre dynamique*, une expression séculaire pour désigner le fait que « les éléments du réel se règlent constamment pour atteindre une position médiane de stabilité[1] ».

La notion d'homéostasie, forgée par Walter Cannon, prolonge les observations de Claude Bernard au mitan du XIXe siècle à propos du « milieu intérieur », avant que Norbert Wiener, au mitan du XXe, ne forge le concept de cybernétique et qu'il n'étende son modèle à la société elle-même[2]. L'idée est la même : un système composite est capable de se maintenir en état, *via* divers dispositifs informationnels, absorbant ainsi les contraintes externes, et veillant à ce que les grands équilibres qui l'animent restent constants. Le rôle du praticien (un médecin, par exemple ; ou un forestier, etc.) est donc de préserver cette « constance précaire », de maintenir ou restaurer l'équilibre perdu par des actions correctrices ou préventives[3].

1. Phrase extraite de l'article d'Alain Boureau, « L'équilibre dynamique au Moyen Âge central. Sur la notion de modèle en histoire », *Annales. Histoire, sciences sociales*, 2015/3, p. 725-738. Il y commente l'ouvrage de Joel Kaye, *A History of Balance, 1250-1375 : The Emergence of a New Model of Equilibrium and Its Impact on Thought*, 2014, Cambridge, Cambridge University Press.

2. Pour un exposé pédagogique, voir l'article de Ronan Le Roux, « L'homéostasie sociale selon Norbert Wiener », *Revue d'histoire des sciences humaines*, 2007, n° 16, p. 113-135.

3. Voir le passionnant ouvrage de Claire Crignon et David Lefebvre (dir.), *Médecins et philosophes : une histoire*, Paris, CNRS, 2019.

De l'accord équitable

Poursuivons ce parcours en portant le regard sur les procédures d'échanges entre individus. Imaginons deux marchands de glaces devant déterminer leur placement le long d'une plage. Ils proposent chacun les mêmes produits, au même prix. Ils comprennent qu'ils ont intérêt à se placer chacun au milieu de deux portions égales de plage, ou à se rapprocher tous deux du milieu de la plage, captant ainsi les baigneurs issus de l'une ou de l'autre moitié. Cette situation, disent les théoriciens des jeux, est un *équilibre de Nash* : ainsi placés, les deux marchands de glaces égalisent leurs chances de satisfaire une plus large clientèle, mieux que s'ils s'étaient installés aux deux bouts de cette plage. Guidés par un même objectif (maximiser leur gain) et définissant des stratégies pour l'atteindre, ils doivent tenir compte du choix d'installation de l'autre. Il y a « équilibre » puisqu'aucun de ces marchands de glaces, une fois installé à l'endroit approprié, n'aura intérêt à modifier sa stratégie – compte tenu de celle, non modifiée, de son concurrent.

Examinée du point de vue des baigneurs, cette situation apparaît cependant insatisfaisante : les baigneurs du bout de plage sont obligés de se rendre à un point de vente éloigné. Un nouveau marchand de glaces tentera de capter cette clientèle insatisfaite en s'installant à un bout de cette plage ; ce qui incitera un quatrième marchand à s'installer à l'autre bout. Un second équilibre de Nash apparaît puisqu'aucun de ces deux nouveaux n'a intérêt à se placer différemment. Un temps stabilisée, la situation peut à nouveau se déséquilibrer : un des quatre marchands de glaces peut décider de baisser ses prix, élargir sa gamme de glaces, offrir un cornet gratuit pour tout achat conséquent, etc. Il est conscient que les trois autres vendeurs réagiront et, à leur tour, baisseront leur prix, élargiront leur gamme, offriront un cornet gratuit, etc. ; ce qui peut le dissuader. Sauf s'il anticipe leur réaction et s'en protège. Par exemple : en leur proposant de les salarier (ce qui leur garantit un revenu minimum et reporte la prise de risque entrepreneurial sur ses seules épaules).

Dans l'article princeps, publié en 1950, « The bargaining problem », où John Nash introduit cette notion d'équilibre, la solution qu'il préconise pour le partage du surplus né de la coopération entre deux négociateurs – ce qui deviendra « la solution de Nash » – est une solution où aucun des protagonistes n'a de remords d'avoir accepté le *deal*. Pourquoi ce partage est-il jugé équitable ? Parce que chaque contractant a conscience qu'il ne peut obtenir de l'autre tout ou partie de ce qu'il lui réclame si, en retour, il ne lui octroie pas tout ou partie de ce qu'il cherche à obtenir de lui ; qu'il ne peut recevoir de son adversaire plus qu'il ne lui donne ; enfin, que le coût de cette concession est probablement inférieur à celui d'un non-accord avec son adversaire, puisque ce dernier, détenant tout ou partie de l'accès aux ressources qu'il convoite, peut, en rétorsion à son refus de concéder, refuser également de le faire, ce qui le priverait des ressources espérées. Dans les mots de John Harsanyi, qui explicite ce raisonnement stratégique – ce dont Nash s'était à l'époque exonéré, préférant s'abriter derrière une abstraite axiomatique, cela donne :

> Les deux joueurs ne peuvent obtenir un accord que s'ils se font mutuellement des concessions. La raison fondamentale pour laquelle un joueur rationnel fera une concession à son adversaire sera toujours qu'il sent que le risque (c'est-à-dire la probabilité subjective d'un conflit) associé au refus de cette concession serait supérieur aux avantages issus des termes d'un meilleur accord. [...] Aucun joueur ne peut rationnellement espérer qu'un adversaire

rationnel puisse revendiquer de meilleurs paiements que ceux que lui-même est prêt à concéder[1].

Dans l'article de Nash de 1953, « Two-person cooperation games », cette solution équitable n'est plus l'objectif recherché : celui-ci est de parvenir à une « solution » – qu'elle soit ou non éthiquement juste. Deux traditions vont alors diverger : celle inaugurée en 1950 par un Nash soucieux de justice dans la définition de solutions de partage ; et celle défendue en 1953 par un Nash soucieux de l'efficacité de la procédure de partage. Dans la première démarche, on trouve des théoriciens comme Duncan Luce et Howard Raiffa. David Gauthier s'en inspirera pour construire sa théorie morale[2] ; Amartya Sen insistera sur l'équité du partage des gains : « La question essentielle n'est pas de savoir si tel ou tel résultat commun est pour tous préférable à une absence de coopération [...], mais s'il engendre une équitable répartition des bénéfices[3]. »

La seconde démarche, à laquelle se rallia Harsanyi, distingue les modèles d'*arbitrage*, qui mobilisent un tiers, réel ou imaginaire, doté de critères moraux, des modèles de *négociation*, avec des joueurs guidés par leur subjectivité, leur intérêt personnel et la maximisation de leurs gains. Les théoriciens des jeux s'inscrivent plus volontiers dans cette dernière approche. C'est le cas de Martin Osborne et Ariel Rubinstein[4], pour qui répondre à des questions comme : « Qu'est-ce qu'un accord juste ? », « Quelle issue raisonnable un arbitre sélectionnerait-il ? », et « Quel accord est optimal pour la société en général ? », n'est pas, de leur propre aveu, leur préoccupation première...

1. John Harsanyi, *Rational Behavior and Bargaining Equilibrium in Games and Social Situations*, Cambridge, CambridgeUniversity Press, 1977, p. 143-144 ; cité par Benoît Lengaigne, « Nash : changement de programme ? », *Revue d'économie politique*, 2004, vol. 114, p. 637-662.

2. David Gauthier, *Morale et contrat. Recherche sur les fondements de la morale*, Bruxelles, Mardaga, 2000.

3. Amartya Sen, *Development as Freedom*, Oxford, Oxford University Press, 2001.

4. Martin Osborne, Ariel Rubinstein, *Bargaining and Markets*, Cambridge (MA), Academic Press, 1990.

C'est pourtant une saine préoccupation. Car viser l'équilibre des dotations (à la table de négociation, entre des personnes en désaccord sur un partage de ressources, ou à la table familiale, pour déterminer un partage équitable de la galette des Rois) nécessite de se doter de critères objectifs pour mener à bien ce travail d'équilibration, et de mobiliser l'argumentaire approprié pour en justifier le résultat. Examinons deux exemples de ce travail d'équilibration des dotations, l'un à partir de la « solution de Nash » pour construire un accord équilibré (mais fictif) entre États-Unis et Russie soviétique à propos du désarmement nucléaire, l'autre à partir des techniques de partage de biens non divisibles.

Dans un chapitre placé en liminaire de l'ouvrage collectif édité par William Zartman, *The Negotiation Process* (1977), Otomar Bartos, à l'époque professeur de sociologie à l'université du Colorado, propose, énonce-t-il en titre, « un modèle simple de négociation ». Après avoir rappelé qu'une négociation est un processus impliquant, chez les négociateurs, une double motivation – un désir, individuel, de maximiser ses gains (pour contenter ses mandants) et un désir, collectif, de rechercher un accord équilibré (pour maintenir la relation avec l'adversaire, ou par conviction éthique, ou les deux) –, Bartos note que cette double volonté – dans nos mots : *de coopérer par éthique et de s'opposer par intérêt* – est antagonique, et que la motivation individuelle de maximisation prend souvent le dessus, au détriment de la motivation collective d'équilibration. Comment faire, à la table de négociation, pour que deux parties soient satisfaites – c'est-à-dire : pour faire coïncider satisfaction individuelle et équilibre collectif ? L'accord qui en résulte pourrait être considéré, écrit Bartos, comme « *an equilibrium point in which the opposing interests are balanced* ». En français : « un point d'équilibre entre des intérêts opposés, défini à l'issue d'un travail de mise en équilibre ».

Bartos part donc à la recherche du *fair agreement* – un accord équitable – qu'il entend déduire des travaux sur la norme de réciprocité, initiés, notamment, par un sociologue états-unien de l'époque, George Homans. Et avant lui, par d'autres sociologues, dont Peter Blau ou Alvin Gouldner. Et avant eux, par quelques ethnologues enquêtant dans les tribus du Pacifique ou tentant d'en comprendre les rituels – Marcel Mauss, Bronisław Malinowski et, plus tard, Claude Lévi-Strauss…

Cette norme de réciprocité est, selon Homans, une règle de justice distributive par laquelle les individus entendent équilibrer contribution et rétribution – ce qui est *donné* et ce qui est *reçu*. La théorie de la négociation a fait sienne ce postulat : la récompense est proportionnelle à l'effort ; un *fair agreement* est donc fondé sur cette norme sociale : il résulte d'un effort des négociateurs à renoncer à une partie de leurs prétentions, à condition que leur interlocuteur en fasse autant, de façon proportionnée. La mobilisation de cette norme de justice permet d'identifier un point d'équilibre (ce vers quoi il faut tendre) et délimite le jeu de concessions (ce à quoi il faut renoncer, à quel moment et à quelle hauteur). Comment procéder ?

Bartos prend l'exemple, fictif mais vraisemblable, d'une négociation entre les États-Unis et la Russie soviétique à propos du désarmement nucléaire dans les années 1970. Trois options sont possibles, et chacune a ou n'a pas la préférence de l'une ou de l'autre de ces superpuissances. Le tableau des utilités est le suivant, sur une échelle de – 5 à + 5 :

	États-Unis	**URSS**
Option 1 : désarmement universel	– 3	+ 2
Option 2 : inspection des sites de lancement	+ 5	– 1
Option 3 : destruction de toutes les armes nucléaires	– 3	– 1

Représenté sur un graphique (avec deux axes : Russie en ordonnée, États-Unis en abscisse), ce jeu de préférences apparaît comme un triangle dont les angles correspondent aux utilités des deux pays pour chaque option possible : l'angle « désarmement universel » (a-b) a pour coordonnées – 3 et + 2 ; l'angle « inspection des sites de lancement » (c-d) :+ 5 et – 1 ; l'angle « destruction de toutes les armes nucléaires » (e-f), non pris en compte ici : – 3 et – 1. La « solution de Nash », dit Bartos, réside à mi-chemin, en C, des points A et B, au croisement de la pente correspondant aux utilités respectives des États-Unis et de la Russie pour chacune des options en rivalité. Les coordonnées de ce point médian C sont les suivantes : (ad – bc) / (2 × (d – b)) = 1,166 pour les États-Unis ; et pour la Russie : (ad – bc) / (2 × (a – c)) = 0,437. En quoi cette « solution de Nash » est-elle *fair* – équitable ?

Parce que les deux parties sont gagnantes : en négociant à la table de négociation l'adoption d'un scénario alternatif, elles passent d'une situation 0 d'origine (coordonnées : 0,0), dont chacune était insatisfaite, à une situation C (coordonnées : 1,16 et 0,43), plus satisfaisante puisqu'elles voient chacune une part de leurs préférences prise en compte (à charge pour elles de traduire cette « solution » par un pourcentage x de désarmement et un pourcentage y d'inspection des sites). Parce que ce résultat met les deux parties, États-Unis et Russie, dans une position de gains symétrique. Le *pay off* n'est certes pas égal (1,16 *vs.* 0,43) mais il est *équitable* puisqu'il tient compte des désirs de chacun et leur dotation finale est proportionnée à leurs préférences. Enfin, parce que ce point C symbolise le lieu géométrique où sont maximisées les utilités des États-Unis et de la Russie, compte tenu de celles de leur adversaire. La « solution de Nash » pour mettre d'accord les deux superpuissances consiste à octroyer à chacune le plus de gains possibles sans que cela nuise à aucune (ou, en d'autres termes, en adoptant le vocabulaire de Vilfredo Pareto : améliorer la situation des États-Unis ou de la Russie sans dégrader la situation de l'adversaire).

Cette *fair solution* suppose qu'il y ait négociation effective entre les deux parties (et non pas une réunion de travail programmée avec des économistes munis d'une calculatrice scientifique...), de sorte qu'elles puissent ajuster leurs utilités, par diverses concessions. Cela suppose qu'il y ait eu une détermination correcte des utilités des deux parties. Si les États-Unis refusent tout désarmement universel, quelles qu'en soient les modalités, leurs préférences se dégradant de a = – 3 en a = – 10, la même formule de calcul de la solution de Nash donnerait, pour les États-Unis, si une pondération était affectée aux deux options, par exemple 48/52, un *pay off* de 2,33, soit le double des 1,16 antérieurs... Il faut donc que ces préférences soient *correctement* évaluées (ni sous-évaluées, ni surévaluées)... Comment s'y prendre ?

Bartos répond ainsi : d'abord, en étant attentif aux offres d'ouverture, puis aux concessions, enfin à la manière de concéder. Imaginons que soit mise sur la table de négociation entre États-Unis et Russie une proposition, émanant du secrétariat général de l'ONU, de désarmement drastique et de visites systématiques de tous les sites de missiles, avec la présence de Russes sur les sites états-uniens... Les utilités des deux pays risquent d'être celles-ci : a = – 5, b = – 1, c = – 3 et d = – 1. Aucun pays n'a alors intérêt de discuter ces propositions puisqu'un éventuel accord sur cette base dégraderait leur situation respective (les coordonnées du point C' se situant alors en deçà de 0 ; il ne peut donc exister de « solution de Nash »...).

Imaginons maintenant que soit mise sur la table, alternativement, une seule des deux options. Si les États-Unis proposent aux Russes de négocier à propos d'un système généralisé d'inspection des sites, ceux-ci refuseront puisque cette option ne leur convient guère (ils ne veulent pas voir des inspecteurs états-uniens sur leur sol). Si les Russes font de même et proposent aux États-Unis de négocier la question d'un désarmement universel, ceux-ci refuseront (ils ne veulent pas se départir de leurs missiles, ayant peu confiance dans leur adversaire). Aucune zone d'accord possible ne se dessine ; le conflit se poursuit ; la situation n'est pas *mûre*...

Imaginons ensuite que les deux parties, insatisfaites du *statu quo* et désireuses de régler leur conflit, adoucissent chacune leur position et présentent à leur adversaire les deux options, désarmement et inspection des sites, mais reconfigurées, de telle sorte qu'elles apparaissent plus acceptables pour chacune (par exemple : un désarmement universel, mais échelonné, avec des vérifications à chaque étape ; ou une inspection des sites, mais par un tiers pays, ami des Russes et des États-Uniens). La situation a *mûri* : un accord est envisageable. Mais incertain à ce stade, puisque la négociation n'a pas encore débuté… L'offre d'ouverture devient cruciale : trop favorable aux États-Unis, et la Russie refusera d'en discuter ; trop favorable à la Russie, et les États-Unis refuseront de l'aborder. Il faut donc que chaque négociateur formule une offre jugée *à peine acceptable* par son adversaire – Bartos écrit : « *only with the greatest reluctance* », acceptée « avec la plus grande réticence ». Les deux négociateurs ont alors dessiné la ZAP, la zone d'accord possible, délimitée par leurs deux seuils de réticence. Ils estiment tous deux que le point d'équilibre entre leurs prétentions doit se situer à équidistance de ces deux seuils.

Imaginons maintenant ces négociateurs, informés de cette ZAP, essayer de cheminer vers un accord se situant le plus près possible de leur cible (c'est-à-dire : le point où les utilités de chacun sont maximales : un désarmement complet pour les Russes ; un système d'inspection généralisé, pour les États-Unis). Chacun a reçu mandat de son gouvernement : « N'être coopératif que si l'adversaire fait le premier pas. » Imaginons que l'un d'entre eux soit assez fou pour faire ce pas et qu'il se risque à opérer une large concession. Comment réagira l'autre ? Il peut concéder, en retour, un peu, moyennement, ou beaucoup. Il est cependant conscient que s'il n'opère pas lui aussi et rapidement une (aussi) large concession, son adversaire retirera son offre – ce qui éloigne la possibilité d'un accord avantageux. Il concède donc à son tour, et de grandeur voisine. Ce qui motive le premier négociateur à réitérer son geste, renonçant à une prétention x pour assurer le succès de sa prétention y, à l'utilité plus grande. Ce qui, en retour, motive le second négociateur, etc. Ce jeu de concessions réciproques, propre au jeu de négociation, les amène, pas à pas, vers ce *midpoint* préalablement estimé et dont ils découvrent maintenant le contenu, en le construisant item par item…

Ces concessions sont-elles *justes* ? Ce jeu de renoncements successifs parvient-il à définir une solution jugée juste par les deux négociateurs, et par tout autrui à qui cette question serait posée ?

Réponse d'Otomar Bartos : les concessions peuvent être dites « justes » aussi longtemps que les négociateurs n'éprouvent pas le besoin de réviser leurs attentes quant au contenu de l'accord final. Autrement dit : si l'un ou l'autre doit accepter un résultat moindre que celui attendu en début de négociation, alors l'accord n'est pas un *fair agreement* (car son adversaire, comme dirait Aristote, « a pris plus que son dû »).

Indicateur pratique de cette justice des concessions : le milieu du segment [AB] correspondant aux offres en cours doit être de valeur proche du milieu C du segment correspondant aux offres d'ouverture. Ainsi d'une négociation salariale. En temps 0, les offres d'ouverture de l'employeur et du syndicat sont les suivantes : 1 % et 4 %. Le *midpoint* entre les deux prétentions est à 2,5 %. Après quelques rounds et deux séquences de concessions mutuelles, les offres révisées sont les suivantes : 2 % et 3 %. Le *midpoint* est resté le même, à 2,5 %. Imaginons que le syndicat ait opéré, en séquence 1, une large concession et formulé une offre à 3 %, et que l'employeur ait concédé, en retour, 0,5 % ; et qu'en séquence 2, le syndicat ait concédé 0,3 % et l'employeur 0,2 %. Le *midpoint* s'est déplacé et il est désormais à 2,2 %. L'indicateur de Bartos est grossier mais utile : l'employeur n'a pas eu un comportement *fair* et a laissé le syndicat faire seul le travail de renoncement...

Bartos ajoute qu'un code de concession régit le jeu de négociation. Parmi les règles usuelles : répondre à une concession par une autre concession ; assortir sa concession d'une demande de réciprocité ; expliciter sa concession et la valoriser. Mais aussi : ne pas retirer une concession sous prétexte que l'autre n'a pas opéré de concession de hauteur correspondante. Et ne pas opérer de larges concessions sans raison valable. Retirer une offre met en péril le jeu de négociation lui-même puisqu'il ne peut être joué que si chacun a l'assurance que l'adversaire tiendra parole et fera ce qu'il s'est engagé à faire. De même, concéder soudainement et largement est suspect : cela signifie que l'offre initiale était insincère, qu'elle n'avait pour but que de déplacer le *midpoint* du segment correspondant aux utilités affichées des négociateurs...

De la mesure

En ces temps difficiles, la *juste mesure* est une boussole. Il s'agit, certes, d'une fiction : cette mesure est relative, subjective, indéterminée ; mais son utilité est pédagogique : elle esquisse un chemin, délimite un horizon. Ce qui fait la force sociologique de ce concept est son polymorphisme : il rend compte, tout à la fois, d'un raisonnement (penser une situation dans sa complexité, en livrant une analyse nuancée), d'une décision d'action (équilibrée, tenant à distance les options extrêmes) et d'un comportement (agir de façon appropriée aux situations, rendre convenables nos actions).

Juste mesure est un concept normatif : il dit ce qui doit être fait, et pour quelles raisons le faire. Mais c'est un concept d'*ouverture* : il connecte des réalités multiples ; il traduit la voie médiane, le juste partage, la maîtrise des passions et la conjonction des contraires. C'est un concept de stratégie : il repère le moment propice, la bonne proportion, l'action qui convient. C'est enfin un concept politique : en délaissant l'outrance, en privilégiant la mise en accord, il dessine un vivre-ensemble, sinon apaisé du moins non polémique.

Mesure s'emploie dans quatre situations distinctes, pour évoquer : *une quantité* (« prendre les mesures pour un costume ») ; *une valeur déterminée* (« faire bonne mesure ») ; *une proportion* (« il n'y a aucune commune mesure entre… ») ; et *une décision d'action* (« prendre des mesures »). Le deuxième sens est celui qui nous intéresse ici (mais les autres aideront à démêler l'écheveau). Deux idées le structurent : celle d'une quantité suffisante, ou souhaitable – d'une *limite*, donc, à ne pas franchir (au risque de « dépasser la mesure ») ; et l'idée d'une retenue, d'une *modération* – par exemple : dans le comportement et le mode de vie – permettant de ne pas « perdre toute mesure ».

Il ne s'agit pas, dans ce cas, de « donner toute sa mesure » ni de se tromper dans les évaluations d'une situation et aboutir à « deux poids, deux mesures ». Discrétion et prudence sont de mise ; il faut agir de façon circonspecte. Avoir « le sens de la mesure », c'est cela : occuper sa place, toute sa place, mais *rien que sa place*. Nuance et mesure sont de bons outils pour agir dans un monde complexe. La nuance est un remède à l'excès, à l'amalgame et à la simplification ; la mesure est l'exact opposé de ces trois déviations. Agir et penser avec modération, c'est s'obliger à distinguer sans disjoindre, combiner sans dissoudre, prioriser sans effacer. L'art de la mesure requiert prudence, vigilance et bienveillance. Il conduit au discernement, s'il est adossé à de solides compétences ; il a le souci des conséquences et de leur anticipation ; il cultive l'attention portée à autrui.

Dans son *Protagoras*, cela a été dit, Platon distinguait deux *métrétiques*. Dans l'une, « le nombre, les longueurs, les profondeurs, les largeurs et les épaisseurs se mesurent à leurs contraires » ; l'autre « se règle sur la juste mesure, la convenance, l'à-propos, la nécessité et tout ce qui se trouve éloigné des extrêmes ». Dans le *Politique*, cette distinction devient : « L'une considère la grandeur et la petitesse dans leurs rapports réciproques, l'autre dans leur nécessaire essence, qui les fait être ce qu'elles sont » (283d 7-9).

Si toutes deux sont fondées sur des contrariétés (l'excès et le défaut, le plus et le moins, etc.), la seconde établit un rapport entre ces mesures extrêmes et une autre, dite « juste mesure » ; elle sert d'étalon pour les évaluer. La limite de la première métrétique est qu'elle oppose excès et défaut (ou bon et mauvais, court et long, peu profond et très profond, etc.) et les rapporte à leur contraire, *sans les articuler*. Si nous ne considérons que le grand par rapport au petit (ou inversement), cette *juste mesure* semble inutile. Mais, sans elle, qu'adviendrait-il des arts et de la politique si nous nous contentions de la seule contrariété du plus et du moins ? « Tous ces arts », écrit Platon,

> ne supposent pas qu'il n'existe rien ni en deçà ni au-delà de la juste mesure ; ils s'en défendent au contraire comme d'une faute difficile à éviter dans leurs opérations ; et c'est par ce moyen, en conservant la juste mesure, qu'ils produisent tous leurs chefs-d'œuvre.

Cette juste mesure n'est donc pas (seulement) *relative* (aux circonstances, aux personnalités, à l'humeur du moment, etc.) : *elle est*, estime Platon, et elle ne souffre pas d'être minorée ou majorée.

La relativité du plus et du moins conduit à une mesure imparfaite. Cette imperfection est parfois sans conséquences, comme dans certains travaux de maçonnerie ou de charpenterie, où il est possible de « moyenner » – c'est-à-dire : s'ajuster, s'arranger, s'accommoder de l'excès ou du défaut par mille artifices. Dans d'autres activités, la seule règle possible est « la juste mesure, la convenance, l'opportunité, l'utilité ». Platon prend l'exemple de son propre discours : de quelle qualité serait-il s'il se limitait à « donner l'éloge ou le blâme à la brièveté ou à la longueur de nos discours » ? Ne les juger que par leur longueur relative est inadéquat ; il convient plutôt de garder à l'esprit *l'art de la mesure*, « qui repose sur la considération de la convenance ».

Platon consacre de longs développements (fort techniques, d'ailleurs...) à l'art de carder, fouler, filer, coudre, etc., montrant que l'art du tissage est, simultanément, un *art de la séparation* – car fouler n'est pas coudre, filer n'est pas ravauder : ces opérations sont différentes – et un *art d'assemblage* – pour réunir, dans une même pièce de tissu, ce qui résulte de ces opérations spécifiques. Cela lui permet de rapprocher cet entrelacement d'éléments différents (par exemple : une chaîne, solide, et une trame, plus souple), pour fabriquer un tapis de laine, un vêtement, etc., d'un autre entrelacement : celui à l'œuvre dans la cité, unissant des professions différentes, des gestuelles diverses, des comportements multiples. L'art de gouverner cette cité, dit-il, est de même nature : relier des éléments épars, disparates voire opposés, et les rassembler en un tout ordonné, harmonieux, un *kosmos*. Platon n'a plus qu'à conclure :

nous sommes prisonniers d'une vision erronée sur les choses et les idées par lesquelles nous les pensons. Par exemple : penser la force et la modération comme des vertus opposées, l'une étant présente si l'autre est absente, alors qu'elles se complémentent ; l'une permet à l'autre de se déployer, ou de se nuancer. D'où la nécessité d'une science combinatoire qui, « de propos délibéré, compose l'un quelconque de ses ouvrages, si humble qu'il soit, aussi bien de mauvais que de bons éléments », ou, en ne choisissant que « les éléments convenables et bons », qui puisse les réunir « tous ensemble, qu'ils soient ou non semblables ».

De la tempérance

Représentée dans les jeux de cartes (le tarot de Marseille, par exemple) sous les traits d'une femme ailée, ou d'un ange, vêtu(e) de rouge et de bleu, versant un liquide d'une urne à une autre, symbolisant la circulation des flux et des énergies (et au-delà du mélange de l'eau et du vin : la fusion des contraires, l'alliage des opposés), la tempérance illustre aujourd'hui la seule sobriété, celle-ci se voyant restreinte à l'alcool. L'offre pléthorique des banques d'images sur cette « tempérance » informe, tout à la fois, des ravages de l'alcool dans les classes populaires, de la vigueur des politiques, publiques et privées, visant à en restreindre l'usage, et des caricatures politiques visant les puissants… intempérants !

Le chapitre 36 du livre III de l'opus savant *De la sagesse* (1601) de Pierre Charron, théologien et philosophe, est consacré à la « temperance, quatriesme vertu ». Elle signifie, écrit-il en liminaire : « moderation et douce attrempance ». C'est une vertu générale et commune, « un assaisonnement de toutes ». Elle est « une bride et une reigle aux choses plaisantes, voluptueuses, qui chatouillent nos sens et nos appetits naturels ». Elle est, poursuit-il, de la volupté, son « retranchement » (elle en ôte le superflu, l'étranger, le vicieux) et son « reiglement » (elle ne laisse subsister que le nécessaire). C'est le « frein de notre âme », écrit-il encore joliment, « et l'instrument propre à escumer les bouillons qui s'eslevent par la chaleur et l'intemperance du sang, afin de contenir l'ame une et esgale à la raison ».

Comment résister à ces plaisirs ? Aristote euphémise sa réponse : « Il faut que la partie concupiscible de l'homme modéré soit en harmonie avec la raison » (1119b 15).

Celle d'André Comte-Sponville, dans son *Petit Traité des grandes vertus*, est plus séduisante : cette tempérance est le moyen de rester maîtres de nos plaisirs, et non pas d'être leur esclave : « C'est jouissance libre, et qui n'en jouit que mieux : puisqu'elle jouit aussi de sa propre liberté. » Et, un peu plus loin : « Il s'agit de jouir le plus possible, le mieux possible, mais par une intensification de la sensation ou de la conscience qu'on en prend, et non par la multiplication indéfinie de ses objets[1]. »

Cette régulation volontaire de la pulsion de vie est *affirmation de notre liberté* : contrôler son désir, c'est le satisfaire ; le rendre *actif*, dirait Spinoza. C'est-à-dire : conforme à *ma* nature, sans qu'une force externe à la mienne vienne m'obliger. Modérer nos appétits, c'est donc les questionner, en former « quelque concept clair et distinct », dirait ce même Spinoza. Puisque

> chacun a le pouvoir de se connaître lui-même, et de connaître ses affections, sinon absolument, du moins en partie, clairement et distinctement, et de faire en conséquence qu'il ait moins à en pâtir[2].

Si l'homme tempérant est celui qui sait conformer sa conduite, indique Émile Bréhier, traducteur des penseurs romains, il doit en effet « se connaître lui-même », et « cette connaissance de soi est le côté intellectuel de la tempérance et aussi sa véritable source ; car elle seule donne à l'homme une pleine conscience de ce qu'il doit vouloir »[3].

À la tempérance est liée d'une façon très étroite la justice. Celle-ci consiste dans un ordre et dans une harmonie, poursuit Bréhier.

1. André Comte-Sponville, article « Tempérance », *Petit Traité des grandes vertus*, Paris, Puf, 1995.
2. Baruch Spinoza, *Éthique*, Paris, Flammarion, 2020, V, prop. 4, scolie.
3. Émile Bréhier, « Le sage antique », dans Célestin Bouglé, Émile Bréhier, Henri Delacroix, Dominique Parodi, *Du sage antique au citoyen moderne. Études sur la culture morale*, Paris, Armand Colin, 1921.

Comme la cité, dont elle est une des vertus. Tous, citoyens ou marchands, soldats ou magistrats, y font ce qu'ils ont à faire, à la place qui est la leur. C'est le raisonnement de Platon dans son *Politique* : il y commente les vertus d'une cité politique idéale (428b-444a). Lesquelles sont-elles ? La *sagesse* (ou la prudence : une communauté citoyenne est prudente dans ses délibérations ; n'y participent que ceux qui en possèdent la science), le *courage* (ou plutôt : la résolution, afin de « garder sauve cette cité, au milieu des peines et des plaisirs, des désirs et des craintes, et ne point l'abandonner » ; la *force*, donc), la *tempérance* (ou la modération, conduisant à une cité « maîtresse de ses plaisirs, de ses passions et d'elle-même »), enfin la *justice* (soit « la présence, chez l'enfant, la femme, l'esclave, l'homme libre, l'artisan, le gouvernant et le gouverné, de cette vertu par laquelle chacun s'occupe de sa propre tâche et ne se mêle point de celle d'autrui »).

Tempérer quelque chose, c'est l'adoucir, l'atténuer (par le mélange, notamment) ; tempérer une personne, c'est la calmer, la modérer (et pour soi-même : s'assagir, se corriger). C'est donc une vertu symétrique à la force, puisque l'une nous retient, nous contient, tandis que l'autre nous pousse, nous entraîne. Prudence et tempérance sont relatives *à l'individu* – sa capacité à délibérer et d'agir raisonnablement ; sa capacité à modérer ses passions. Force et justice sont relatives *aux autrui* – pour qu'ils respectent le contrat social ; parce que ce contrat est fondé sur l'égalité devant la loi.

Les Pères de l'Église catholique – Ambroise et Thomas d'Aquin – bousculent cet ordonnancement. Ils mettent en haut de la liste la *prudence* (pour découvrir le vrai), suivie de la *justice* (pour l'équité entre citoyens), puis la *force* et le *courage* (pour la grandeur et l'élévation de l'âme), enfin, à la dernière place, la *tempérance* (pour « observer la mesure et l'ordre en tout ce que nous estimons devoir faire ou dire »). La dimension politique (et collective) de cette tempérance, fondatrice chez Platon, est évacuée ; elle ne réapparaît qu'avec Montesquieu et sous son identité moderne : la *modération*.

Les dictionnaires français recensent une première occurrence de ce terme au début du XIIIe siècle (en 1230 environ) : dans un poème allégorique sur la Vierge Marie intitulé *Le Château d'amour*. L'auteur de ce poème est Robert Grosseteste, évêque de Lincoln, traducteur latin de l'*Éthique à Nicomaque* d'Aristote : il l'emploie, indique la notice du CNRTL, pour signifier « modération dans les plaisirs des sens ». C'est l'usage qu'en fait Aristote (en grec ancien : *σωφροσύνη*, *sophrosyne*, que Jules Tricot traduit par « modération[1] », et Bodéüs par « tempérance »)[2]. C'est l'un des sens du mot ; mais pas le seul. *Modération* est un concept politique d'*avenir* ; c'est ce que veut montrer notre troisième étude.

1. Dans une note de bas de page, il indique également « tempérance », et renvoie à la traduction latine de Thomas d'Aquin (*temperantia*).

2. Voir le billet de Stéphane Hicham Afeissa, « Le juste milieu entre deux vices », Nonfiction.fr, 25 août 2020. Pour une analyse académique de la notion de tempérance, voir l'ouvrage de Giulano Ferretti, François Roudaut et Jean-Pierre Dupouy, *La Vertu de tempérance entre Moyen Âge et Âge classique*, Paris, Classiques Garnier, 2020.

PARCOURS 3

De la modération en tout

Je le dirai toujours, c'est la modération qui gouverne les hommes, et non pas les excès.

(Montesquieu,
De l'esprit des lois, XXII, 22)

De l'agir modéré

Modération. Les philosophes de l'Antiquité grecque et latine ont glosé à son sujet ; les théologiens en ont fait l'un de leurs canons ; elle est recommandée dans les exercices spirituels ; météorologues, décideurs politiques et habitants des cités l'ont intégrée à leur vocabulaire[1]. Mais avouer sa préférence pour un agir mesuré, ou se prétendre modéré – voire « modéré avec excès », comme Raymond Aron se dépeignit lui-même[2] – est rare. Dans nos vies ordinaires, la modération est une vertu, disait La Rochefoucauld, « pour consoler les gens médiocres de leur peu de fortune, et de leur peu de mérite ».

Le moraliste ajoutait : « La modération est la langueur et la paresse de l'âme, comme l'ambition en est l'activité et l'ardeur[3]. »

L'homme à l'action et au verbe modérés semble un peu pâlot face à l'homme outrancier. Celui-là s'indigne haut et fort et sa conduite est transgressive quand celui-ci parle bas et agit de façon responsable. Pourquoi préférer l'individu qui vocifère ? Parce qu'il semble déterminé.

1. « Vent modéré », « hausse modérée du prix du gaz », « modération des salaires », « habitation à loyer modéré », etc.

2. « Un sans-parti, dont les opinions heurtent tour à tour les uns et les autres, d'autant plus insupportable qu'il se veut modéré avec excès et qu'il dissimule ses passions sous des arguments » (Raymond Aron, se désignant dans son « Discours prononcé à l'occasion de la remise de son épée de membre de l'Institut », 15 janvier 1965 ; cité dans Nicolas Baverez, *Raymond Aron*, Paris, Flammarion, 2005, p. 336).

3. François de La Rochefoucauld, *Réflexions ou Sentences et maximes morales* (1665), dans *Œuvres de La Rochefoucauld*, Paris, Hachette, 1868, vol. 1, § 293.

Être outrancier, c'est se montrer tranché, inapte par volonté à tout compromis ; c'est le principe d'une *révolution* : du passé, il sera fait, dit-on, *table rase*. Aucune révolution n'a pourtant débouché sur autre chose que son échec ; mais son sanglant romantisme plaît encore.

La modération ne fixe guère les catégories et les coordonnées d'une controverse politique : les radicalismes s'en chargent. De sorte que l'homme politique modéré semble agir de façon défensive, nuançant ici, rectifiant là ; et à chaque fois : *en réaction* à l'homme extrémiste. Non qu'il ne sache être incisif ; mais la controverse politique le désavantage : elle relève d'un agir *stratégique*, orienté vers le succès – quels qu'en soient les moyens. L'homme modéré est plutôt orienté vers l'accord ; il combine vérité (des faits), justesse (des propos) et validité (de l'expérience). C'est pourquoi il est souvent à la peine dans le débat public : en refusant d'outrer, simplifier et amalgamer, il se prive d'armes langagières que son adversaire, lui, déploie sans états d'âme. L'homme modéré, croit-on, porte

> les stigmates de l'impuissance, de l'indigence intellectuelle qui conduisent à le rattacher, en politique, au *marais* où prospèrent, sous la bannière d'une pseudo-sagesse, les ni-ni et les mi-mi en quart de teinte. *Modéré* a valeur d'injure au temps des idéologies flamboyantes sur fond de scène volcanique[1].

On le tient pour un cœur tendre, incapable d'opiner avec fermeté. S'il parle de paix et de concessions, le voilà honni ; s'il se contente d'un gain raisonnable, on rit de lui ; s'il consent à écouter autrui et sa plainte, il est jugé faible. On lui laisse le soin de nouer les nécessaires compromis – pour mieux le réprimander en cas d'échec. On lui reproche sa mollesse, ou son conservatisme ; et l'on conclut, contre Edmund Burke qui exalta sa noblesse[2], que cette modération est « la vertu des lâches » ; et le compromis : « la prudence des traîtres ». Par quels arguments ce renversement du bon sens a-t-il pu s'opérer ?

1. Jacques Le Goff, « La “modération” de retour ? », art. cit.

2. Voir son ouvrage *Reflections on the Revolution in France* (1790) ; trad. fr. *Réflexions sur la révolution de France*, Paris, 1790, p. 158.

La modération est une vertu troublante : elle est un *ethos* et un positionnement ; elle est substantive et procédurale ; elle est jugée plus conservatrice qu'innovatrice ; elle est synonyme de complaisance avec les pouvoirs ; elle est peu sensible à l'oxymore (on ne trouve guère de *modérés audacieux*...). Ludwig Wittgenstein dirait qu'il s'agit d'un concept « élastique », « indéterminé », « sans frontières nettes » ; mais il n'en condamnerait pas l'usage : dans la vie courante, dit-il, un concept rigide n'est d'aucun secours « dans le cours changeant de la vie »[1].

Modération est un concept controversé ; ce qui n'est pas un désavantage ; mais cela obscurcit son message. Walter Bryce Gallie forgea l'expression d'*essentially contested concept* pour designer des actions, des phénomènes, etc., dont le sens ne peut être clairement défini et qui, de ce fait, font l'objet de controverses[2] (comme « démocratie », « dialogue social », « justice » ou « participation » ; la liste semble infinie, dès lors qu'on réfléchit à ces termes, d'usage courant, mais dont le sens est un *construit social*). Le fait d'être un concept controversé présente quelques avantages : sa plasticité permet d'étendre cette propriété à de multiples situations ou phénomènes ; l'analyste peut, par exemple, conceptualiser une *modération radicale*, ou un *radicalisme de la modération*[3]. Ou, en rappelant que le vocabulaire moderne a fait sienne cette notion – on parle de *proximité modérée* (pour établir la distance entre un canapé et un îlot de cuisine) ou de *retard de développement modéré* (dans le cas d'une maladie infantile rare) –, l'analyste peut en profiter pour lui faire perdre son statut idéologique et la faire réadvenir en une vertu appréciée.

1. Ludwig Wittgenstein, *Derniers écrits sur la philosophie de la psychologie*, vol. 1 : *Études préparatoires à la 2e partie des « Recherches philosophiques »*, § 243-247 ; cité par Jean-Jacques Rosat, « L'indétermination des concepts psychologiques », dans Christine Chauviré, Sandra Laugier, Jean-Jacques Rosat (dir.), *Wittgenstein : les mots de l'esprit. Philosophie de la psychologie*, Paris, Vrin, 2001.

2. Walter B. Gallie, « Essentially contested concepts », *Proceedings of the Aristotelian Society*, 1956, vol. 56, p. 167-198.

3. Voir, à la fin de ce parcours, les travaux de la politiste Lauren Hall et d'Aurelian Craiutu.

Cette troisième étude entend contribuer à cette renaissance. Elle se fonde sur une certitude : la modération est un dispositif conceptuel idoine pour traverser les désordres de ces premières décennies du XXIe siècle. Non en la louant pieusement ; plutôt en lui assignant une fonction d'*utilité sociale*. Saisi sous ce format, le concept de modération perd son indétermination : ce qu'il désigne est une manière d'agir, de décider et de gouverner dont le résultat est « de nature à augmenter le bonheur de la communauté plutôt qu'à le diminuer[1] »...

Modération provient du latin *moderatio*, dérivé de *moderari*, lui-même de *moderor*, « être maître de ses propos et de ses gestes, diriger, conduire un cheval » ; mais aussi : « imposer une limite, réprimer des excès, réfréner des sentiments ». L'idée, indique Félix Gaffiot dans son dictionnaire, traduit une exigence : *tenir dans la mesure*. Le vocable (en français) est attesté dès 1180, indique la notice du CNRTL : est *mesuré* l'homme « qui agit avec modération ». *Modéré, mesuré* : l'équivalence est de règle. On peut y ajouter, puisés dans la liste des synonymes : la retenue, la réserve, la sagesse, la prudence, l'équilibre, la circonspection, la pondération, etc. Et la tempérance, qu'utilisait Platon et, après lui, Thomas d'Aquin. Si ces mots se définissent ainsi les uns les autres, comment les différencier ? Et le faut-il ? Revenons au texte grec. *Μετριοτης* (*metriótês*), c'est la juste mesure, la modération dans les habitudes, dans le régime de vie, indique le *Dictionnaire* d'Anatole Bailly (1901). En anglais, le mot se traduit par : *moderation* ou *mediocrity*. En italien, par : *misura*, *moderazione*, *temperanza*, *modestia*. Être *μέτριος* (*métrios*), c'est être mesuré, modéré. En allemand : *mäßig*. En portugais : *moderado*. Jean Laurent Lambert Remacle, auteur d'un *Dictionnaire wallon-français* en 1823, traduit ainsi le vocable *Ateinpranss* (ou *Ataîpranss*) : « modération, retenue, discrétion, réserve, prudence, patience ». Et commente ainsi :

> Ennemi de la pétulance, la *modération* commande à la vivacité. La *retenue* sait se taire ; elle est à la modestie, ce que la *discrétion*

1. Jeremy Bentham, *Introduction aux principes de morale et de législation*, Paris, Vrin, 2011 [1789], chap. 1.

est au silence, ce que la *réserve* est à la pudeur. La *modération*, la *retenue*, la *discrétion*, la *réserve*, constituent la *prudence* éclairée.

Tous ces mots (et leur sens), la prudence les contient. La prudence ? *Phronèsis*, en grec, soit l'acte de celui qui est capable de *phronein*, qui sait penser et utiliser son bon sens, celui qui est avisé. C'est donc, explique Bernard Suzanne, solide traducteur des textes grecs, « la pensée, le sentiment, la capacité à comprendre quelque chose, la raison, la sagesse, l'intelligence, et plus spécifiquement, la prudence, la sagesse pratique ».

Le mot dérive de *φρήν*, *phrèn*, l'esprit, la faculté de penser et juger. On le retrouve dans *σωφροσύνη* (*sôphrosunè*), généralement traduit par… modération[1]. Se conduire *sôphronôs*, c'est-à-dire comme un *sôphrôn*, c'est, explique encore Suzanne, « faire preuve de la qualité de *sôphrosunè*, terme qui peut se traduire par prudence, sagesse, modération, tempérance, modestie, toutes idées qui évoque l'équilibre, la retenue, de celui qui est justement sain d'esprit et qui ne fait pas dans la démesure (*hubris*) ».

Chez les Grecs de l'Antiquité, sagesse pratique et modération sont de même famille sémantique ; l'une éclaire le sens de l'autre. Point besoin de faire se disputer ces mots. Dans leur registre propre, ils indiquent une même idée : *se conduire avec sagesse, hors de tout excès*. Pourquoi s'excuser de se comporter ainsi ? Loin d'être une philosophie pour âmes faibles, affirment Aurelian Craiutu et Isabelle Hausser, « la modération est en fait une vertu rare et difficile pour esprits courageux. Cela implique une bonne dose de courage, d'anticonformisme et d'éclectisme, ce qui explique pourquoi il est si difficile d'acquérir et de pratiquer la modération[2] ».

L'historien Jacques Le Goff, dans son ouvrage *Gouverner au centre ? La politique que nous n'aimons pas !*, rappelle que loin

1. Pour une discussion, voir Voula Tsouna, « La conception aristotélicienne de la *sōphrosunē* dans l'*Éthique à Nicomaque* et son arrière-fond platonicien », *Revue de philosophie ancienne*, 2018, vol. XXXVI, p. 5-38.

2. Aurelian Craiutu, Isabelle Hausser, « Une vertu politique : la modération », *Commentaire*, 2014, n° 418, p. 793-802.

d'être des « mollassons » ou « des vaincus d'avance », les hommes modérés refusent

> d'imposer des solutions partisanes et bellicistes. Ils ont montré qu'en politique, le droit et la raison, l'équité et la solidarité ne sont pas toujours à la merci des idéologies casquées, du bloc contre bloc, des fronts vite disloqués, des majorités impotentes et des alternances sans projet[1].

Dans une tribune roborative, ce même historien notait qu'à « y regarder, la modération concerne moins le contenu même des idées et programmes que la manière de les défendre dans un débat respectueux de l'adversaire ».

L'essentiel est dit : la modération concerne autant le fond que la forme. Parfois l'un l'emporte sur l'autre ; d'autres fois ils s'épaulent. Dans les deux cas, il importe de convaincre plutôt que de vaincre[2]. Si la modération est l'objet de moqueries, c'est par ignorance des uns, qui ne pensent qu'aux poires coupées en deux, et par animadversion des autres, qui confondent persuader et catéchiser. Être modéré, ce n'est pas tenter de concilier Saint-Just et Jacques Cathelineau ; c'est retenir le bras vengeur de l'un et rendre tolérant l'autre. « L'abstinence ou l'excès ne fit jamais d'heureux[3]. » Le procès en légitimité et en efficacité de la modération est agaçant : comme la mauvaise monnaie chasse la bonne, l'outrance chasse la nuance. Faut-il s'y résigner ? Non. Comment promouvoir cette modération ? En parler, l'argumenter, montrer son heuristique. Dans l'ouvrage collectif *Les Forces de la modération*, coordonné par deux historiens, Olivier Andurand et Albane Pialoux, ces derniers présentent ainsi leur intention :

> Les modérés sont-ils les oubliés de l'histoire ? Vertu morale, la modération n'est guère magnifiée comme principe politique et

1. Jean-Pierre Rioux, *Gouverner au centre. La politique que nous n'aimons pas*, Paris, Stock, 2020.
2. Les clubs rocardiens, dans les années 1990-2000, se nommaient les clubs « Convaincre »...
3. Voltaire, *Sur la nature du plaisir*, 1734, 5e discours.

> l'historiographie fait plus volontiers la part belle aux révoltés qu'aux pacificateurs, trop souvent suspects de faiblesse ou de compromission. Depuis les guerres de Religion jusqu'aux nouveaux enjeux républicains, les occasions n'ont pourtant pas manqué aux théoriciens comme aux acteurs politiques d'inventer et de mettre en œuvre cette modération bien utile à la résolution des crises politiques et religieuses[1].

Toute l'Antiquité intellectuelle, grecque et romaine, en était persuadée : l'homme vertueux, sur la scène du monde, se comporte en « personnage constant, modéré, réservé et tempérant[2] ». Cette leçon a été oubliée ; il nous faut la réapprendre. Avec Cicéron, Montaigne et Montesquieu.

1. Olivier Andurand, Albane Pialoux, *Les Forces de la modération. Ligne politique ou accommodements raisonnés dans les crises politico-religieuses européennes (XVIe-XIXe siècles) ?*, Bruxelles, Peter Lang, 2020.
2. Cicéron, *De officiis*, I, 28.

De la convenance (Cicéron)

> Toute honnêteté dérive de ces quatre sources ; elle consiste : dans le discernement du vrai et dans la sagacité ; ou dans le maintien de la société humaine, l'attribution à chacun de ce qui est à lui et la foi dans les contrats ; ou bien dans la grandeur et la vigueur d'une âme élevée et invincible ; ou enfin dans l'ordre et la mesure à tenir dans les actes et les paroles ; c'est en quoi consiste la tempérance ou modération[1].

Le Traité des devoirs de Cicéron, son dernier texte philosophique, est publié fin 44 avant J.-C., quelques mois après l'assassinat de César (en mars) et un an avant le sien (en décembre 43), ordonné par Marc Antoine. C'est un manuel de morale politique, divisé en trois livres. Le premier commente les sources de l'honnêteté (*honestum*) et décrit les devoirs que celle-ci induit ; le deuxième disserte sur l'utile et l'honnête ; le troisième examine différents cas de figure dans l'application de ces devoirs d'honnêteté[2]. La plume est alerte, précise ; de nombreux exemples illustrent le propos[3]. Plusieurs objectifs l'ont guidé dans cette rédaction, indique Cicéron : latiniser

1. *Ibid.*, I, 5.
2. Par exemple : « Dans quel cas peut-il être honnête de ne pas tenir une promesse ? » ; « Quelle loyauté à l'égard de l'ennemi ? », etc.
3. Carlos Lévy, « Le *De officiis* dans l'œuvre philosophique de Cicéron », *Vita latina*, 1989, 116, p. 11-16.

la philosophie, jusqu'alors (trop) grecque (« et employer les deux langues avec une égale facilité ») ; unir deux genres : l'éloquence du forum (« la convenance du discours, sa précision, son élégance ») et la discussion philosophique (« l'art de discuter paisiblement ») ; proposer un traité sur les devoirs du *bonus vir*, l'homme de bien (ou l'honnête homme) ; enfin, enrichir la tradition stoïcienne en arrimant ses principes à la vie de la *polis*, la communauté politique. Il ne s'agit pas d'un manuel de stoïcisme, avec ce que cela suppose d'arguments philosophiques doctement assénés (et la critique des écoles rivales) ; mais plutôt d'un ouvrage de *morale pratique*, adossée aux principes stoïciens. En découle un livre didactique, où l'auteur cherche moins à convaincre qu'à fournir des clés conceptuelles – la prudence, la modération, la constance, etc. – et des manières *appropriées* de vivre au sein de la communauté.

Le chapitre 20 de *De officiis* s'ouvre sur les principes du stoïcisme, cette « philosophie pour gros temps[1] » : « mépris pour les choses extérieures », « mépris pour les choses humaines », « ne rechercher que l'honnêteté et la convenance », « [ne] céder ni aux hommes ni à la passion ni à la fortune ». Mais la modération cicéronienne n'est pas un viatique pour accepter « les détresses privées et les calamités publiques ». À la différence d'un Sénèque, un siècle plus tard, prônant l'impassibilité et l'indifférence en toutes occasions, Cicéron est pragmatique ; et c'est à l'aune de ce pragmatisme (« Tant est grande l'importance du lieu et des circonstances »...) qu'il faut considérer son principe de modération. Pour les stoïciens, la sérénité du sage est l'aboutissement de toute une vie ; les philosophes ne peuvent donc devenir, de leur vivant, des sages, à jamais dépassionnés[2]. Mais ils peuvent tendre à cet idéal ; c'est l'opinion de Cicéron... Il donne, au chapitre 40, une première définition de

1. Notice « Stoïcisme », dans Jacques Brunschwig, Geoffrey Lloyd (dir.), *Le Savoir grec. Dictionnaire critique*, Paris, Flammarion, 1996, p. 1041-1058.

2. Voir l'ouvrage de Sharon Weisser, *Éradication ou modération des passions. Histoire de la controverse chez Cicéron, Sénèque et Philon d'Alexandrie*, Turnhout, Brepols, 2022. Ce livre retrace l'histoire de la controverse (passionnée...) qui opposa les stoïciens aux péripatéticiens.

cette *modestia* (« celle des stoïciens ») : « La science qui consiste à mettre à leur place propre nos actions et nos paroles. »

Le traducteur (Émile Bréhier, 1962), a inséré ici une note de bas de page ; il y indique que cette *modestia* correspond au mot grec *kosmiotès*, dont la définition, d'après Andronicos de Rhodes, éditeur probable des œuvres d'Aristote, serait : « La science de ce qui est convenable dans les mouvements et les attitudes. »

Cicéron poursuit en rappelant que pour les stoïciens « la place d'une action » est « son opportunité » – *eukairia* en grec ; *occasio* en latin –, ce qui lui permet de donner sa définition personnelle de la modération : *la science de l'opportunité des circonstances propices à une action*. Cette définition, convient Cicéron, s'applique aussi à la *prudence* ; mais l'objet de son traité, dit-il, est relatif « au respect de soi-même et à l'estime de ceux avec qui l'on vit » ; sa définition lui semble pertinente : il faut mettre dans notre conduite en société un ordre identique à celui qui régit nos discours, ordonnés en parties identifiables, et donc faire en sorte que « toutes les parties de notre vie soient bien adaptées l'une à l'autre, et d'accord entre elles ».

S'il s'agit d'un traité portant sur les *devoirs* (*officiis*), ils n'ont pas chez Cicéron un statut d'impératifs, à la manière de Kant – c'est-à-dire : inconditionnels, à visée abstraite et universelle ; ils ont un statut de *règles*, entendues ici comme des guides orientant l'action individuelle dans des situations sociales où il faut délibérer à propos de choix d'action. Il y a donc, à la différence de Kant (qui la condamnera fermement...) *adaptation de la morale* aux circonstances[1], mais aussi souci des *conséquences* de l'option choisie (et non pas un focus sur la seule intention d'agir), et inscription du délibérant dans une situation *concrète* (et ne se tenant pas en surplomb de celle-ci, inattentif à sa concrétude[2]).

1. « Quand les conditions viennent à se modifier, la conduite, pour rester morale, doit elle aussi se modifier et non demeurer la même. Il peut y avoir des promesses, des contrats, dont la mise à exécution soit nuisible à celui qui a reçu la promesse et à celui qui l'a faite » (*De officiis*, I, 10).

2. « Le *rigorisme* aveugle, que n'affectent ni les circonstances ni les conséquences de l'action, est en quelque sorte devenu le symptôme le plus troublant de cette éthique

(Re)lire Cicéron, outre la fluidité de sa plume et sa clarté pédagogique (ce qui est déjà suffisant, en nos temps d'émojis et de *short messages*...), c'est disposer d'une *éthique appliquée de la modération*, pensée pour orienter l'agir de l'homme vertueux. Être modéré, pense Cicéron, ce n'est pas « viser un milieu » entre excès et défaut. « Juste milieu » ne fait d'ailleurs pas partie de son vocabulaire ; « mesure », oui. Ce *sens de la mesure* définit l'honnête homme : il sait « quelle mesure il faut apporter dans les paroles et les actions » ; il applique « la mesure et l'ordre dans les affaires de notre vie », etc.

Prêtons un peu d'attention à ses traducteurs ; les versions n'ont pas la même fluence ni la même précision. Cela a été (déjà) dit à propos de Thomas d'Aquin : le latin, par ses formes dites « flexionnelles » (les mots sont variables et tiennent compte du contexte d'usage et de leur rapport aux mots figurant dans la phrase), oblige les traducteurs à rivaliser de prouesses terminologiques pour rendre compte, en plusieurs mots, d'un seul terme latin. Prenons le texte suivant, traduit en 1874 par Désiré Nisard, professeur d'éloquence au Collège de France : « C'est dans les affaires de la vie qu'il faut exercer cette vertu de la modération, sans laquelle il n'est plus ni honnêteté ni dignité pour l'homme. »

Même extrait, mais dans une traduction de Charles Appuhn, philosophe et traducteur des œuvres de Spinoza, en 1933[1] : « C'est ainsi qu'observant une juste mesure et une règle dans les affaires de la vie, nous resterons dans la limite des convenances morales et sociales. »

Ce premier exercice de comparaison permet de vérifier, une nouvelle fois, l'influent rôle du traducteur dans la réception et la compréhension d'un auteur de l'Antiquité. Convenons que cette variété des vocabulaires, loin d'être débilitante, nourrit l'analyse ; et que chaque traducteur, par ses choix langagiers, permet

formaliste du pur devoir. » Voir, pour une discussion de l'usage « en situation » de l'impératif kantien, l'article de Luc Langlois, « Impératif catégorique, principe de généralisation et situation d'action », *Cités*, 2004, n° 19, p. 153-171.

1. *Les Stoïciens*, édité chez Gallimard, (encore) disponible en librairie dans la collection « Tel ».

d'identifier des manières différentes, aux trois époques couvertes (les années 1870, 1930 et 1960) de penser l'agir mesuré. En 1874, la modération est encore une vertu ; en 1933, l'expression « juste mesure » rappelle les débats de cette époque sur le juste salaire, le juste prix et le juste profit. Poursuivons l'exercice en comparant les versions d'une des phrases conclusives du chapitre 39. Cicéron vient de commenter deux des « trois règles à observer » avant d'engager une action et s'attache à la dernière :

> « La troisième est de soutenir notre dignité sans exagération, avec cette juste mesure dont nous parlions, qui consiste dans la bienséance, et hors de laquelle il n'y a plus qu'excès répréhensible. » [Nisard]
>
> « Troisièmement il faut avoir la précaution, quand l'entreprise tend à nous faire paraître larges et à augmenter notre prestige, de rester dans une juste mesure. La mesure d'ailleurs consiste à maintenir cette harmonie dont nous avons parlé et à ne s'en point écarter. » [Appuhn]
>
> « Troisièmement, s'attacher à garder la mesure, quand il s'agit d'être généreux et de tenir notre rang : la meilleure des mesures, c'est d'observer cette convenance dont j'ai parlé plus haut et ne pas aller au-delà. » [Bréhier]

On constate des différences. Illustrent-elles le jeu personnel de la traduction ? Probablement. Le texte latin[1] indique *moderata*, féminin de *moderato*, modéré. Qu'est-ce qui doit ici être modéré ? La libéralité, *liberalitas* (au sens d'être généreux), et la dignité, *dignitas* (au sens d'être reconnu, considéré). Mais il s'agit moins d'une restriction d'action (« ne pas faire cela ») que d'une incitation à *faire ce qu'il faut, au bon moment, de la bonne manière et dans la bonne situation.* C'est ce qu'illustrent nos traducteurs par le choix de leurs expressions : « soutenir sa dignité sans exagération », « ne mettre dans l'action ni plus ni moins de soin qu'elle n'en exige », « tenir

1. « *Tertium est, ut caveamus, ut ea, quae pertinent ad liberalem speciem et dignitatem, moderata sint.* »

notre rang », « rester dans une juste mesure », « observer cette convenance », etc. Autrement dit : *engager l'action qui convient.*

Cette lecture de la modération en tant qu'*action convenable* soulage celle-ci de sa connotation péjorative. Lire Cicéron sous cet angle permet de brosser un portrait de l'homme modéré en tant qu'homme au comportement *approprié* (« *quid conveniat et quid deceat* » : ce qui convient et ce qui est approprié). Que fait cet homme ? Il respecte les « convenances » : « Préserver l'homme de tout manquement aux convenances morales » (I, 4 ; traduction d'Appuhn).

D'où proviennent ces convenances, et pour quelles raisons les respecter ? Ce sont des règles de la vie sociale, propres à des époques et à des aires culturelles données ; en spécifiant les conduites sociales requises et permises, elles permettent aux individus de « faire société ». Distinguons les règles d'*étiquette*, qui prescrivent les conduites appropriées dans les situations mondaines, quand le nombre d'individus en coprésence et leur statut public requièrent un protocole précis, et les règles *morales*, qui visent à « promouvoir le bien et éviter le mal, encourager la vertu et décourager le vice, éviter qu'autrui [ne] soit blessé et veiller à son bien-être[1] ». Pour les premières, c'est moins le caractère approprié de l'action convenable qui l'emporte que le respect du code protocolaire ; pour les secondes, en revanche, la convenance se déduit directement des nécessités de la vie sociale. C'est en ce sens qu'un agir mesuré peut être dit un agir *convenable* : il modère l'impact d'une action x sur les cours d'action y, z et w d'autres individus, de sorte que tous puissent atteindre leurs objectifs et qu'aucun ne soit obligé de modifier ses attentes. On relève, dans *De officiis*, de nombreux exemples de cette modération *par réduction de son propre vouloir* :

> « Mettre dans tout ce que l'on fait et ce que l'on dit cette convenance et cette mesure, qui est le cachet de la modération et de la tempérance. » [I, 5]

1. Je reprends là une définition de ces règles morales proposée par Steven Lukes, *Le Relativisme moral*, Genève, Markus Haller, 2015, p. 45.

> « Le premier caractère de l'homme juste est de ne jamais nuire à personne, à moins qu'il ne soit injustement attaqué ; ensuite, de se servir des biens communs comme appartenant à tous, et des siens seulement comme lui appartenant en propre. » [I, 7]
> « Il faut prendre garde d'abord à ce que notre bienfaisance ne tourne pas au préjudice de celui à qui elle s'adresse, ni de personne autre ; il faut veiller ensuite à ne pas être plus libéral que nos moyens ne nous le permettent ; et enfin, à ce que chacun reçoive selon son mérite. » [I, 14]

Dans nos actions, des limites sont à respecter (pour éviter de commettre l'injustice et s'offrir au déshonneur) ; agir avec mesure équivaut à un agir *honnête*, puisque celui-ci a pour critères la *constance* – qui sécurise l'action d'autrui (puisqu'elle « dissipe les ténèbres du cœur humain », dit Hannah Arendt[1], et rend moins imprévisibles nos actions) – et la *proportionnalité* – qui évite l'injustice (puisque le juste, dit Aristote, est ce qui respecte la proportion). Ce sont là deux critères décisifs pour différencier l'agir mesuré de son antonyme : l'*hubris*, la démesure. « Mettre la mesure en toutes choses », c'est donc « disposer et arranger les choses dans les lieux convenables ». Aujourd'hui, on parlerait d'une *intelligence des situations*. David Autissier, qui lui a consacré un ouvrage à destination des managers, définit celle-ci ainsi :

> La capacité d'une personne à obtenir ce qu'elle souhaite et/ou à profiter des opportunités en ayant une bonne appréciation des personnes, de leurs attentes, des éléments bloquants et facilitants, des logiques d'action visibles et invisibles ainsi que des enjeux et des risques[2].

Cela, c'est la version individualiste (voire opportuniste) de cette intelligence nécessaire des situations : elle peut conduire à considérer

1. Hannah Arendt, *La Condition de l'homme moderne*, Paris, Calmann-Lévy, 1961, p. 310.
2. David Autissier, *L'Intelligence de situation. Savoir exploiter toutes les situations*, Paris, Eyrolles, 2009, p. 19.

autrui comme un moyen, la situation comme une occasion de profit, et l'agir comme une prédation. Tout autre est la perception de Cicéron :

> L'honnêteté consiste ou à découvrir la vérité et former de bons conseils ; ou à maintenir la société humaine, en rendant à chacun ce qui lui appartient, et en gardant avec fidélité sa parole ; ou à déployer la grandeur et l'énergie d'une âme haut placée et invincible ; ou à mettre dans tout ce que l'on fait et ce que l'on dit cette convenance et cette mesure, qui est le cachet de la modération et de la tempérance.

De la tempérance (Montaigne)

« Pour Montaigne, le bonheur est dans la modération[1] », « Tempérance et modération des passions dans les *Essais* de Montaigne[2] », « Montaigne and the virtue of moderation[3] », « Radical moderation[4] » : lire les *Essais*, c'est feuilleter un traité sur la modération – des idées, des comportements, des manières de guerroyer ou de gouverner. Mais un traité *tout en nuances*. Non qu'il tergiverse ou adoucisse son propos, se comportant comme le Swann que décrit Marcel Proust (« la modération diplomatique du mondain ») : il se tient ferme dans le portrait qu'il fait de lui-même ; il ne ménage pas sa peine ni ses adversaires ; il affirme au tranchant de sa plume ses opinions. Ouvrage *nuancé*, néanmoins, car apparaît, lumineuse, derrière l'homme proposant « une vie basse et sans lustre », et estimant que son âme « est tousjours en apprentissage et en espreuve » (*Essais*, III, 2), une pensée complexe, se méfiant des raccourcis autant que des évidences ; car l'homme qui déclare aimer « les natures tempérées et moyennes » et s'étonne sans cesse de l'immodération est aussi celui qui recommande, pour suivre les

1. *La Vie*, 31 mars 2021.
2. Conférence de Thierry Gontier (Canal U, 22 mars 2023).
3. Article de Christine Zuckert (*The Review of Politics*, 2023, vol. 85, n° 3, p. 378-381).
4. Cinquième chapitre de Douglas Thompson, *Montaigne and the Tolerance of Politics*, Oxford, Oxford University Press, 2018, p. 119-154.

règles du « bien vivre et de bien croire », de le faire « avec relâche et modération ». La sagesse a ses excès, rappelle Montaigne, « et n'a pas moins besoin de moderation que la folie » (III, 5)...

Aux premières lignes du chapitre *De la modération*, au livre I de ses *Essais*, Michel de Montaigne, magistrat nourri de grec et de latin, né dans un siècle de guerres civiles[1], avoue au lecteur son inclination : la tempérance, la voie moyenne. Il connaît ses classiques, aristotéliciens et stoïciens, et ce livre I, rédigé à partir de 1572, l'année de la Saint-Barthélemy, s'inscrit dans les canons de l'agir modéré. Montaigne y argumente peu ; il donne des exemples et se fait pédagogue (ou moraliste). À l'adresse des femmes, dont il redoute le *desbordement* et qu'il juge déjà « assez esveillées pour le besoing des hommes » ; aux maris, auxquels il conseille de réprouver l'accointance qu'ils ont envers leurs femmes « si la modération n'y est observée » ; aux lecteurs, enfin, gratifiés de moult conseils sur la manière de rentrer dans leurs appartements dès que le vin les a (trop) échauffés... Ainsi sont et vont les *Essais* : un plaidoyer pour un agir mesuré, *en toutes choses*, qu'il s'agisse de nos humeurs quotidiennes, des causes que l'on embrasse ou des entreprises que l'on forge :

> La cause générale et juste ne m'attache non plus que modérément et sans fièvre. Je ne suis pas sujet à ces hypotheques et engagemens penetrans et intimes [...]. Toutes intentions legitimes et equitables sont d'elles mesme sequables et temperées, sinon elles s'altèrent en seditieuses et illegitimes [III, 1].

Se contenter d'une « moienne mesure » est donc la bonne mesure. Ce qui distingue Montaigne d'Aristote est la manière dont se conçoit et s'opère cet agir mesuré : par un non-agir chez l'un, par un acte défini par la droite règle chez l'autre. Si ces deux démarches sont volontaires, elles n'obéissent pas à la même rationalité. Chez

1. Pour un exposé complet, voir « Des *Essais* pour comprendre les guerres civiles », chapitre 2 de l'ouvrage de Jean Balsamo, *La Parole de Montaigne. Littérature et humanisme civil dans les* Essais, Turin, Rosenberg & Sellier, 2019.

Aristote, l'homme est sage (ou prudent, etc.) par choix rationnel d'une action dont le résultat sera vertueux car se situant entre excès et défaut. Chez Montaigne, cet homme est sage *par insensibilité volontaire aux choses* :

> J'ay grand soin d'augmenter par estude et par discours ce privilege d'insensibilité qui est naturellement bien avancé en moy. J'espouse et me passionne par consequant, de peu de choses. J'ai la veuë clere, mais je l'attache à peu d'objects, le sens delicat et mol [...] Je briderois pourtant et soutiendrois volontiers mon affection qu'elle ne s'y plonge trop entiere, puisque c'est un subject que je possede à la mercy d'autruy, et sur lequel la fortune a plus de droit que je n'ay [III, 10].

À celles et ceux qui se laissent emporter par les causes qu'ils épousent, grandes ou petites, Montaigne conseille de désirer peu et de s'affairer encore moins : « Je me tiens sur moy, et communément désire mollement ce que je desire et desire peu ; m'occupe et m'enbesongne de mesme ; rarement et tranquillement » (III, 10).

La modération chez Montaigne est moins une retenue généralisée qu'un engagement circonspect (et circonscrit) : « Il faut mesnager la liberté de nostre ame et ne l'hypothequer qu'aux occasions justes ; lesquelles sont en bien petit nombre, si nous jugeons sainement » (III, 10).

S'il condamne l'excès et le défaut (« Monter à coup vers une grande lumière » ou « dévaler à l'ombre » trouble de même façon les yeux), il ne sacralise pas le « juste milieu » ; l'expression, d'ailleurs, ne figure pas dans les *Essais* :

> Le peuple se trompe : on va bien plus facilement par les bouts, où l'extrémité sert de borne d'arrest et de guide, que par la voye du milieu, large et ouverte, et selon l'art que selon nature, mais bien moins noblement aussi, et moins recommandablement. La grandeur de l'ame n'est pas à mont et tirer avant comme sçavoir se ranger et circonscrire. Elle tient pour grand tout ce qui est assez, et montre sa hauteur à aimer mieux les choses moyennes que les eminentes [III, 13].

Aristote, à vrai dire, l'irrite ; Montaigne le dit sans ambages :

> Je ne recognois pas chez Aristote la plus part de mes mouvements ordinaires : on les a couverts et revestus d'une autre robbe pour l'usage de l'eschole. Si j'étois du métier, je naturaliserois l'art autant qu'ils artialisent la nature [III, 5].

Ce qu'il critique ici, c'est l'*artificialité* de la pensée de ceux qui se réclament d'Aristote, qu'il critique férocement dans le chapitre « Du pédantisme » (I, 25). Ainsi de la distinction aristotélicienne entre sagesse et prudence[1], qu'il n'apprécie guère (« Je ne digere pas bien cette difference de mots ») ou de la façon dont la « science » ne vise qu'à meubler nos têtes sans nous dresser à l'analyse (« du jugement et de la vertu, pas de nouvelles » ; « Nous ne travaillons qu'à emplir la memoire et laissons l'entendement et la conscience vuide »). Le problème, estime Montaigne, réside dans la manière dont procède cette « science » : en ne s'appuyant pas sur l'expérience, elle ne nous aide « ny à bien penser, ny à bien faire » :

> Les sciences traictent les choses trop finement, d'une mode trop artificielle, et differente à la commune et naturelle. Mon page faict l'amour et l'entend. Lisez luy Leon Hébreu et Ficin : on parle de luy, de ses pensées et de ses actions, et si, il n'y entend rien. [I, 30]

Autrement dit : cette « science », en euphémisant le réel, oublie la vie, dans son ordinaire et la simplicité du langage dans laquelle elle s'exprime. Et si ceux qui l'enseignent « sçavent la théorique de toutes choses », cherchez « qui la mette en practique » (I, 25). Le page de Montaigne fait l'amour, et il s'y excelle ; parler d'amour ne peut donc ignorer ce rapport aux corps et aux techniques de plaisir. S'entremêlent ainsi, dans l'anthropologie montaignienne, pragmatisme et réflexivité. Le chapitre 13 du livre III, « De l'expérience »,

1. À ce sujet, voir les deux articles de Jacques Étienne : « Sagesse et prudence selon le stoïcisme » et « La prudence selon Aristote », *Revue théologique de Louvain*, 1970, 1, p. 175-182 et 430-432.

qui clôt les *Essais*, se lit, si l'on ose cet anachronisme, comme les prémices de ce que deviendra quelques siècles plus tard le pragmatisme en philosophie, sous l'impulsion de penseurs nord-américains découverts en France depuis peu, tels William James et John Dewey. Quant à la réflexivité – ne pas vivre et agir les yeux fermés, sans tâcher jamais de les ouvrir et d'interroger ce que nous faisons et ce à quoi nous croyons, pour paraphraser René Descartes[1] –, ce chapitre 13 des *Essais* en est un condensé. Ce retour sur soi et sa propre pensée n'est pas seulement un détour critique : alliée au pragmatisme, la réflexivité permet à l'individu de se corriger incessamment (pour, par exemple, faire une place aux « cervelles étrangères »). C'est un regard sur « soi-même comme un autre », pour parler comme Paul Ricœur[2], et vers un autrui, proche mais différent, vulnérable, assurément, et à propos duquel nous sommes « cousus de responsabilités » – pour parler cette fois comme Emmanuel Levinas... Nul ne peut se comprendre s'il reste en soi. L'humanité de l'homme, dit Levinas, est une responsabilité *pour les autres* : « Le retour à soi se fait détour interminable[3]. » Montaigne le dit par d'autres mots : « Les autres forment l'homme » (III, 2). Et dans ce même chapitre : « Chaque homme porte la forme entière de l'humaine condition. »

Quelles sont les conditions de ce travail de connaissance, dès lors que la raison prend moult formes, que des événements, en apparence identiques, présentent de fortes dissemblances, qu'il est impossible qu'une parole biblique puisse rendre compte de la complexité du monde vivant, que les lois ne peuvent saisir l'infinie variété des actions humaines, qu'en voulant tout questionner on ne produit qu'incertitudes et querelles, que le grand nombre possible d'interprétations différentes des phénomènes dissipe la vérité et la fragmente, qu'ainsi délayée la matière savante s'obscurcit et que l'intelligence s'ensevelit, que nous ne faisons que nous gloser les uns les autres,

1. « Or, c'est proprement avoir les yeux fermés sans tâcher jamais de les ouvrir, que de vivre sans philosopher. »

2. Paul Ricœur, *Soi-même comme un autre*, Paris, Seuil, « Essais », 1990.

3. Emmanuel Levinas, *L'Humanisme de l'autre homme*, Saint-Clément-de-Rivière, Fata Morgana, 1972 : rééd. Paris, Le Livre de Poche, 1987, p. 109.

que tout fourmille de commentaires incessants mais que d'auteurs il y a disette, et que pour une question de bon sens posée, nous en recevons une ruchée en retour ? Que faire, donc, pour comprendre ce monde que Montaigne décrit, et y agir *avec justesse* ? Réponse de Montaigne : se fonder sur sa propre expérience, écouter sa vie, se comprendre soi :

> J'aymerois mieux m'entendre bien en moy qu'en Ciceron. De l'experience que j'ay de moy, je trouve assez de quoy me faire sage, si j'estois bon escholier. Qui remet en sa mémoire l'excez de sa cholere passée, et jusques où cette fievre l'emporta, voit la laideur de cette passion mieux que dans Aristote, et en conçoit une haine plus juste [...]. Quant je me trouve convaincu par la raison d'autruy d'une opinion fauce, je n'apprends pas tant ce qu'il m'a dict de nouveau et cette ignorance particuliere (ce seroit peu d'acquest), comme en general j'apprends ma debilité et la trahison de mon entendement ; d'où je tire la reformulation de toute la masse [III, 13].

Montaigne, disions-nous, n'est pas Aristote ; l'homme sagace est pour lui une figure de l'esprit : « Je me deffie des inventions de nostre esprit, de nostre science et art » (II, 37) ; et l'homme est « vain, divers, et ondoyant » ; il est donc « malaisé d'y fonder jugement constant et uniforme » (I, 1).

Jean Balsamo, traducteur et fin commentateur des *Essais*, propose de nuancer la définition courante de la modération des passions chez Montaigne : elle ne se confond pas, estime-t-il, « avec une *eupathie* d'origine plutarquienne, avec un bon usage des passions, complaisant à celles-ci, et encore moins avec l'*apathie* ou *impassibilitas* stoïcienne. Il s'agit en fait d'une patiente conquête de l'*euthymia*, c'est-à-dire du courage qui permet la maîtrise de soi et de l'ensemble des passions[1] ».

Ce courage ne dissimule pas une guerre incessante menée contre soi ; ce courage est *raisonné* ; il est peu pétri d'héroïsme ; plutôt

1. Jean Balsamo, « Passions et vie civile dans le livre III des *Essais* », *Cahiers de recherches médiévales et humanistes*, 2017, 34, p. 297-315.

d'une *intelligence des situations*. En cela réside la différence entre l'homme modéré d'Aristote et celui de Montaigne : l'un lutte contre ses passions ; l'autre les ignore. Subtile différence ? Certes, mais essentielle : le premier homme s'épuise à ce combat, le second ne se départ de soi « de la largeur d'un ongle » :

> Nous ne conduisons jamais bien la chose de laquelle nous sommes possedez et conduicts [...] Celuy qui n'y employe que son jugement et son adresse, il y procede plus gayement : il feinct, il ploye, il differe tout à son aise, selon le besoing des occasions ; il faut d'atainte, sans tourment et sans affiction, prest et entier pour une nouvelle entreprise ; il marche toujours la bride à la main [III, 10].

Les recommandations de Montaigne, mises bout à bout, brossent un utile portrait de l'homme *sage*. Voici quelques principes.

Se laisser négligemment mener, par son ignorance, par la loi générale du monde. Celle-ci ne tardera pas à se faire connaître, et nous le sentirons. Le savoir ne la modifiera pas, et elle ne se modifiera pas pour nous ; c'est donc folie de s'en tourmenter.

Se confier sagement à sa nature, ou se laisser guider par elle. Les spéculations philosophiques satisfont notre curiosité ; mais que font-elles d'autre que falsifier les règles de cette nature en les peignant trop en couleurs ? S'ensuivent nombre de portraits différents, qui finissent par embrouiller ce qui est limpide.

Savoir que l'on ne sait pas. La maxime « Connais-toi toi-même », inscrite sur le fronton du temple d'Apollon à Delphes, nous enjoint un devoir d'humilité : nos apprentissages n'ont d'autre fruit que celui de nous faire sentir l'étendue de ce qu'il nous reste à apprendre. Reconnaître cette faiblesse, écrit Montaigne, conduit à la modestie et à une « constante froideur et modération d'opinions ». Sinon l'arrogance importune et querelleuse nous guette ; et à persister, nous travaillons contre nous-même...

Ne se fier que mollement aux lois, civiles ou morales, tant elles comportent contradictions et erreurs. Elles sont – lourdement et ordinairement – sujettes à faillir : irrégulières et imparfaites, ce qu'elles commandent est si trouble qu'il faut excuser leur désobéissance et les défauts d'interprétation et d'observance. Ces lois se maintiennent, non parce qu'elles sont justes, mais parce qu'elles sont lois.

Regarder sa vie dans celle d'autrui comme dans un miroir. Et ainsi : ne laisser échapper que peu de choses autour de soi utiles à ses projets. J'étudie tout, note Montaigne, ce qu'il faut éviter et ce qu'il faut imiter ; en résulte un savoir sur soi et sur les autres, saisis dans l'infinie variété de leurs actions, « si diverses et si décousues »...

Présenter ses idées en gros et à tâtons. Et laisser aux savants le soin de diviser à l'excès leurs idées et les désigner par le menu et en termes spécifiques ; ils les rangeront ensuite, bien alignées, de sorte qu'ils fixent ce qui est pourtant mobile ; ils veulent ordonner ce qui ne saurait subsister et fonctionner qu'à l'état désordonné...

Savoir jouir de son être. Ou encore : se conduire en homme selon sa nature, ou en conformité avec son caractère. Ce que ne font pas certains philosophes, pense Montaigne, qui veulent se mettre hors d'eux-mêmes – ce qui est folie : au lieu de devenir des anges, ils se transforment en bêtes. Au lieu de se hausser, ils s'abaissent.

Philosopher, mais avec modération. « Prinse avec moderation », la philosophie nous semblera plaisante et commode ; ingurgitée à l'excès, elle nous rendra « sauvage et vitieux », voire « incapable de toute administration politique et de secourir autruy » ; elle peut nous aider comme nous dévoyer : ratiociner n'est pas penser.

Vivre le moment présent. Mieux qu'Eckhart Tolle : Michel de Montaigne ! « Quand je danse, je danse ; quand je dors, je dors ; voire et quand je me promène solitairement en un beau verger, si mes pensées ne sont entretenues des occurrences étrangères quelque partie du temps, quelque autre partie je les ramène à la promenade au verger, à la douceur de cette solitude et à moi » (III, 13).

Demeurer soi-même, mais avec lucidité et réflexivité. L'injonction « Retirez-vous en vous-même » ne vaut que si la démarche est critique – puisque « ce serait folie de vous fier à vous mesmes, si vous ne vous sçavez gouverner » (I, 39). Et au début du livre III : « Nostre estre est simenté de qualitez maladives : l'ambition, la jalousie, l'envie, la vengeance, la superstition, le desespoir logent en nous. »

Se modérer ? Oui, mais modérément ! Car si l'intempérance est peste de la volonté, « la tempérance n'est pas son fléau : c'est son assaisonnement » (III, 13). La philosophie ne lutte point contre les plaisirs et les voluptés corporelles, affirme Montaigne, « pourvu que la mesure y soit jointe, et en prêche la modération, non la fuite » (III, 5).

Jean Balsamo, dans *La Parole de Montaigne,* décrit avec justesse la leçon que ce dernier nous donne, et qui justifie que nous le lisions, encore et encore, en cette époque d'outrance et d'exacerbation des radicalités :

> Il s'agit d'une leçon d'humanité et de respect, qui prend tout son sens au moment des guerres civiles, que Montaigne dénonce comme une époque de barbarie, marquée par le déchaînement des passions publiques et privées, la perversion des valeurs nobiliaires d'honneur et de vaillance. Ni docte ni pédante, entièrement libérée de tout jargon et de tout mode d'exposition scolaire, cette leçon n'est pas celle d'un fruste philosophe antique vivant hors de la bonne société, et encore moins celle d'un prédicateur zélé, qu'il soit catholique ou protestant, appelant à la mortification des passions en même temps qu'il excite l'esprit de parti. Il s'agit d'une leçon paradoxale à bien des égards, qui se donne à travers un exemple vraisemblable, celui d'un gentilhomme de distinction et un homme d'honneur dont les *Essais* offrent le portrait contrasté, et non pas l'exemple d'un héros à l'antique[1].

La lecture (ou la relecture) des *Essais* est peut-être la première action à engager pour ne pas sombrer, à notre tour, dans la désespérance contemporaine. Montaigne est notre voisin : il faut nous rendre journellement chez lui.

1. Jean Balsamo, « Passions privées et humanisme civil », *La Parole de Montaigne…*, *op. cit.*

De la troisième voie

The Third Way. Le sociologue Anthony Giddens donna ce titre à son ouvrage de 1998, en soulignant l'objectif : *The Renewal of Social-Democracy.* Le concept eut son moment de gloire dans le Royaume-Uni de Tony Blair, au début des années 2000 ; il semble aujourd'hui démonétisé ; il a néanmoins infusé au sein de la social-démocratie européenne ; ses principes figurent dans les programmes des partis européens de gauche, dits « de gouvernement ».

Blair est Premier ministre de mai 1997 à juin 2007 ; Gordon Brown lui succède jusqu'en mai 2010. L'expérience dite de la « troisième voie » se termine : David Cameron et les tories reviennent au pouvoir, treize ans plus tard. En 2015, Jeremy Corbyn, proche des partis antiaustérité grec (Syriza) et espagnol (Podemos), et après une campagne anti-Blair auprès des militants, est élu à la tête du Labour Party – malgré l'hostilité de l'appareil du parti et plusieurs députés aux Communes[1]. Il est remplacé en 2020 par Keir Starmer. Si le terme de « *third way* » n'est pas dans le vocabulaire de ce dernier, les principes au cœur de cette notion le demeurent. Quels sont-ils ?

Le premier est pédagogique : il indique l'existence de deux autres « voies », dont cette troisième serait la combinaison, le dépassement ou la négation. La force perlocutoire de l'expression réside dans sa topique : il existe *toujours* une « troisième » voie, dès lors que

1. « Avec Jeremy Corbyn, le Labour se radicalise » (*L'Opinion*, 10 septembre 2015).

sont rapprochés deux termes, deux logiques, deux politiques, deux scénarios possibles d'action, etc., présentés comme des alternatives. Les contrariétés conceptuelles sont nombreuses : liberté/égalité (ou liberté/justice), marché/État, propriété publique/propriété privée, individualisme/collectivisme, libéralisme/socialisme, capitalisme/communisme, nationalisme/internationalisme, etc. Pour chacun d'eux, l'expression « troisième voie » signifie, selon les moments et les situations : *ni l'une ni l'autre* de ces logiques ; *et l'une et l'autre*, en les conciliant ; *et l'une et l'autre*, en les transformant.

La première figure, celle du *rejet*, est récurrente : le double refus du communisme soviétique et du capitalisme états-unien fut un puissant marqueur, comme le fut le rejet de l'*imperium* des deux superpuissances, ce dont le gaullisme et, après lui, la politique étrangère de la France firent leur totem.

> Les socialistes s'opposent au capitalisme non seulement parce qu'il est un gaspillage économique et parce qu'il prive les masses de leurs droits matériels, mais surtout parce qu'il révolte leur sens de la justice. Ils s'opposent au totalitarisme sous toutes ses formes parce qu'il porte atteinte à la dignité humaine[1].

La deuxième figure, celle de la *conciliation*, exprime la nécessaire union de phénomènes qui, par leur exclusivité, provoquent nuisances et malheurs :

> Il est impératif d'établir un ordre économique mondial vraiment nouveau. Celui-ci doit réconcilier les intérêts des pays industrialisés et des pays en développement. [...]
> Ce doit être la tâche du système politique que de garantir à la fois le droit à la nourriture et à l'emploi[2].

L'idée est de rendre compatibles des entités présentées par d'autres forces politiques comme rivales, exclusives ou prioritaires : « Le mouvement

1. « Aims and tasks of democratic socialism », déclaration finale du Ier Congrès de l'Internationale socialiste, Francfort, juillet 1951.

2. « Déclaration de principes », XVIIIe congrès de l'Internationale socialiste, Stockholm, juin 1989.

socialiste démocratique continue de préconiser *à la fois* la socialisation et la propriété publique dans le cadre d'une économie mixte[1]. »

La dernière figure, celle de la *correction*, installe l'idée d'un dépassement d'entités qui, en l'état, sont insatisfaisantes (car génératrices d'effets pervers ou oublieuses de certains principes) :

> Le socialisme démocratique s'oppose à la fois à l'organisation capitaliste et à toutes formes de planification totalitaire, qui ne peuvent permettre la mise sous autorité publique de la production ni la juste distribution des produits du travail[2].

L'effectivité d'une politique publique modérée repose sur la vraisemblance intellectuelle du pari politique qu'elle sous-tend : faire tenir ensemble des éléments, en les rendant complémentaires, de sorte que les défauts (ou les manques) des uns sont corrigés par les qualités (ou les excès) des autres. L'idée est voisine de celle qui structure tout compromis : il existe toujours une possibilité de concilier des entités supposées contraires. Ce sont les protagonistes eux-mêmes qui décrètent l'incompatibilité de leurs objectifs. La modération politique, en postulant la possibilité d'un scénario de mise en compatibilité, ne fait pas autre chose que de poursuivre jusqu'à son terme ce travail interrompu d'inventaire de solutions ; elle ne crée pas d'artifices, ne produit aucun miracle ; elle se contente d'*oser* rapprocher des entités que d'autres persistent à opposer[3].

La troisième voie pourrait avoir pour devise, écrivait Giddens : *pas de droits sans responsabilités*. L'innovation est majeure : là où la social-démocratie « classique » octroyait des droits traités comme

1. « Aims and tasks of democratic socialism », déjà cité. Nous soulignons.

2. « Buts et tâches du socialisme démocratique », Déclaration de l'Internationale socialiste, adoptée à Francfort en 1951. Reproduite sur le site de l'OURS, l'Office universitaire de recherche socialiste.

3. « Les socialistes démocratiques attachent *une importance égale* à ces principes fondamentaux. Ils sont interdépendants. *Chacun est nécessaire aux autres*. À l'opposé, les libéraux et les conservateurs ont mis l'accent sur la liberté individuelle aux dépens de la justice et de la solidarité, alors que les communistes prétendent atteindre l'égalité et la solidarité mais aux dépens de la liberté » (« Déclaration de principes », déjà cité ; nous soulignons).

des demandes unilatérales de la part des citoyens – c'est-à-dire : sans contrepartie –, la social-démocratie « renouvelée » prend acte de l'expansion de l'individualisme, du désir d'autonomie des personnes et se doit, proposait Giddens, d'exiger, en retour de ces droits, des *obligations individuelles*. La formule devenait conjonctive : *et* des droits *et* des responsabilités. Pour qu'elle soit juste, cette formule devait, disait-il, s'appliquer à l'ensemble des citoyens, et non aux seuls bénéficiaires de la protection sociale[1].

Deuxième principe d'équilibration : *pas d'autorité sans démocratie*. La conjonction, ici, réside dans une extension de la démocratie – par exemple : des droits nouveaux accordés aux salariés dans l'entreprise, ou des dispositifs de participation directe dans la cité – et une reconnaissance de la légitimité des institutions publiques ou des directions d'entreprise et d'administration. Le *deal* proposé repose sur un constat sociologique : plus le pouvoir est distant, méprisant ou autoritaire, et plus il se délégitime ; et plus il est contesté. Un cercle vicieux s'installe, puisque la réponse des autorités en place est un surcroît d'autorité, ce qui provoque un surcroît de contestation, dont un surcroît d'autorité, etc.

Les autres principes de la troisième voie sont relatifs au vivre-ensemble dans un monde en mutation : le *pluralisme cosmopolitique* et le *conservatisme philosophique*. Ils visent à conjoindre, en les redéfinissant, les problèmes de la mondialisation et de la transition écologique. L'idée est (en apparence) paradoxale : c'est en acceptant ce qui semble menaçant qu'on s'en prémunit le mieux. Plutôt que déplorer une identité nationale perdue, Giddens propose d'acter le fait que cette identité est *plurielle* : nous pouvons être en effet, simultanément, ardéchois (par naissance), parisien (par domiciliation), européen (par conviction) et citoyen du monde (par conscience planétaire). *Idem* pour l'écologie : c'est *en politisant* la science et la technologie, dit Giddens, en ne la laissant plus aux mains des

1. Pour le cas français, cela obligerait le gouvernement à traquer autant les (quelques) chômeurs indélicats, fraudant aux indemnités de chômage ou de maladie, que les (plus nombreux) patrons indélicats, fraudant le fisc, le Code du travail et le Code du commerce…

seuls experts, en conjoignant leurs efforts et ceux des citoyens et des responsables politiques qu'on pourra prendre des décisions éclairées et consensuelles pour assumer notre humaine responsabilité dans le désordre climatique que nous avons créé.

De la symétrie

> Dans le corps humain, les membres malgré leur diversité s'adaptent merveilleusement l'un à l'autre, de façon à former un tout exactement proportionné et que l'on pourrait appeler symétrique. Ainsi, dans la société, les deux classes sont destinées par la nature à s'unir harmonieusement dans un parfait équilibre. Elles ont un impérieux besoin l'une de l'autre : il ne peut y avoir de capital sans travail, ni de travail sans capital. La concorde engendre l'ordre et la beauté. Au contraire, d'un conflit perpétuel il ne peut résulter que la confusion des luttes sauvages.

L'encyclique *Rerum novarum* est « donnée » à Rome le 15 mai 1891, en l'an XIV du pontificat de Léon XIII. C'est le texte fondateur de la doctrine sociale de l'Église catholique. Le concept de « troisième voie », absent de l'encyclique, s'en nourrit dans les premières décennies du XXe siècle. Le texte papal ne parle pas de voie modérée, ne recherche pas un juste milieu aristotélicien : il préconise la *concorde sociale*. L'objectif est politique : resserrer « l'union des deux classes jusqu'à les unir l'une à l'autre par les liens d'une véritable amitié ». Quinze jours auparavant, le 1er mai, à Fourmies, neuf ouvriers et ouvrières, en grève dans les filatures, manifestant pacifiquement, sont morts sous les balles de l'armée. On imagine la réception de l'encyclique dans les milieux socialistes et anarchistes…

La concorde sociale : une forme de modération politique ? Oui, car son principe est celui d'une *symétrie de traitement* des groupes sociaux ou professionnels. L'encyclique le dit à sa façon, tout aristotélicienne :

> Comme il serait déraisonnable de pourvoir à une classe de citoyens et de négliger l'autre, il est donc évident que l'autorité publique doit aussi prendre les mesures voulues pour sauvegarder la vie et les intérêts de la classe ouvrière. Si elle y manque, elle viole la stricte justice qui veut qu'on rende à chacun son dû.

Cette symétrie ne doit pas être fausse. Ce que les riches peuvent et savent faire (lire et connaître leurs droits), « la classe indigente, au contraire, sans richesses pour la mettre à couvert des injustices, compte surtout sur la protection de l'État ». Ce dernier doit donc « entourer de soin et d'une sollicitude toute particulière les travailleurs ». Car le jeu est déloyal : d'un côté, « une multitude indigente et faible, l'âme ulcérée, toujours prête au désordre » ; de l'autre, « une faction toute-puissante par sa richesse. Maîtresse absolue de l'industrie et du commerce, elle détourne le cours des richesses et en fait affluer vers elle toutes les sources. Elle tient d'ailleurs en sa main plus d'un ressort de l'administration publique ».

Il faut donc, pour établir cette symétrie, que les fonctions soient réparties « de la manière la plus favorable aux intérêts communs et de telle sorte que l'inégalité ne nuise point à la concorde », « que les charges soient distribuées avec intelligence et clairement définies, afin que personne n'ait à souffrir d'injustice », et « que la masse commune soit administrée avec intégrité ». L'idée est celle d'une *symétrie corrigée* : prendre en compte les ressources initiales et disponibles de chacun pour les équilibrer en dotant un peu plus les moins dotés.

Janvier 1959. Le général de Gaulle, premier président de la Ve République depuis quelques mois, promulgue l'ordonnance n° 59-126 ; elle passa (presque) inaperçue. Son titre est : « Ordonnance tendant à favoriser l'association ou l'intéressement des travailleurs à l'entreprise ». En 1961, une commission évalue le dispositif : deux cent cinquante entreprises seulement ont opté pour des accords d'intéressement, impliquant à peine 125 000 salariés.

Malgré ce peu d'appétence, de Gaulle ne cesse de promouvoir sa grande idée : « L'association active du travail à l'œuvre économique qu'il contribue à accomplir[1] ».

Le 17 août 1967, de nouvelles ordonnances sont promulguées : l'une est « relative à la participation des salariés aux fruits de l'expansion des entreprises », une autre « aux plans d'épargne d'entreprise ». Neuf mois plus tard, un puissant mouvement de grève vient perturber le projet gaulliste d'« association-participation ». Un an après, de Gaulle démissionne.

À de nombreuses reprises depuis la Libération, il a tenté de promouvoir un chemin entre capitalisme et communisme. Le raisonnement s'inspire de l'encyclique *Rerum novarum* : même fustigation des extrêmes, même volonté de concilier capital et travail, même défense de « la classe indigente » :

> « Ce qu'il faut, c'est abolir l'humiliante condition dans laquelle une organisation économique périmée tient la plupart des travailleurs[2]. »
> « Contre les égoïsmes et les routines de ceux-ci qui s'accrochent à leurs habitudes, contre la démagogie de ceux-là qui cultivent la lutte des classes, nous prétendons, nous, grâce à cette vaste transformation, changer l'atmosphère sociale[3]. »
> « En associant les travailleurs, organiquement et par contrats, à la marche des entreprises, nous prétendons à la fois renouveler l'économie et ramener à la nation tant de Français qui se détournent d'elle. Il s'agit d'unité française et de redressement national. Il s'agit aussi d'un exemple à donner à l'Occident[4]. »

1. Conférence de presse du 28 octobre 1966 ; citation tirée de l'ouvrage de Robert Vandenbussche, Jean-François Sirinelli et Marc Sadoun (dir.), *La Politique sociale du général de Gaulle*, Lille, Publications de l'Institut de recherches historiques du Septentrion, 1990.

2. « Discours prononcé à la pelouse de Bagatelle, le 1er mai 1949 », dans Charles de Gaulle, *Discours et messages*, Paris, Plon, 1970, vol. 3, p. 284.

3. « Discours prononcé au vélodrome d'Hiver de Paris, le 11 février 1950 », dans Charles de Gaulle, *Discours et messages*, *op. cit.*, vol. 2, p. 339.

4. « Discours prononcé à la pelouse de Bagatelle le 1er mai 1951, lors de la manifestation organisée par le RPF pour la fête du Travail », dans Charles de Gaulle, *Discours et messages*, *op. cit.*, vol. 2, p. 425.

L'expression « troisième voie » n'est pas prononcée, mais les deux entités honnies, le capitalisme (qui « porte en lui-même les motifs d'une insatisfaction massive et perpétuelle ») et le communisme (qui « comporte une tyrannie odieuse imposée à la personne et plonge la vie dans l'atmosphère lugubre du totalitarisme »), sont convoquées pour expliciter la notion d'association-participation :

> Condamnant l'un et l'autre de ces régimes opposés, je crois donc que tout commande à notre civilisation d'en construire un nouveau, qui règle les rapports humains de telle sorte que chacun participe directement aux résultats de l'entreprise à laquelle il apporte son effort et revête la dignité d'être, pour sa part, responsable de la marche de l'œuvre collective dont dépend son propre destin. N'est-ce pas là la transposition sur le plan économique, compte tenu des données qui lui sont propres, de ce que sont dans l'ordre politique les droits et les devoirs du citoyen[1] ?

Patronats et syndicats (hormis la CFTC) rejettent avec dédain l'idée gaullienne. Pour les premiers, la défense (acharnée) « de la hiérarchie », mise à mal, ont-ils cru, par les ordonnances, les empêche d'évaluer leur (réel) intérêt à souscrire à ces plans d'intéressement[2]. La CGT et la CFDT, elles, jugent que cette « participation » laisse intact le pouvoir patronal, que le mécanisme légal conduit à ce qu'il soit financé en partie par les contribuables, qu'il s'agit d'une épargne forcée au bénéfice des directions d'entreprise et que ce système « lie les rémunérations à la gestion patronale ». Force ouvrière ferme le ban :

> Il y a des patrons et il y a des salariés. Il y a donc nécessairement des affrontements, des heurts dont les conséquences sont – plus fréquemment que prétendu – sources de progrès. Les nier ou les

1. Charles de Gaulle, *Mémoires d'espoir. Le renouveau*, Paris, Plon, 1970, p. 143-148.

2. « La hiérarchie traduit une logique, celle de l'outil économique qu'est l'entreprise [...]. Elle ne saurait voir surgir à ses côtés une autre hiérarchie regroupant les hommes d'une façon différente, sans respect pour la logique de l'outil de production » (déclaration du Centre national des dirigeants d'entreprise ; citée dans Robert Vandenbussche *et al.*, *La Politique sociale...*, *op. cit.*).

> empêcher de naître serait sombrer dans un système autoritaire qui est aux antipodes de la participation telle que nous l'entendons.

Seule la CFTC soutient le projet gaulliste. On retrouve dans son argument deux des principes structurant l'encyclique de 1891 : le dépassement des antagonismes sociaux et l'instauration de rapports humains dans l'entreprise :

> La participation est un des moyens de faire respecter les droits naturels de la personne humaine. Dans cette perspective, l'association et la participation sont des contrats plus favorables que le contrat salarial au développement des relations humaines dans l'entreprise. De plus, elle permet de dépasser les antagonismes sociaux : le droit de propriété est respecté, mais il ne confère plus aux seuls propriétaires des capitaux le monopole de l'intervention dans l'entreprise.

La réflexion sur le gouvernement modéré peut tirer profit du raisonnement gaullien sur l'association-participation en cultivant l'argument de « l'humiliante condition » de travailleurs tenus à l'écart des décisions qui concernent leur vie au travail ; le principe de symétrie de traitement n'est pas ici respecté. Or l'état de subordination juridique du salarié dans l'entreprise ne traduit pas un état de domination sur l'individu ; pas plus que l'autorité de l'employeur, déduite de sa propriété de l'outil de production, n'équivaut à du despotisme : les salariés ont des droits, y compris de se retirer en cas de danger. Une politique publique modérée des relations collectives de travail devrait avoir pour objectif, par un dispositif de symétrie corrigée, d'équilibrer la subordination du salarié par des droits d'association aux décisions le concernant...

Du rapport de convenance (Montesquieu)

> La justice est un rapport de convenance, qui se trouve réellement entre deux choses : ce rapport est toujours le même, quelque être qui le considère, soit que ce soit Dieu, soit que ce soit un ange, ou enfin que ce soit un homme.

Convenance, rapport de convenance. Le mot et l'expression naissent sous la plume de Charles de Secondat, baron de La Brède et de Montesquieu. D'abord dans la lettre 83 de ses *Lettres persanes* (1721), puis dans les raisonnements du livre I de son *De l'esprit des lois*[1](1748). En cela réside une figure majeure de la modération : quand elle fait concorder deux principes, deux actions, deux phénomènes. Est convenant ce qui est approprié, conforme aux usages, aux exigences d'une situation. Le mot est un emprunt à l'anglais *covenant*, accord, alliance[2], lui-même (comme souvent) un emprunt à l'ancien français *convenant*, issu du latin *conventum*, accord, pacte, traité, lui-même issu de *convenio*, se réunir en assemblée, se mettre d'accord[3].

1. Le titre complet est : *De l'esprit des lois, ou Du rapport que les lois doivent avoir avec la Constitution de chaque gouvernement, les mœurs, le climat, la religion, le commerce.*

2. « *Marriage is a covenant of love and respect.* Le mariage est un accord d'amour et de respect » donne ainsi en exemple le site de traduction Linguee.fr.

3. Est dit *conventuel* ce qui est soumis aux règles d'une communauté religieuse ; celle-ci s'est rassemblée dans un... *couvent* – un jour, la graphie s'est modifiée, mais l'exigence de conformité au rite a demeuré...

En français, une *convention* désigne l'accord conclu entre deux ou plusieurs parties, d'où naissent (ou cessent, ou se modifient) des obligations (par exemple : une convention collective, régissant les rapports de travail dans une branche professionnelle) ; mais aussi ce qui est conforme à l'usage. Le tout forme cohérence : on s'assemble pour décider ; on s'accorde sur une décision ; celle-ci vaut contrat ; elle est respectée, elle devient un usage.

Quel lien logique avec la modération ? Est *convenant* (ou *convenable*) chez Montesquieu, ce qui respecte une accordance ; hors de celle-ci, il y a excès, manque, brutalité, tyrannie, inconduite, etc. La notice du CNRTL, pour le terme (vieilli) d'*accordance*, donne cet extrait de l'opus de Joris-Karl Huysmans, écrivain et critique d'art français, *L'Art moderne* (1883) :

> C'est même là un des grands torts des paysagistes contemporains qui, arrivant devant une rivière avec une formule convenue d'avance, n'établissent pas entre elle, le ciel qui s'y mire, la situation des rives qui la bordent, l'heure et la saison qui existent au moment où ils peignent, l'accordance forcée que la nature établit toujours.

C'est cela, la modération chez Montesquieu : l'accord des choses entre elles ; aucune dérogation à cette loi de conformité ; la parfaite adéquation entre une action et une autre action. Nulle surprise, dès lors, que dans le texte de *De l'esprit des lois*, modération et équité soient contiguës : si la proportionnalité n'est pas respectée, si est violé le principe de donner à chacun ce qu'il mérite (ou ce dont il a besoin), il y a donc : *injustice*. La modération, en tant que principe politique de correction des conduites sociopolitiques, est la *condition* de réalisation de cette justice. Hors de celle-ci, estime Montesquieu, il y a disproportion (des peines, relativement aux délits) ; exagération (dans l'exercice du pouvoir) ; déséquilibre (dans les rapports de force) ; disparité (dans les droits et les devoirs) ; manquement (aux règles de civilité entre personnes) ; imperfection (des régimes politiques) ; insuffisance (des contre-pouvoirs).

Cela vaut à tous les niveaux : individuel, communautaire et institutionnel. D'où la force et l'heuristique de ce principe de modération chez Montesquieu : dans sa généralité et son universalité, son déploiement règle toute situation où la justice est requise : écrire les lois, rédiger les contrats, établir les peines, réglementer les professions, commercer avec d'autres peuples, etc. Le principe de modération, chez Montesquieu, a donc valeur d'axiome : il n'est pas tout à fait une règle de bienveillance (d'ailleurs, le mot n'est jamais employé dans le livre I) ; il n'est pas seulement un antidote à l'outrance (« Les droits les plus barbares, ils les exercèrent avec modération » ; 26, 16) ; il n'est pas plus un pur exercice de raison, la mise en œuvre de la droite règle aristotélicienne ou confucéenne. L'âme, écrit-il de façon imagée, est « une philosophe qui commence à s'instruire », qui apprend à juger *d'abord* par ses sens : « Elle reçoit d'abord un sentiment, et, ensuite, elle en juge, elle ajoute, elle se corrige, elle règle un de ses sens par un autre ; et sur ce qu'ils lui disent, elle apprend ce qu'ils ont voulu lui dire[1]. »

La modération de Montesquieu est un *principe politique inductif* : il part du réel – les cités grecques et romaines, essentiellement, mais aussi les pratiques dans l'Europe de son temps – et en tire quelques lois. Nous sommes ici à la fois éloignés de la *sôphrosunè* d'Aristote et de la *moderatio* de Cicéron, et proches de ces derniers dans la manière de fonder la modération sur une délibération, donc sur une argumentation *pro et contra*. Dans sa *Défense de l'esprit des lois*, Montesquieu, parlant de lui à la troisième personne, résumait ainsi son projet :

> [...] de deux pratiques pernicieuses, il cherche celle qui l'est plus et celle qui l'est moins ; il y discute celles qui peuvent avoir de bons effets à un certain égard, et de mauvais dans un autre. Il a cru ses recherches utiles, parce que le bon sens consiste beaucoup à connaître les nuances des choses[2].

Usage du bon sens et de la nuance : c'est aussi cela, la modération...

1. *Pensées*, n° 1341 ; cité par Till Hanisch, « Modération, justice et jugement chez Montesquieu », dans Catherine Volpilhac-Auger, Luigi Delia (dir.), *(Re)lire* L'Esprit des lois, Paris, Éditions de la Sorbonne, 2014.
2. Seconde partie, « Idée générale » (1750).

Le livre XXIX, « De la manière de composer les lois », s'ouvre sur cette phrase (qui figure en bonne place sur les sites de citations) : « Je le dis, et il me semble que je n'ai fait cet ouvrage que pour le prouver : l'esprit de modération doit être celui du législateur ; le bien politique, comme le bien moral, se trouve toujours entre deux limites. »

De courts chapitres suivent cet incipit ; ils illustrent ce trait. Quelques exemples. La justice a besoin de formalités ; mais si celles-ci prolifèrent, les affaires ne seront jamais jugées ; pis encore : la propriété des biens demeurera incertaine (et l'on ruinerait les parties « à force d'examiner »). Les accusateurs, note Montesquieu, « n'auraient plus les moyens de convaincre, ni les accusés le moyen de se justifier ». La loi de Solon décrétait infâmes tous ceux qui, lors d'une sédition, ne prenaient aucun parti. En dépit de l'apparente sévérité du châtiment, il s'agit d'une loi de bonne mesure. Car, dans les cités grecques, si les modérés, en plus grand nombre, se tiennent cois, les extrémistes, moins nombreux, occupent alors tout le champ libre ; il faut donc, dit Montesquieu, faire entrer les modérés dans les groupes séditieux… Une loi indique, si l'un des deux prétendants à un bénéfice meurt, que le bénéficiaire est celui qui survit ; c'est une manière d'éteindre les affaires. Mais, note Montesquieu, de cela résulte un effet pervers : « On voit les ecclésiastiques s'attaquer et se battre, comme des dogues anglais, jusqu'à la mort. » Un édile fait un serment : « Je jure », s'exclame-t-il, bon prince, « que je ne détruirai jamais une ville des Amphictyons[1], et que je ne détournerai point ses eaux courantes : si quelque peuple ose faire quelque chose de pareil, je lui déclarerai la guerre, et je détruirai ses villes ». Montesquieu remarque que si la sentence est juste (c'est-à-dire : proportionnée), elle n'est point prudente : « Cela se prouve par l'abus même que l'on en fit. » César défendit un jour de garder chez soi plus de 60 sesterces ; les riches prêtèrent aux pauvres ; les uns achetèrent, les autres touchèrent les intérêts ; tout le monde y

1. C'est-à-dire : une ville membre de la communauté des villes de Grèce (l'amphictyonie).

gagna. En France, raconte Montesquieu, on voulut faire de même ; mais le ministre interdit tout placement et toute thésaurisation ; ne resta aux riches qu'une solution : prêter au pouvoir royal ; qui oublia de le rendre…

Ces exemples dressent le portrait d'une modération comme action *convenable* : éviter l'excès car il modifie l'équilibre et provoque la tyrannie[1] ; être attentif aux effets pervers de nos décisions[2] ; ne pas craindre d'aller contre l'évidence ; envisager, avant de décider une action d'un coût x, toutes les autres options possibles, générant le même résultat, mais à un coût $x - 1$; s'attendre à ce qu'une action a, dans une situation A produise un effet a', mais dans une situation B, à ce qu'elle produise un résultat fort différent ; borner les lois contraignantes, de sorte qu'elles ne finissent point par instituer l'inverse de ce qui est désiré ; quitte à comparer des lois d'ici à des lois d'ailleurs, autant le faire avec méthode et considérer l'ensemble du système légal dans lesquelles elles s'inscrivent ; procéder à un examen approfondi de ces lois, dissemblables, mais qui peuvent sembler se ressembler (copier ces lois et les appliquer ici sans discernement est donc folie).

1. Voir le concept de tyrannie chez Pascal et l'usage qu'en fait Michael Walzer dans *Sphères de justice. Une défense du pluralisme et de l'égalité*, Paris, Seuil, 1997 [1983].

2. Voir les ouvrages de Christian Morel : *Sociologie des décisions absurdes*, vol. 1 : *Sociologie des erreurs radicales et persistantes*, Paris, Gallimard, 2002 ; et vol. 2 : *Comment les éviter*, Paris, Gallimard, 2012.

De la modération des pouvoirs

Dotons-nous d'une définition élargie de la modération – celle de Montesquieu dans son chapitre « De la manière de composer les lois » : « Le bien politique, comme le bien moral, se trouve toujours entre deux limites. » On conviendra que dans la *conquête* du pouvoir, les extrêmes sont, d'un côté, la tonitruance et la violence, et de l'autre, le clientélisme et la compromission. C'est-à-dire : excès d'hostilité et excès d'indélicatesse – Lénine et Guy Mollet, pour simplifier. Pour l'*exercice* du pouvoir, le spectre est plus large. Convenons qu'une pratique modérée du pouvoir dépend de la situation sociale et politique ; si cette situation est extrême (guerre civile, attentats terroristes, armée d'occupation présente sur le territoire national, etc.), elle tendra à l'être également. Une pratique modérée du pouvoir doit cependant, dans ces cas extrêmes, maintenir fonctionnelle la quasi-totalité des dispositifs de contre-pouvoirs ; c'est une modération *par refus de l'exceptionnalité.*

Dans une situation politique ordinaire, l'agir politique modéré est facilement discernable. Parmi les indicateurs : le plein respect de l'opposition parlementaire ; des présidences de commission accordées à cette opposition ; le non-déclenchement de procédures de rationalisation parlementaire (par exemple : l'examen de tous les amendements déposés, ou le non-recours fréquent à l'alinéa 49-3 de la Constitution) ; la liberté de vote accordée aux députés de la majorité présidentielle ; des informations sensibles données en temps réel aux élus de l'opposition, etc. Il s'agit là d'une modération *par restriction volontaire* : le gouvernement, par exemple, s'oblige à limiter l'emploi des dispositifs que la Constitution lui autorise. Ou, dans l'arbitrage entre sécurité sanitaire et liberté des personnes, il veille à un équilibre constant[1].

On conviendra que Montesquieu a répondu, de façon quasi exhaustive, à la question de la modération dans la puissance législative. Dans la colonne des excès dont le législateur doit se garder : une précision extrême de la loi ; une rédaction très technique ; des lois réglant des cas spécifiques et peu fréquents ; une prolifération de lois, certaines inutiles, d'autres mal préparées[2], etc. Dans celle des manques : une trop grande généralité ; une rédaction maladroite, peu compréhensible ; des lois mal adaptées au problème à régler, etc.

Dans le rapport des citoyens aux lois prises en leur nom par des représentants élus, distinguons deux extrêmes : l'*obéissance généralisée*, d'une part (ou la faible propension à transgresser ces lois du fait du coût élevé de l'insubordination) – propre aux régimes despotiques, Chine, Cuba, Russie, Venezuela, etc. ; et la *transgression généralisée*, d'autre part, « quand le défaut d'obéissance de tous conduit à l'impossibilité de gouverner[3] ». Un gouvernement modéré, dans ce cas, veillera à fabriquer des lois *rares mais désirables, plus simples et générales* – pour parler comme Montaigne[4]. Moins prolifiques et appropriées à leur sujet, elles sont mieux respectées ; incitatives et moins coercitives, elles sont plus efficientes.

1. Comme ce fut le cas dans certains pays d'Europe, en Suède notamment, imposant des restrictions à la liberté de circulation (par des jauges de 10 mètres carrés par personne, par exemple ; ou le port obligatoire du masque dans les transports collectifs) sans confiner quiconque et sans imposer de passe sanitaire...

2. « Des réformes non préparées, brusques et sans modifications, et qui rendent impraticables pour toujours, en petit ou en grand, les entreprises inconsidérées du pouvoir arbitraire » (Edmund Burke, *Réflexions sur la révolution de France*, *op. cit.*, p. 61).

3. Je reprends ici (en le déformant quelque peu), le propos de Stéphane Bonnet, *Des nouveautés très anciennes.* De l'esprit des lois *et la tradition de la jurisprudence*, Paris, Éditions de la Sorbonne, 2020.

4. Et qui ajoute : « Et il vaudrait mieux n'en avoir point du tout que de les avoir en tel nombre que nous avons » (*Essais*, III, 13).

On nommera *politiques publiques modérées* des politiques d'utilité publique ne nuisant à personne. Ce principe de Cicéron (énoncé dans son *Traité des devoirs*, I, 7 et 10[1]) est robuste. Il permet de distinguer une politique publique *attentive aux effets pervers* qu'elle peut provoquer – et qu'elle entend corriger (par exemple : éviter de créer des trappes aux bas salaires en accordant une dégressivité de cotisations sociales[2]) – d'une politique publique inattentive aux conséquences[3].

Le critère circonstanciel de Cicéron (« Quand l'intérêt public ou privé vient à changer, le devoir change et varie avec lui », I, 10) est aussi un marqueur de politique modérée : celle-ci doit être conçue pour s'adapter aux circonstances[4]. Une politique modérée est ainsi une politique *réflexive* : elle procède à sa propre évaluation et se corrige au fur et à mesure de son déploiement[5]. L'idée est de maintenir égales les chances données à chacun des groupements bénéficiaires de ces politiques, sans qu'aucun ne soit pénalisé (ou favorisé). Dans son travail sur les pratiques politiques à Rome dans l'Antiquité, l'historien Philippe Le Doze dépeint ainsi le « bon dirigeant » :

> Il s'applique à faire régner le consensus – valeur cardinale de la vie politique romaine qui suppose qu'on se démarque de toute

1. « Le premier caractère de l'homme juste est de ne jamais nuire à personne [...] ; ensuite, de se servir des biens communs comme appartenant à tous, et des siens seulement comme lui appartenant en propre » ; « L'essence de la justice est d'abord de ne nuire à personne ; en second lieu, de veiller à l'utilité publique ».
2. L'employeur préférera en effet ne pas augmenter les salaires des personnes concernées, puisque au coût de l'augmentation du salaire il faudra ajouter le coût de la réduction des aides fiscales...
3. « Défendre la cause d'une classe de la population sans se préoccuper des autres classes, c'est introduire dans la cité le pire des maux : la discorde, la sédition » (Cicéron, *De officiis*, I, 25).
4. Pour une glose sur la nécessité de savoir s'adapter aux circonstances, voir Sabine Luciani, « *Tempora* et philosophie dans le *De officiis* de Cicéron », *Vita latina*, 2013, n° 187-188, p. 39-59.
5. Voir le concept d'*evidence-based policy*, initié sous Tony Blair (politique publique fondée sur des preuves). Pour une présentation de ces évaluations d'impact, voir Sandra Debu, « L'évaluation des politiques publiques au Royaume-Uni », *Document de travail de France Stratégie*, 2019, n° 14.

idéologie – et à ne bafouer les intérêts de personne. Par la modération de son action et le respect des institutions, il assure la concorde entre les différentes composantes de la société romaine[1].

Un régime despotique ne peut être dit « modéré » car il lui manque deux caractéristiques : la présence de contre-pouvoirs et la possibilité de décisions alternatives[2]. La séparation des pouvoirs (exécutif, législatif, judiciaire) permet la présence de contre-pouvoirs ; mais elle ne la garantit pas. Lorsque l'exécutif gouvernemental dispose de la majorité absolue des voix à l'Assemblée nationale, cette séparation est une fiction ; il n'y a qu'un seul contre-pouvoir effectif : l'opposition parlementaire, mais qui est minoritaire. Il faut donc ajouter un troisième critère de modération : en cas de contestation par une part significative de citoyens, un mécanisme d'ajustement du projet de loi litigieux permet d'y intégrer des correctifs. L'article 1 du Code du travail, mentionnant que le gouvernement ne peut légiférer sur une question sociale sans qu'elle ait été débattue au préalable par les partenaires sociaux, est un élément de cette panoplie de *correction législative*. Ou l'engagement solennel de l'exécutif à reprendre dans la loi les dispositions présentes dans un accord national interprofessionnel issu d'une négociation collective entre syndicats de salariés et organisations patronales. Cette obligation vise à empêcher *l'excès par impuissance d'agir* quand se conjuguent manifestations de rue, grèves et blocages des centres névralgiques du pays, grogne des parlementaires et dissidence probable des alliés d'une coalition. Ce fut le cas en 1986, à propos d'un projet de réforme des universités, retiré par le président Chirac ; en 1995, quand Alain Juppé retira son plan de réforme du système de retraite des cheminots. Etc.

Un risque existe : que certains contre-pouvoirs, (trop) puissants, deviennent des lieux de pouvoir, rivalisant avec les pouvoirs institués ; et qu'ils décident, sans validation majoritaire, d'imposer au

1. Philippe Le Doze, « Les idéologies à Rome : les modalités du discours politique de Cicéron à Auguste », *Revue historique*, 2010, n° 654, p. 259-289.

2. Je reprends ici l'analyse de Stéphane Bonnet, *Des nouveautés très anciennes…*, *op. cit.*

collectif des citoyens certaines politiques publiques. Il faut que ces puissances soient limitées dans leur puissance. Nommons cela : la *modération par limitation*. C'est le cas du gouvernement anglais, montrait Montesquieu : aucun des partis ne peut imposer sa loi aux autres, aucun contre-pouvoir ne peut faire plier le pouvoir ; et celui-ci ne peut obliger les institutions à se plier à sa volonté. Le pouvoir des juges, réel, est freiné par un exercice rigoureux du droit, fondé sur la jurisprudence et la publicité des sentences (*common law*).

Cette modération des pouvoirs peut également s'opérer par la *dilution des puissances* (par exemple, en diversifiant le recrutement des élites de l'administration publique, les grands corps d'État cessant de les régenter) ; ou par la *division des puissances* (tel grand ministère, sorte d'État dans l'État, est divisé en plusieurs ministères, dont l'un est rattaché directement au Premier ministre, etc.) ; ou encore par *contrôle de ces puissances* (par exemple, en octroyant le droit, à une haute autorité, de censurer un dispositif public).

Des figures de la modération

Dans la *République*, Platon associe des régimes politiques à un type moral d'individus : « Il se pourrait qu'il y ait autant d'espèces d'âmes qu'il y a d'espèces de Constitutions politiques » (445d).

La dégradation d'un régime politique donné (de l'aristocratie à la timocratie, ou de la démocratie à la tyrannie) résulte ainsi d'un dérèglement de ses forces, joint à la persistance de ses faiblesses – comme s'il s'agissait d'un individu. On a raillé ce « psychologisme ». Jusqu'à Machiavel, qui rompit avec elle (et associa l'action politique à l'efficacité de son résultat), la théorie du bon gouvernement se fondait sur cette dualité entre l'homme et la cité. L'argument n'était pas stupide : les dirigeants de ces cités ne sauraient se soustraire à leur nature dès lors qu'ils exercent un mandat public. On sait que dans la fabrique (réelle) des lois, l'esprit (supposé) de modération du législateur s'accommode fort bien des passions qui l'animent. Cette fiction juridique (la « sagesse du législateur ») dissimule une réalité politique : les lois sont souvent de circonstance ; elles résultent de multiples arrangements entre gouvernants et parlementaires ; et elles sont parfois votées en sachant que leur constitutionnalité n'est pas avérée[1]. Bref, les hommes font des lois qui leur ressemblent...

1. Voir la loi « pour contrôler l'immigration, améliorer l'intégration », adoptée le 11 décembre 2023, et la décision du Conseil constitutionnel début janvier 2024 de censurer plus de la moitié de ses articles.

Platon montre, parfois avec humour, comment l'excès et l'outrance dégradent les régimes politiques. Ainsi du passage de l'aristocratie à la timocratie, gouvernement fondé sur l'honneur et la chose militaire. Les dirigeants, explique Platon, ont mis les meilleurs d'entre eux à la tête de l'État ; leurs fils, parvenus aux charges de leurs pères, s'en montrent indignes ; ils se désintéressent de la musique, puis de la gymnastique ; ils ne savent plus discerner l'or de l'airain, le fer se mêle avec l'argent ; il résulte de ces mélanges « un défaut de convenance, de régularité et d'harmonie – défaut qui, partout où il se rencontre, engendre toujours la guerre et la haine ».

Le cycle se poursuit : les citoyens deviennent avares et cupides ; ils louent le riche, le portent au pouvoir ; ils méprisent le pauvre. Naît une oligarchie : l'accès des charges publiques est interdit à ceux dont la fortune n'atteint pas le cens fixé. Les citoyens désobéissent aux lois ; les uns sont riches à l'excès, les autres sont dans un complet dénuement. Alors la démocratie apparaît, conclut Platon, lorsque les pauvres, ayant remporté la victoire sur les riches, se partagent les charges publiques. Bientôt la cité déborde de libertés et de franc-parler ; chacun organise sa vie de la façon qui lui plaît ; et tous se désintéressent de la fabrique des lois. Les gouvernants ont « l'air de gouvernés » et les gouvernés ont « l'air de gouvernants », écrit Platon. Le désir d'égalité s'en mêle ; « l'anarchie gagne jusqu'aux animaux ». À cette liberté extrême succède une cruelle servitude : un tyran impose sa loi, s'entoure de fidèles qui « bourdonnent autour de lui et ferment la bouche au contradicteur » ; le peuple, craintif, nourrit le tyran et sa clique.

Pour chaque régime politique ainsi disséqué, Platon décrit l'homme qui lui correspond. L'*aristocrate* ? Un homme juste, sage, courageux et tempérant – puisqu'il inspire la cité idéale. Le *timocrate* est dur avec ses esclaves, doux avec les magistrats de la cité. L'*oligarque* ne rêve que d'accroître sa fortune. Le *démocrate* dépense à l'excès dans les plaisirs superflus, puis vit au jour le jour et s'enivre au son de sa flûte. Le *tyrannique* se loue comme mercenaire, ou demeure dans la cité pour y détrousser les passants ; ses amis sont « sycophantes, faux témoins et prévaricateurs ». Que retenir de ces étonnantes « comparutions en jugement » (le trait est de Platon) pour nourrir notre réflexion sur la modération en politique ? Ce que décrit ici Platon avec verve est une première manière de penser le gouvernement modéré : *en le déduisant de la sagesse, pratique et théorétique, des gouvernants* – de leur aptitude à délibérer et décider prudemment, de leur courage face à l'ennemi et de la maîtrise de leurs affects. Ils gouvernent avec modération car, sachant leur valeur, nul citoyen ne cherche à contester leur droit de gouverner ; ils n'ont donc pas à obtenir par la force ce que le peuple leur consent par respect. Cette modération (la *tempérance* chez Platon) met à l'unisson les puissants, les faibles et les intermédiaires, écrit-il (432a-b),

> de sorte qu'on peut dire avec raison que la tempérance est cet accord même, cette harmonie naturelle de la partie inférieure et de la partie supérieure, pour s'entendre sur celle des deux qui doit commander à l'autre, qu'il s'agisse d'un État ou d'un individu (traduction de Victor Cousin, 1840).

Les réflexions d'Aristote sur les types de gouvernement et leurs qualités respectives nourrissent une deuxième manière de penser le gouvernement modéré : *en combinant les régimes politiques*. Là où Platon opposait les modèles, Aristote disserte sur leur « mélange ». Dans son *Politique* (livre VI, chap. 7, traduction de Jules Barthélemy-Saint-Hilaire), il caractérise la forme « république » comme une combinaison d'oligarchie et de démocratie ; celle-ci emprunte, dit-il, des principes à l'une et à l'autre de ces « deux constitutions si opposées ». Citons le raisonnement en entier :

> Il y a ici trois modes possibles de combinaison et de mélange. D'abord, on peut réunir la législation de l'oligarchie et de la démocratie sur une matière quelconque, par exemple sur le pouvoir judiciaire. Ainsi, dans l'oligarchie, on met le riche à l'amende s'il ne se rend pas au tribunal, et on ne paye pas le pauvre pour y siéger ; dans les démocraties au contraire, indemnité aux pauvres, sans amende pour les riches. C'est un terme commun et moyen de ces institutions diverses que la réunion de toutes deux : amende aux riches, indemnité aux pauvres ; et l'institution nouvelle est républicaine, car elle n'est que le mélange des deux autres. Voilà pour le premier mode de combinaison.

Le second consiste à prendre une moyenne entre les dispositions arrêtées par l'oligarchie et parla démocratie. Ici, par exemple, le droit d'entrée à l'assemblée politique s'acquiert sans aucune condition de cens, ou du moins par un cens modique, là par un cens extrêmement élevé ; le moyen terme est de n'adopter aucun des taux fixés de part et d'autre ; il faut prendre la moyenne entre les deux. Troisièmement, on peut à la fois faire des emprunts, et à la loi oligarchique et à la loi démocratique. Ainsi, la voie du sort pour la désignation des magistrats est une institution démocratique. Le principe de l'élection, au contraire, est oligarchique ; de même que ne point exiger de cens pour les magistratures appartient à la démocratie, et qu'en exiger un appartient à l'oligarchie. L'aristocratie et la république puiseront leur système, qui acceptera ces deux dispositions, dans l'une et dans l'autre ; à l'oligarchie, elles prendront l'élection ; à la démocratie, l'affranchissement du cens. Voilà comment on peut combiner l'oligarchie et la démocratie.

Mélange de deux législations sur un domaine particulier, ou moyenne de ces législations sur un point précis, ou encore emprunts à l'une et à l'autre de certaines dispositions pour en créer une troisième[1] : tels sont, explique Aristote, les combinaisons possibles. La figure du triplet « juste milieu, entre deux extrêmes » est ici revisitée, au profit d'une *figure polymorphe*, se présentant, selon les cas, comme : une *synthèse* (coprésence des extrêmes, sans dégradation) ; une *mitigation* (coprésence des extrêmes, avec dégradation) ; une *construction* (coprésence de fragments de ces extrêmes, avec ou sans dégradation). Exemplifions ces trois premières figures.

Une synthèse, par définition, fusionne des éléments différents pour constituer un nouvel élément. Le drapeau des îles Cook, dans

1. On trouve ce même raisonnement chez Cicéron dans son opus de 54 avant J.-C., *De Republica*. Après avoir noté (I, 44) que l'excès de liberté conduit un peuple à la servitude, et que de la licence naît la tyrannie, etc., Cicéron explique ainsi sa préférence : « Pour toutes ces raisons, je tiens donc que la royauté est de beaucoup préférable au gouvernement des grands ou du peuple ; mais la royauté elle-même le cède dans mon esprit à une Constitution politique qui réunirait ce que *les trois premières ont de meilleur*, et allierait *dans une juste mesure* les trois pouvoirs » (nous soulignons).

l'océan Pacifique, illustre ce travail de fusion sans dégradation des composantes. Il comprend, en haut à gauche, le drapeau de l'Union britannique, l'Union Jack, propre aux drapeaux des pays issus des anciens territoires britanniques du Pacifique et, à droite, quinze étoiles blanches, correspondant aux îles composant l'archipel, le tout sur fond bleu, symbolisant l'océan Pacifique. D'autres mélanges sont des mélanges *imparfaits* : les entités différentes sont présentes sous leur forme d'origine, sans qu'il y ait eu fusion ; elles coexistent. Ainsi de la décision par le Congrès de Nouvelle-Calédonie, en 2010, de faire flotter au fronton des bâtiments officiels deux drapeaux, celui de la France et celui du FLNKS. Exemple, à l'inverse, de mélange *parfait* : la Constitution de la République tunisienne adoptée le 27 janvier 2014, à la suite de la révolution de décembre 2010. La commission (qui a travaillé pendant de longs mois pour l'écrire) a fait figurer dans son préambule deux valeurs politiques rivales – l'islam et les droits humains ; l'identité musulmane et la civilisation humaine – les mettant ainsi « à égalité » :

> Exprimant l'attachement de notre peuple aux enseignements de l'Islam et à ses finalités caractérisées par l'ouverture et la modération, des nobles valeurs humaines et des hauts principes des droits de l'Homme universels ; inspirés par notre héritage culturel accumulé tout le long de notre histoire, par notre mouvement réformiste éclairé fondé sur les éléments de notre identité arabo-musulmane et sur les acquis universels de la civilisation humaine, et par attachement aux acquis nationaux que notre peuple a pu réaliser[1] [...].

Archétype de la synthèse en politique : les congrès du Parti socialiste entre 1971 et 2017, alors organisé par « courants ». Le processus est organisé en deux séquences : une compétition loyale (même volume des contributions, même cérémonial de présentation

1. Notons que la nouvelle Constitution tunisienne, adoptée le 17 août 2022, n'indique plus, dans son préambule, que l'une des deux entités en rivalité en 2014 : « Réaffirmons notre appartenance à la nation arabe et notre souci de s'attacher aux dimensions humaines de la religion islamique ».

des signataires, vote à la proportionnelle, etc.), suivie d'une (ou de plusieurs) réunions de synthèse ; certains textes fusionnent, ainsi que les listes de candidats aux postes dirigeants ; le vote des militants entérine ces petits arrangements entre dirigeants. Le texte programmatique adopté ressemble alors à un audacieux patchwork. Françoise Fressoz, journaliste au journal *Le Monde*, décrit ainsi la synthèse qui a précédé l'élection de François Hollande en mai 2012 :

> *Grosso modo*, deux thèses s'affrontent dans les cercles rapprochés de la direction du parti [...]. La première consiste à dire que le PS ne pourra l'emporter en 2012 sans reconquérir l'électorat populaire [...]. La seconde met, au contraire, en garde contre la tentation « naturelle » de reconquête d'un électorat aujourd'hui hanté par le sentiment de déclassement, inquiet de l'avenir, fermé [...]. Lorsque l'on examine le projet socialiste, on s'aperçoit qu'il peut permettre de porter les deux discours précédemment décrits. Si le candidat socialiste veut en priorité rassurer l'électorat populaire, il vantera la banque publique d'investissement (priorité 1), chargée de maintenir les usines en France, insistera sur les écluses aux frontières européennes (priorité 6) prônées pour protéger le Vieux Continent de la concurrence déloyale [...]. S'il veut s'adresser en priorité aux outsiders de la société (jeunes, femmes, minorités, chômeurs...), qui sont de plus en plus sa clientèle électorale, il mettra en avant la sécurité sociale professionnelle (priorité 5), l'allocation d'études sous condition de ressources (priorité 14), l'égalité salariale homme-femme (priorité 13), la généralisation des CV anonymes (priorité 25) [...][1].

Facilement brocardée, cette combinaison de positions différentes dans une même offre politique (ou l'assemblage de différentes sensibilités politiques dans un même comité directeur) est pourtant efficiente : elle est fondée sur l'intérêt de tous les courants de demeurer dans le même groupement politique et sur la conscience, partagée

1. Françoise Fressoz, « La synthèse socialiste, syndrome du non-choix », *Le Monde*, 10 mai 2011.

par tous, que les désaccords politiques ne pouvant être réduits, un *accord de mutualisation des moyens* reste la meilleure des options...

Aristote (*Rhétorique*, II, 14) brosse ainsi le portrait des hommes « dans la force de l'âge » :

> Ils ne se fient pas au premier venu ; ils ne se défient pas, non plus, de tout le monde, mais leurs jugements sont en rapport avec la vérité. Ils ne vivent pas rien que pour le beau, ni rien que pour l'utile, mais pour l'un et l'autre ; ni avec parcimonie, ni avec prodigalité, mais dans une mesure convenable [...] ils sont tempérants avec courage, et courageux avec tempérance [...]. Les qualités avantageuses que possèdent séparément la jeunesse et la vieillesse, ils les réunissent et, pour celles qui sont en excès ou en défaut, ils les ont dans une juste proportion.

Tel est l'archétype de cette première figure de la modération : la *conjonction des propriétés*. Leibniz parlerait ici de *compossibilité* (c'est-à-dire : la possibilité qu'un phénomène *x* coexiste avec un phénomène *y*, même s'ils sont antagoniques[1]).

Souvent cette compossibilité, du fait d'un « conflit des possibles », est réduite ; ou stupide ; et il est inutile de confronter à l'infini des principes antagoniques. Il faut donc louvoyer et ne retenir des extrêmes que certains fragments, ou les absorber sous un mode dégradé. Nommons cette deuxième figure de la modération : la *mitigation*. Elle s'illustre par le mélange de couleurs. Prenons les couleurs jaune, rouge et bleu (dites « primaires » car elles ne peuvent être créées par le mélange d'autres couleurs). Si l'on mélange deux d'entre elles, cela donne, respectivement : orange, violet et vert (dites couleurs « complémentaires »). Si les trois couleurs primaires sont mélangées à parts égales, cela donne du marron sombre (ou du noir) ; et le mélange de deux couleurs complémentaires donne du gris sombre (ou du noir).

1. « Il faut tenir pour assuré que tous les possibles ne parviennent pas à l'existence ; autrement on ne pourrait imaginer aucun personnage de roman qui n'aurait existé quelque part à quelque moment. Bien plus, il ne paraît pas qu'il puisse se faire que tous les possibles existent, car ils s'empêchent mutuellement » (cité par Catherine Wilson, « Plénitude et compossibilité », *Les Études philosophiques*, 2016, n° 118, p. 387-406).

Si l'on mélange à parts égales une couleur complémentaire avec une couleur primaire, autre que les deux qui la composent, de nouvelles couleurs apparaissent (dites « tertiaires ») ; elles sont au nombre de six dont celles-ci : pourpre (rouge et violet), indigo (bleu et violet), turquoise (bleu et vert). Ces couleurs tertiaires sont ainsi mitigées, relativement aux couleurs complémentaires qui ont servi pour leur composition : le pourpre et l'indigo sont des violets amoindris ; l'anis et le safran des mitigés au regard du vert et de l'orange, etc.

Transposons cela au domaine des politiques publiques – par exemple celle concernant l'offre de logements. Plusieurs dispositifs peuvent être simultanément activés : libérer du foncier (vente par l'État d'une part de ses domaines) ; exonérer fiscalement certaines plus-values immobilières ; cibler les PTZ, prêts à taux zéro, sur certaines catégories de population ; proposer de nouveaux dispositifs fiscaux ciblés sur des produits spécifiques (la rénovation d'immeubles anciens, par exemple) ; construire plusieurs milliers de logements étudiants ; assouplir les règles du DPE, le diagnostic de performance énergétique, etc. Imaginons pour chacune de ces actions trois modalités possibles (de type : « beaucoup », « moyen » et « un peu »). Une politique publique modérée serait dans ce cas celle qui mitige l'une ou l'autre des modalités possibles pour ces six actions publiques. Par exemple, pour une politique A : « Assouplissement faible du DPE », « PTZ centrés sur les classes moyennes inférieures urbaines », « exonération fiscale après détention pendant vingt-cinq ans d'un bien immobilier », « construction de 100 000 logements étudiants en cinq ans », etc. Une politique B serait celle-ci : « Pas d'assouplissement du DPE », « construction de 80 000 logements étudiants en deux ans », « PTZ possibles pour des revenus annuels allant jusqu'à 49 000 euros », etc. Ces programmes sont modérés (au sens de « tempérés », c'est-à-dire amoindris, adoucis, etc.) puisqu'ils sont composés de différents éléments sur lesquels le gouvernement peut jouer et combiner à sa guise – *a contrario* d'une politique de l'offre centrée sur *un seul* facteur.

Une troisième figure de la modération en politique – la *construction* d'une nouvelle entité par le dépassement d'entités opposées, dont elle se nourrit – peut s'illustrer par la publication par le roi Henri IV de l'édit de Nantes en avril 1598, qui mit fin à la guerre civile en France, opposant les catholiques aux protestants. Le texte de cet édit n'est ni une synthèse des positions des deux parties combattantes, ni leur mélange savant : il est une loi d'État, signée par un roi ex-protestant converti au catholicisme, et qui doit la faire enregistrer par le Parlement ; ce qui n'ira pas de soi. Ce que construit Henri IV est une *législation nouvelle* ; elle emprunte, certes, des éléments puisés dans les exigences des deux parties, mais ceux qui sont choisis et articulés dans les 92 articles de l'édit royal composent un traité de paix qui réorganise le vivre-ensemble entre deux factions, deux religions, deux entités politiques. Il faut donc, comme le note Michel Rocard dans un propos de haute tenue, *L'Art de la paix*, que

> l'architecture d'ensemble apparaisse à chacune des parties comme respectueuse de son identité, des références majeures sur lesquelles elle ne saurait transiger, et respectueuse enfin, aussi strictement que possible, du rapport des forces sur la base duquel on a négocié[1].

Le texte devait donc « parler » aux deux parties et faire apparaître clairement les raisons spécifiques qu'avait chacun des belligérants de concéder à l'autre, tout en leur assurant que ces concessions grandissaient chacune et qu'elles permettraient une paix durable dans le royaume ; cela fut clairement dit dans le préambule. Chaque partie a donc dû accepter le fait que l'autre partie obtenait une part de ce qu'elle recherchait jusqu'alors les armes à la main ; mais ces octrois s'intégraient dans une loi d'ensemble où, par un travail d'orfèvre, s'équilibraient les gains et les pertes de chacune. Si plus de cent cinquante villes et châteaux sont dévolus aux huguenots, ces derniers doivent accepter que le culte réformé ne peut plus s'exercer à Paris, à la cour ou dans les résidences royales. Si la religion catholique est réaffirmée comme étant la seule religion du pays, les huguenots

1. *L'Édit de Nantes*, établi, présenté et annoté par Janine Garrisson, suivi de Michel Rocard, *L'Art de la paix*, Biarritz, Atlantica, 1997. Pour une analyse, voir Janine Garrisson, *Guerre civile et compromis*, 1559-1598, Paris, Seuil, « Points », 1991.

obtiennent la liberté de conscience, l'égalité civile (donc l'accès à toutes les charges publiques) et la liberté de culte reconnue dans des espaces précis.

Cet effort, unique en Europe à cette époque, de conciliation politico-religieuse n'a été possible que parce que les hommes qui ont négocié cette paix de 1598 ont su dépasser leur antagonisme pour construire ensemble une *formule politique nouvelle*. Nul autre que Francis Walder, auteur d'un magnifique roman, *Saint-Germain ou la Négociation*, qui décrit la négociation de l'édit de Saint-Germain en 1570 (il ne fit taire les armes que deux années ; il se fracassa dans la nuit de la Saint-Barthélemy, en août 1572), ne peut mieux résumer ce qu'est la figure de la modération par construction :

> Quant à l'extrême fragilité de ce pacte, elle était le signe de sa perfection. Il s'agissait d'accorder des adversaires dont aucun n'était battu, ni même défaillant. Seul un équilibre instable pouvait être créé entre ces deux forces égales – et encore, c'était jonglerie. Nous fîmes là du travail de dentelle diplomatique. Aucun traité de l'espèce n'a jamais duré. Ceux qui se prolongent sont ceux qu'un vainqueur impose à un vaincu. Ce sont les plus faciles. Ils durent le temps que le second se relève. Puis ils cessent de durer. Ce n'est pas un traité, c'est une évolution qui assurera au monde la paix définitive.

Nommons la quatrième figure de la modération : *le juste milieu* ; elle a été amplement décrite. Contentons-nous de citer ici Blaise Pascal et sa pensée 518 (dans le classement de Louis Lafuma) :

> L'extrême esprit est accusé de folie comme l'extrême défaut ; rien que la médiocrité n'est bon : c'est la pluralité qui a établi cela et qui mord quiconque s'en échappe par quelque bout que ce soit. Je ne m'y obstinerai pas, je consens bien qu'on m'y mette et me refuse d'être au bas bout, non pas parce qu'il est bas, mais parce qu'il est bout, car je refuserais de même qu'on me mît au haut. C'est sortir de l'humanité que de sortir du milieu.

Seul le moyen (le milieu, la moyenne, la médiocrité, etc.) est bon ; la pluralité l'a formellement établi. Aujourd'hui on dit : la *majorité* (des voix, des suffrages, des individus, etc.). Pourquoi celle-ci *mordrait* quiconque la refuse, et de quels « bouts » parle ici Pascal ? Les « bouts », ce sont les deux extrêmes d'une courbe de Gauss, de faible valeur numérique, sur lesquels empiète, enserre, contraint – mord, donc ! – le bloc central de la distribution des voix, c'est-à-dire : la majorité[1]. Pascal décrit ici une situation politique courante : les minoritaires, constatant qu'ils le sont, doivent s'incliner devant l'option majoritaire – sans *s'obstiner* à défendre l'option qui avait leur préférence. La règle de la pluralité (de la majorité, donc) est ainsi faite qu'elle rend visible l'option ayant reçu l'assentiment du plus grand nombre, et qui tire de cet assentiment sa force, donc sa justice[2].

La cinquième figure est celle de la modération exercée *comme un combat*, contre soi et les plaisirs, bien sûr – c'est la figure défendue par la tradition thomiste –, mais aussi contre le dogmatisme, le fanatisme, etc., pour le volet doctrinal, et contre l'opportunisme, les compromissions, etc., pour le volet moral de l'action publique. Voyons d'abord la figure traditionnelle, ouverte par Aristote et sa critique du « dérèglement des sens » ; c'est une figure ascétique, à mi-chemin des vertus privées et publiques.

Jacques-Henri Meister, intellectuel suisse, qui correspondit avec Denis Diderot, publie en 1788 un opus, *De la morale naturelle* ; il y commente, en quarante-six notices, diverses vertus, passions ou attitudes (d'« Amour » à « Véracité »). La trente-cinquième a pour titre : « Modération ». Après l'éloge : « C'est l'égide protectrice de notre repos, de notre bonheur ; elle conserve toutes nos facultés ; elle en maintient la force et l'équilibre », Meister introduit le doute :

1. Je m'inspire ici de l'article (passionnant !) de Laurent Thirouin, « La République et le nombre : Pascal penseur de la pluralité », *Chroniques de Port-Royal*, 2018, 68, p. 217-236.

2. « Ne pouvant fairequ'il soit force d'obéir à la justice, on a fait qu'il soit juste d'obéir à la force ; ne pouvant fortifier la justice on a justifié la force, afin que la justice et la force fussent ensemble et que la paix fût, qui est le souverain bien » (Pascal, Lafuma 81-82).

> Je vois que cette qualité, toute estimable qu'elle est en elle-même, s'allie difficilement à de hautes vertus, à une grande élévation de talent ou de génie ; elle n'est le plus souvent que l'humble compagne de l'impuissance et de la médiocrité.

Il n'en condamne pas le principe ; mais si modération il doit y avoir, dit-il, c'est en se faisant violence :

> Peut-être est-ce de toutes les vertus celle qu'il est le moins à désirer de tenir de la nature même ; elle n'est précisément pour nous ce qu'elle doit être que lorsque nous l'avons acquise *à force de peines, de combats et de sacrifices.* Alors loin d'y voir un caractère de faiblesse, on y reconnaît le plus sublime effort de l'empire que l'homme peut prendre sur lui-même. Telle fut la modération d'un Aristide, d'un Camille, d'un Scipion[1].

Ce combat contre soi est nécessaire, au-delà de nos comportements dans l'intimité des corps et le silence des alcôves : il rend possible le vivre-ensemble dans l'espace public. C'est un puissant remède à l'outrance contemporaine puisqu'il affirme notre puissance d'exister, rappelle André Comte-Sponville, sans nous soumettre aux impulsions irraisonnées de nos affects ou de nos appétits[2]. Cette « régulation volontaire de la pulsion de vie » vaut d'autant plus pour l'espace politique que ce dernier, comme le notait Max Weber dans sa conférence de 1919 sur « Le métier et la vocation de l'homme politique », est fondé sur le sentiment de puissance qu'anime tout dirigeant politique – parce qu'il exerce une influence sur d'autres individus, parce qu'il a « conscience d'être du nombre de ceux qui tiennent en main un nerf important de l'histoire en train de se faire[3] ». La politique, énonçait Weber, « consiste en un effort tenace et énergique pour tarauder des planches de bois dur ». Cet effort incessant suppose de l'homme politique une conséquente force d'âme – pour surmonter le possible

1. Nous soulignons.
2. André Comte-Sponville, article « Tempérance », *Petit traité des grandes vertus*, Paris, Puf, 1995.
3. Max Weber, *Le Savant et le Politique*, Paris, Plon, 1959, p. 162.

naufrage de tous ses espoirs et, malgré l'échec, « être capable de dire "Quand même !" » et reprendre sa lutte pour le pouvoir. Weber en concluait que celui-là, seul, avait une « vocation » d'homme politique...

Force d'âme, et donc croyance inébranlable dans ses convictions. Le refus du dogme peut ainsi confiner au dogme. Prenons Frédéric Bastiat, économiste sous la monarchie de Juillet et ardent défenseur du libre-échange (donc pourfendeur du protectionnisme, sous toutes ses formes). Il publie dans *Libre-échange. Journal du travail agricole, industriel et commercial*, numéro du 23 mai 1847, un long commentaire passionné de ses prises de position, qu'il titre ainsi : « De la modération ». L'article débute par : « On nous reproche d'être absolus, exagérés », et se termine par le paragraphe suivant :

> La modération ne consiste pas à dire qu'on a une demi-conviction, quand on a une conviction entière. Elle consiste à respecter les opinions contraires, à les combattre sans emportement, à ne pas attaquer les personnes, à ne pas provoquer des proscriptions ou des destitutions, à ne pas soulever les ouvriers égarés, à ne pas menacer le gouvernement de l'émeute[1].

La *réformation* protestante, dès ses origines, peut être lue en ces mêmes termes. L'organisation en plusieurs Églises, la préférence pour le contact direct avec l'Écriture, sans clergé chargé du dogme, en relativisant la distinction entre clercs et laïcs, en valorisant les valeurs du travail, de l'autonomie et du libéralisme économique, le protestantisme a contribué à la construction de sociétés tolérantes[2]. Se discerne ainsi, chez ceux qui ont construit le protestantisme, affirme l'historien Hubert Prost, « une affinité avec le sens du débat contradictoire et publique, de la répartition des responsabilités, de la députation, de la laïcisation, de l'éducation[3] », et qui sont des marqueurs d'une approche modérée du vivre-ensemble.

1. Frédéric Bastiat, *Œuvres complètes*, 1854, II, p. 348.
2. Voir le chapitre III de l'ouvrage de Jean Baubérot, *Histoire du protestantisme*, Paris, Puf, 2015.
3. Hubert Bost, « Protestantisme et démocratie », conférence du 21 juin 2010 à l'Académie des sciences morales et politiques.

Autre figure archétypique de la modération : *l'équanimité*. Sénèque, au chapitre III de son opus *De vita beata*, rédigé en 58 après J.-C., lui a donné ses lettres de noblesse :

> La vie heureuse est donc celle qui s'accorde avec sa nature ; on ne peut l'obtenir que si d'abord l'esprit est sain et en possession constante de sa santé ; si de plus il est énergique et ardent, doué des plus belles qualités, patient, propre à toutes les circonstances, soigneux du corps et de ce qui s'y rapporte, *mais sans trop de préoccupations* ; s'il veille aux autres choses de la vie, *sans s'étonner* d'aucune ; s'il use des présents de la fortune *sans en être* l'esclave. Tous comprennent, sans que je l'ajoute, qu'il suit de là une perpétuelle tranquillité, ainsi que la liberté, *puisqu'on a banni ce qui nous irrite ou nous fait peur*. Au lieu des plaisirs et de ces jouissances mesquines et fragiles qui nuisent au sein même des désordres, s'établit une joie grande, inébranlable, égale ; l'âme se remplit alors de paix, d'harmonie, d'élévation, de douceur[1].

Se modérer, dans cette figure, est un *agir d'incomplétude* : les choses sont faites, et bien faites, mais ce faire est limité. Dans le texte de Sénèque, la préposition *sans*, suivi d'un substantif, illustre cette incomplétude volontaire. L'agir, ainsi borné, se protège de lui-même : de son débordement, de son envahissement. On trouve cette même protection chez Montaigne, pensée comme un art de vivre. Sa description des gens « sans vie quand ils sont sans agitation tumultuaire » informe de ce qu'il convient de faire : ne pas chercher la besogne « pour enbesongnement » ; ne pas se laisser emporter par toutes les choses, petites comme grandes ; ne pas confondre besogne et obligation, etc.

La modération, dans ce dernier cas, est conçue comme une règle d'action, en tout temps et en tout lieu ; on peut la nommer, pour reprendre l'idée de Descartes, une « règle du non-excès par provision ». Autrement dit : une logique d'action « prête-à-porter »,

1. Tiré de l'édition de *De la vie heureuse*, 1883, disponible sur Gallica.fr. Nous soulignons.

en quelque sorte, aux fins de décider *hic et nunc*, sans délibérer sans cesse sur l'action la plus efficiente. Dans les mots de Descartes, se gouverner « en toute autre chose suivant les opinions les plus modérées et les plus éloignées de l'excès qui fussent communément reçues en pratique par les mieux sensés de ceux avec lesquels j'aurais à vivre[1] ».

Ce choix d'action permanente vise à atténuer, adoucir, limiter ; rendre *moins* absolu, *moins* austère, *moins* brutal, *moins* rigoureux, etc., quelque chose (un idéal, un propos, une punition, une réforme, un règlement, etc.), permettant qu'ainsi les hommes ou les organisations dont cet acte affecte la vie soient *mieux* traités, *mieux* respectés, *mieux* motivés, etc. Se modérer, c'est donc accepter le moins pour aboutir à un mieux : ristourner, pour fidéliser sa clientèle ; parler bas, pour se faire entendre ; sacrifier un bien jugé peu utile, pour en gagner un autre, jugé essentiel ; accepter en l'état la sentence, pour ne pas souffrir de son aggravation, etc.

Terminons cette typologie par une dernière évocation : l'*antimodération*. Il serait utile, dans une étude prolongeant celle-ci, de classifier les *formes critiques de la modération*. Nous en parlerons un peu, dans un des chapitres conclusifs de ce parcours, en tentant de caractériser ce qu'est la modération. Une théorie de la modération devrait ainsi se doter d'une *théorie de l'antimodération* – tant cette action médiane suscite, depuis Montesquieu, d'acerbes critiques, et pas seulement chez les extrémistes. Ainsi de ce reproche « républicain » de Pierre-Joseph Proudhon, dans ses *Confessions d'un révolutionnaire* :

> Ainsi, c'est afin de sauver le juste-milieu matériel, objet constant de nos efforts, que nous allons être forcés d'abandonner le juste-milieu théorique ; c'est pour conquérir et consolider cette médiocrité dorée, gage de notre indifférence politique et religieuse, qu'il nous faut prendre aujourd'hui une résolution décisive contre ce laisser-aller de l'esprit et de la conscience, qui, sous le nom d'éclectisme, de juste-milieu, de tiers parti, etc., a obtenu jusqu'ici

1. René Descartes, *Discours de la méthode*, III.

le privilège de notre estime. Courbe ta tête, Gaulois goguenard ; fais-toi *extrême* afin de rester *moyen* ! Souviens-toi que, sans l'exactitude des principes, sans l'inflexibilité de la logique et l'absolutisme des doctrines, il n'est pour une nation ni modération, ni tolérance, ni égalité, ni sécurité[1].

Synthèse	Coprésence des extrêmes, sans dégradation
Mitigation	Coprésence des extrêmes, avec dégradation
Construction	Coprésence partielle des extrêmes, avec ou sans dégradation
Juste milieu	Coabsence des extrêmes, avec visée d'un « milieu »
Combat	Coabsence des extrêmes, avec engagement de soi et refus dogmatique
Équanimité	Coabsence des extrêmes, avec visée d'une équanimité
Antimodération	Valorisation des extrêmes

Les figures de la modération en politique

1. Pierre-Joseph Proudhon, *Les Confessions d'un révolutionnaire, pour servir à l'histoire de la révolution de Février*, Paris, Garnier Frères, 1851, 3e éd., disponible sur Gallica.fr.

De la radicalité

Les pratiques militantes peuvent être dites « modérées » dès lors qu'elles ne sont pas jugées *radicales*. Des définitions de ce *radicalisme* militant ont été proposées[1]. Les premières, dans les années 1980, ont fait référence à des pratiques sociales ou politiques contestant la légitimité des normes politiques institutionnalisées et souhaitant des réformes drastiques du modèle socio-économique. Le sociologue britannique Alan Fox a ainsi proposé le terme *radical* (en 1974) pour qualifier une manière de penser (*frame of reference*) les relations collectives de travail en opposition à deux autres, l'une dite « *unitarist* » (le conflit social pensé comme un accroc à réparer, qu'il faut éviter) ou « *pluralist* » (le conflit social pensé, à l'inverse, comme inévitable, car résultant de logiques d'intérêts différenciés

1. « Un militantisme qui, à partir d'une posture de rupture vis-à-vis de la société d'appartenance, accepte au moins en théorie le recours à des formes non conventionnelles d'action politique éventuellement illégales, voire violentes » (Isabelle Sommier, « Engagement radical, désengagement et déradicalisation. Continuum et lignes de fracture », *Lien social et politiques*, 2012, n° 58, p. 15-35) ; « On définira la radicalisation comme l'adoption progressive et évolutive d'une pensée rigide, vérité absolue et non négociable, dont la logique structure la vision du monde des acteurs, qui usent pour la faire entendre de répertoires d'action violents, le plus souvent au sein de structures clandestines, formalisées ou virtuelles, qui les isolent des référents sociaux ordinaires et leur renvoient une projection grandiose d'eux-mêmes » (Xavier Crettiez, « Penser la radicalisation. Une sociologie processuelle des variables de l'engagement violent », *Revue française de science politique*, 2016, vol. 66, p. 709-727).

dans l'entreprise[1]). D'autres définitions, dans les années 2000, font référence aux pratiques militantes *délibérément* violentes, portées par des mouvements organisés pour s'affronter à la police. Les manifestations altermondialistes de 1999 (Seattle) et 2001 (Gênes), sévèrement réprimées, en sont l'illustration. Depuis quelques années, les définitions de ce radicalisme ont surtout concerné les pratiques djihadistes, liées à l'essor des mouvements islamistes en Europe, d'al-Qaida à Daech[2].

Diverses enquêtes donnent la parole aux « radicaux » pour comprendre les formes de leur engagement politique[3] (ou les conditions de production de tels engagements « en rupture avec l'ordre social[4] ») ; d'autres travaux interrogent le rapport de ce radicalisme à l'action collective organisée[5] ; d'autres encore, au plan individuel, montrent que ce militantisme radical s'affirme progressivement, au gré des tensions biographiques et de la « réorganisation de l'économie des sphères de vie », qui s'alignent sur cette radicalité pour la servir[6].

L'étude de ces pratiques – les marches offensives contre un projet d'aménagement du territoire ; l'affrontement méthodique aux forces de police en marge de manifestations syndicales ; l'empêchement de spectacles ou de concerts d'une personnalité critiquée pour ses opinions ; les fauchages de plants d'OGM ; les actions médiatisées des

1. Alan Fox, « Managerial ideology and labour relations », *British Journal of Industrial Relations*, 1966, vol. 4, p. 366-378. Voir également Alan Fox, *Beyond Contract : Work, Power, and Trust Relations*, Londres, Faber & Faber, 1974.

2. Pour un panorama de ces études, voir l'article de Nicolas Truong, « La radicalité, de l'analyse des racines à l'intransigeance de la pensée », *Le Monde*, 9 février 2022.

3. Jacques Walter, Béatrice Fleury, *Violences et radicalités militantes dans l'espace public en France des années 1980 à nos jours*, Paris, Riveneuve, 2020.

4. Colin Robineau, *Devenir révolutionnaire. Sociologie de l'engagement autonome*, Paris, La Découverte, 2022.

5. Pascale Dufour, Graeme Hayes, Sylvie Ollitrault, « Radicalités et radicalisations : la fabrication d'une nouvelle "norme" politique ? », *Lien social et politiques*, 2012, n° 68.

6. Paul Cormier, « Engagement radical et mise en cohérence des sphères de vie. Le cas des jeunes militant·e·s révolutionnaires turc·que·s dans les années 1970 », *Agora débats/jeunesses*, 2018, n° 80, p. 85-99.

Femen et du groupe Extinction Rébellion ; les pénétrations de sites nucléaires ; les enchaînements de protestation aux grilles d'édifices publics ; les jets de nourriture sur des tableaux réputés dans divers musées, etc. – permet d'approcher l'opposé, l'antonyme de ces luttes radicalisées. L'expression qui les désignerait – des *luttes modérées* – fait sourire, car elle confine à l'oxymore ; ce ne sont pas « les luttes » qui sont modérées ou radicales, mais les moyens que mobilisent ceux qui luttent ; ces moyens, dans certaines situations, peuvent être « radicaux » ; et les pouvoirs en place nomment « terroristes » ceux qui se désignent comme des « résistants ». Il faut donc dépasser cette opposition modération/radicalisation pour cerner ce qu'est une pratique militante *modérée*. Et choisir de la repérer par les *tensions* que génère tout engagement politique.

Plusieurs activités structurent le travail d'un militant : diffusion de la propagande, avec tractage sur les marchés et porte-à-porte dans les immeubles du quartier ; visibilité partisane, avec collage nocturne et des slogans peints sur les murs ; campagne électorale et tenue des bureaux de vote lors des élections ; organisation de « meetings », sous divers formats, à l'occasion d'événements récurrents ou occasionnels ; aide à la socialisation politique des nouveaux adhérents ; activités de formation des adhérents et des cadres de l'organisation, etc. C'est à l'occasion de ces activités que la « modération » surgit : quand il s'agit de *réaliser* ces activités, pour produire une plus-value politique.

Une lecture élargie d'un (roboratif) article consacré à une section locale du New Labour au Royaume-Uni dans les années 2000[1] montre que les activités militantes s'organisent autour de *points de tension*. Par exemple : bénévolat *ou* professionnalisation des membres ; « savoir tout faire » *ou* expertise sur un sujet donné ; organisation méthodique et rationnelle *ou* déficit d'organisation ; culture défensive et partisane *ou* culture d'entrepreneuriat

1. Emmanuelle Avril, « L'impossible standardisation des pratiques militantes au sein du New Labour. Le cas de Finchley, section locale récalcitrante », *Politix*, 2008, n° 81, p. 151-178.

politique, etc. Pour chacune de ces tensions, les versions modérées viennent atténuer la radicalité des pratiques. On conviendra que la figure du « révolutionnaire professionnel », immortalisée par Auguste Blanqui[1] (ou Serguei Netchaïev, ou Andreas Baader, etc.), est la figure outrancière du militantisme politique et, à l'opposé du spectre, celle de « l'adhérent opportuniste », sa figure déficitaire. Entre ces deux excès, un militantisme *modéré* serait caractérisé par : un activisme raisonnable ; un équilibre entre vie privée et vie militante ; un attachement raisonné au groupement ; un accord réfléchi avec le programme du parti ; une certaine distanciation d'avec les dogmes et les vérités du groupement ; une pratique non directive d'animation de ce dernier, tolérante et soucieuse d'écoute.

Même raisonnement pour le travail d'organisation politique, la capacité d'expertise et la culture partisane des militants : une pratique *modérée* se déduit des excès que constituent sur ces trois points ces « partis personnels intermittents, fluides et à obsolescence programmée[2] », fondés sur le leadership d'un seul, organisés comme des entreprises commerciales, verticalisés à l'extrême, comme le fut le mouvement En Marche ! en 2016, ou comme une communauté charismatique, organisée autour d'un leader jugé captivant, cooptant autour de lui des zélateurs, comme l'est La France insoumise.

D'autres différenciations peuvent être relevées ; toutes ont en commun trois critères : le refus de la violence comme mode d'action légitime ; une capacité autonome de jugement, encouragée ; et un engagement politique non exclusif d'autres engagements. Parlons

1. Voir Maurice Paz, *Un révolutionnaire professionnel, Auguste Blanqui*, Paris, Fayard, 1984. Sur le site de l'éditeur figure une présentation de Jeannine Verdès-Leroux. L'historienne écrit ceci : « Intransigeant, extrémiste, totalement coupé de la masse, Blanqui a foi en la toute-puissance d'une petite élite ; il rejette la démocratie, le suffrage universel ; il nie toute capacité révolutionnaire à la masse ouvrière qui lui paraît inerte, inculte, voire contre-révolutionnaire [...]. Derrière cette vie dramatique, amère, gâchée, la question qui est posée est celle de toute la lignée des révolutionnaires professionnels qui par catastrophisme, fanatisme, ont lancé et lancent, loin des aspirations de ceux qu'ils prétendent "éveiller", des actions violentes, meurtrières. »

2. Nous reprenons la formule de Rémi Lefebvre dans « Que sont devenus les partis-mouvements ? », *Esprit*, 2022, n° 481-482, p. 178.

de *modération* chez des militants optant pour : des moyens argumentatifs plutôt que coercitifs ; une construction de leur jugement par confrontation à des thèses différentes ou adverses et la prise en compte d'éléments externes à ceux générés par le groupement ; et une non-centration de leurs actions publiques sur les seuls objectifs politiques du groupement.

Des modérés

Il est rare qu'un programme politique se présente lui-même comme *modéré*. Ce sont *les autres* (les journalistes, les intellectuels, les concurrents, etc.) qui le désignent ainsi ; et ils le font *comparativement*. Quand François Fillon, candidat aux élections présidentielles de 2017, évoque dans un livre en 2014 une réduction de 10 % des effectifs de fonctionnaires et estime ensuite à 500 000 le chiffre des départs à la retraite d'agents publics non remplacés s'il était élu, n'importe quel candidat apparaît « modéré » s'il limite cette réduction à 120 000 postes (ce qu'avait annoncé le candidat Emmanuel Macron). Serait donc modéré un programme politique non outrancier. Cette définition est injuste, puisqu'elle ignore ce qui fait la force et l'originalité des programmes politiques modérés : *leur justice et leur réalisme*. Les modérés prennent le monde tel qu'il est, et non tel qu'il est rêvé par quelques idéologues ; ils font leur la formule de Jean Jaurès : « Le courage, c'est d'aller à l'idéal et de comprendre le réel[1]. » Ils se préoccupent de la répartition égale des efforts et de la justesse des redistributions.

1. Jean Jaurès, *Discours à la jeunesse*, Albi, 1903 ; rééd. Paris, Éditions Marcel, 2020. La phrase suivante de son discours lors de cette remise de prix au lycée d'Albi est de même actualité : « Le courage, c'est de chercher la vérité et de la dire ; c'est de ne pas subir la loi du mensonge triomphant qui passe, et de ne pas faire écho, de notre âme, de notre bouche et de nos mains aux applaudissements imbéciles et aux huées fanatiques ».

Autre caractéristique prégnante des programmes politiques modérés : leur *gradualisme*. Ils savent que les réformes publiques ne sont acceptées que si elles améliorent significativement la vie des citoyens (des salariés, etc.). La complexité des problèmes et leur interdépendance renforcent cette nécessité de procéder par étapes, le succès de la précédente ouvrant la voie à celui de la suivante. Désignons par *équilibration continuée* le travail politique d'un régime modéré ; et par *harmonie de dissonances* son résultat.

Les solutions préconisées par les programmes politiques modérés sont techniques et plurielles – car rien n'est plus faux que de prétendre qu'une mesure miracle radicale (arrêt de l'immigration, baisse des allocations de chômage, sortie de l'Union européenne, etc.) permettrait de résoudre les problèmes ; il faut donc jouer sur plusieurs paramètres, plusieurs dispositifs ; résumer tout cela en une seule *punchline* est impossible… Et prendre le temps (du débat, de l'examen des scénarios, etc.). Des politiques publiques efficientes au Danemark peuvent se révéler désastreuses en France ; d'autres, efficientes à Toulouse, ne le seront pas à Lille. Les modérés sont des personnes pragmatiques : elles expérimentent, elles évaluent, puis elles généralisent ce qui a bien fonctionné, en créant des conditions permissives. Elles pensent que les meilleures organisations sont celles qui sont appropriées aux situations et qu'il n'existe nul modèle unique, valable en tous lieux.

Les modérés sont rétifs aux approches idéologiques ; ils ne pensent pas qu'il faut toujours plus d'État, ou toujours plus de marché ; ils pensent que dans certaines situations, ou pour certains secteurs productifs, il faut plus d'État, et dans d'autres, plus de marché ; ce qu'ils préfèrent, ce sont les PPM : les partenariats *public-privé*… Ils se méfient : des phrases toutes faites ; des discours alarmistes ; des programmes clés en main, prêts à être appliqués ; des réformes brutales, présentées comme urgentes, etc.

Les modérés pensent que nul dirigeant politique ne détient « la » vérité et qu'un bon programme est un programme qui entrecroise des vérités parcellaires. Pour eux, la totalité est totalitaire ; ils estiment qu'il faut confronter les points de vue, dans des débats argumentés, et choisir ensuite un mix composé de ceux qui sont apparus les plus raisonnables et les plus profitables pour le plus grand monde.

Les modérés se méfient des grands énoncés ; ils sonnent souvent creux ; ils sont brandis comme des gonfalons mais sont mille fois moins utiles que les serpillières. Les modérés sont des réformistes dans l'âme ; mais ils réforment en sachant que toute action génère des conséquences, et que celles-ci peuvent modifier substantiellement les conditions de vie et de travail de certains citoyens ou salariés.

Les modérés apprécient la saveur du compromis ; ils font leur le trait du sociologue Georg Simmel (1908) pour qui le compromis est « une des plus formidables trouvailles de l'humanité ». En nouant des compromis, ils affirment qu'il n'existe aucune raison valable d'imposer à quiconque une solution qu'il refuse ; qu'il vaut mieux, par la coopération, générer des gains additionnels ; qu'en concédant, personne ne perd vraiment, puisqu'il s'agit de renoncer à une prétention et non d'abandonner un acquis ; que certains compromis sont des redditions et qu'ils doivent être refusés ; qu'ils sont de fausses solutions de règlement du conflit et qu'il vaut mieux explorer d'autres voies (le recours à la justice, par exemple) ; que proposer un compromis, c'est simplement promettre à l'autre que l'engagement pris sera tenu (il n'y a donc aucune raison de parler de compromission) ; et que les techniques de mise en compromis (l'échange, la concession, la compensation, l'innovation) devraient être apprises dès l'école primaire.

Les modérés, quand ils présentent leurs propositions politiques, s'efforcent de parler des problèmes des personnes, du possible et du raisonnable ; ils évitent de politiser ce qui n'est pas politique, ou de surpolitiser certains problèmes. Ils se méfient des analyses partisanes ou des promesses mirifiques ; ils ne sont ni zélés ni fébriles pour défendre leurs positions ; ils les exposent calmement, sans tonitruer.

Dans les débats politiques, on reconnaît les modérés à leur capacité à douter, se remettre en question, reconsidérer leurs positions. Ils savent qu'ils ne savent pas tout ; ils se fient à leur expérience comme à celle des autres. Ils font un usage intensif de la nuance. Ils acceptent, non seulement de parler à leurs opposants, mais recherchent leur voisinage – pour affiner leurs arguments et s'adresser à leurs électeurs. Personne n'en sort perdant ; et la démocratie s'est, au passage, renforcée[1]. Les modérés reconnaissent les mérites de leurs adversaires, et ne méconnaissent pas les défauts de leur propre camp. L'appartenance partisane n'est pas pour eux le critère essentiel ; la véracité des affirmations, oui.

Leur devise serait *Audiatur et altera pars* (ou *Audi alteram partem*) – *Que l'autre partie soit également entendue*. Autrement dit : que tous puissent faire valoir leur point de vue, comme dans un procès équitable. Et que tous soient écoutés. Les modérés aiment et respectent la procédure de l'avocat du diable[2] ; et lors de situations consensuelles, comme dans les processus sociocratiques, ils insistent pour que l'on vérifie que tout le monde est d'accord avec la décision que l'on s'apprête à prendre…

Dans un stimulant billet de blog, « The radicalism of moderation », Aurelian Craiutu écrit ceci :

> Cette modération audacieuse respecte les idées opposées tout en les contestant, avec fermeté mais sans zèle, ni haine, ni désir de vengeance. Elle s'abstient d'attaquer des personnes, d'édicter des interdictions, de réclamer des preuves décisives ou de cautionner la violence. Elle pose des questions approfondies et remet en question les dogmes reçus avec un mélange d'irrévérence, d'humour et de conscience de la faillibilité humaine. Elle n'a rien de commun avec la pusillanimité et la faiblesse qu'on lui prête souvent. Ce type de modération audacieuse se nourrit d'accommodement et de bon sens ; elle est capable d'inspirer l'espoir et de canaliser le mécontentement, en évitant la violence ou les crises sociales. Elle

1. « Je reste en désaccord profond avec Frits Bolkestein mais je suis heureux de pouvoir témoigner avec lui que d'une part la courtoisie et d'autre part l'écoute de l'autre et l'approfondissement des controverses sont des conditions de la démocratie » : ainsi se clôt l'avant-propos de Michel Rocard dans l'ouvrage d'entretiens *Peut-on réformer la France ?*, Paris, Autrement, 2006, qui opposa Frits Bolkestein, rédacteur d'une célèbre directive européenne sur la libre circulation des prestataires, et Michel Rocard, soucieux d'une Europe plus régulée.

2. Voir « Intelligence collective et fiabilité », le chapitre 6 de Christian Morel, *Sociologie des décisions absurdes*, vol. 2 : *Comment les éviter*, *op. cit.*

> ne ferme pas les yeux sur l'injustice et n'accepte pas les demi-mesures lorsqu'il s'agit de défendre les principes démocratiques fondamentaux. Elle n'oublie pas que ce monde est éclectique, empli d'antinomies permanentes et qui ne peuvent être définitivement résolues[1].

On ne saurait mieux dire.

1. Site web du *think tank* Niskanen Center, 7 janvier 2019.

Du raisonnable
(John Rawls)

Agir de façon modérée : est-ce *raisonnable* ? Platon et Aristote faisaient coïncider *raison* (au sens d'une procédure intellectuelle d'examen des fins et de calcul des moyens nécessaires pour les atteindre, *via* une délibération) et *modération* (au sens d'une action tempérante accomplie « comme la droite règle le demande »). Cette correspondance est-elle valable dans le champ politique – et peut-elle conduire à une félicité publique ? Oui. Il faut pour cela se doter d'une définition appropriée de la raison. Sont rationnels, dit-on, les individus agissant de façon appropriée au regard de leurs objectifs (puisqu'ils dimensionnent les moyens aux fins recherchées). Sauf qu'ils sont victimes de biais cognitifs ; qu'ils n'ont pas les bonnes informations ; que certaines croyances les aveuglent ; qu'ils n'ont pas pris le temps d'examiner toutes les solutions, etc. Le concept de *rationalité limitée* a été forgé (par Herbert Simon et James March) pour rendre compte de ces imperfections (courantes) dans les processus délibératif et décisionnel.

Cette « rationalité » est suspecte dans le champ politique : changer tout à coup de ministres (ou ceux-ci, de ministère) par la seule décision d'un président de la République opérant « des coups politiques » empêche que les ministres en place aillent au bout de leurs projets ; et oblige les nouveaux nommés à faire (trop) vite leur apprentissage ; c'est inefficace. Serait une manière *modérée* de gouverner celle consistant à agir non pas *rationnellement*, en vertu de finalités strictement politiques et dans une temporalité courte (par exemple : dissoudre l'Assemblée quelques mois avant l'échéance normale, pour profiter de l'effet de surprise et d'une possible impréparation de l'adversaire…), mais de façon *raisonnable*, en prenant en compte d'autres facteurs que ceux régis par la politique politicienne (par exemple : attendre l'échéance prévue, et organiser un dispositif de grands débats publics permettant une confrontation méthodique entre différents programmes politiques…).

Rationnelle est une action décidée en vertu d'un raisonnement formellement logique (voire mathématique) par des individus réputés agir sans émotions. *Raisonnable* est l'action décidée, à l'issue d'un choix entre différents cours d'action possibles, par des individus en désaccord sur les moyens (et même sur les fins), mais adoptant un scénario d'action « suffisfaisant » (pour reprendre le jeu de mots d'Herbert Simon, fusionnant « satisfaisant » et « suffisant »[1]).

Le philosophe John Rawls a proposé une théorie, dite « de la justice comme équité », fondée sur les notions de *pluralisme raisonnable* et de *consensus par recoupement raisonnable*[2]. Les individus qu'il met en scène acceptent de se décentrer, de ne pas agir en vertu de leurs seuls intérêts et de respecter les règles du débat public. Dans les mots de Rawls :

> Les personnes raisonnables sont prêtes à proposer, ou à accepter lorsque la proposition émane des autres, les principes nécessaires à la définition de ce que chacun peut considérer comme des termes équitables de coopération. Les personnes raisonnables comprennent ainsi qu'elles doivent respecter ces principes, même au prix de leurs propres intérêts lorsque les circonstances l'exigent, dans la mesure oùl'on peut s'attendre à ce que les autres les respectent également.

1. Herbert Simon invente à la fin des années 1950 le mot-valise *satisficing* pour qualifier l'incomplétude de l'action du décideur. Voir *Models of Bounded Rationality*, vol. 2 : *Economic Analysis and Public Policy*, Cambridge, MIT Press, 1984.

2. John Rawls, *La Justice comme équité. Une reformulation de* Théorie de la justice, Paris, La Découverte, 2003.

L'apport de Rawls est de contribuer (mais cela n'était pas son objectif) à une lecture originale de la modération en politique : non pas en termes de compromis entre « des intérêts politiques connus et existants » (ce qu'il appelle : « une conception politique dans le mauvais sens [du mot] », qu'il dénonce), mais une conception politique pouvant « constituer un point de vue partagé » par le plus grand nombre de citoyens. Point ici de « troisième voie » : l'idée est celle d'une *adhésion pragmatique* à une conception politique jugée juste, équitable et satisfaisante par tous. La conceptualisation de Rawls a pu être jugée... non raisonnable[1] ; elle dessine néanmoins les contours d'une conception, d'une méthode et d'une pratique politiques *modérées*. « Modération », ici, signifie le fait que les citoyens s'accordent sur des principes politiques sans que quiconque impose les siens aux autres, quel qu'en soit le motif. Quel est le raisonnement de Rawls ?

D'abord, une société démocratique ne peut être une communauté – c'est-à-dire un corps sociopolitique de personnes unies dans l'affirmation d'une même vision du monde, à la fois politique, religieuse, philosophique, etc. (comme peut l'être une conception « socialiste-laïque », ou « catholique traditionnelle »). Le *pluralisme raisonnable* empêche le fait communautaire : il existe (ou sont reconnues comme légitimes) une *pluralité* de « doctrines englobantes » (*comprehensive doctrine*, dans le texte original), à la fois « profondes et irréconciliables », auxquelles les citoyens sont attachés ; les institutions démocratiques font respecter ce pluralisme. Rien n'empêche, estime Rawls, qu'à côté de ces doctrines englobantes, peu compatibles car souvent antagonistes, émerge une conception politique – ce qu'il nomme la *justice comme équité* – constituant « un point de vue partagé » à partir duquel ces citoyens en désaccord peuvent s'accorder sur des enjeux constitutionnels ou des institutions efficaces.

1. Philippe de Lara, « Le pluralisme raisonnable est-il raisonnable ? », dans Catherine Audard (dir.), *John Rawls. Politique et métaphysique*, Paris, Puf, « Débats », 2004, p. 95-118.

Ce « point de vue partagé » ne vient pas, de l'extérieur, s'imposer aux citoyens, les obligeant à réviser (douloureusement) les *comprehensive doctrines* auxquelles ils adhèrent ; il est produit à partir, ou « de l'intérieur », de ces doctrines. Le « pluralisme raisonnable » n'implique nullement qu'une de ces doctrines, en partie ou en totalité, devienne celle de tous. Rawls propose de penser cette conception politique commune, non comme une synthèse ou une combinaison de ces doctrines, mais plutôt comme un *accord collectif sur ce qu'il convient* de bâtir comme institutions (ou le type de Constitution qu'il conviendrait d'adopter). Cet accord pourrait donc être soutenu par une majorité substantielle de citoyens adhérant à des « doctrines totalement différentes et même irréconciliables ». Est-ce utopique ? Oui. Pourquoi ? Parce que les intérêts des individus sont différents. Parce que certains individus, peu sûrs d'eux, peuvent durcir leurs opinions. Parce que les preuves, empiriques et scientifiques, des faits sociaux sont complexes et contradictoires ; elles sont donc difficiles à établir, puis à faire accepter. Parce que nous n'accordons pas la même importance aux actions à engager. Parce que nos concepts sont imprécis et que de multiples interprétations surgissent. Parce que nos expériences personnelles sont disparates. Parce que des priorités morales doivent être établies, et que les critères de choix font l'objet de désaccords. Parce que les conditions d'une délibération publique de qualité ne sont pas toujours réunies, qu'il est difficile de s'accorder dans le brouhaha, quand on est pressé par le temps, etc. Conclusion de Rawls : il n'y a aucune garantie qu'une conception politique partagée puisse être approuvée par une majorité de citoyens. Il faut donc, suggère-t-il, concevoir le processus qui conduit à cette approbation.

C'est là que l'agir politiquement modéré prend son sens ; Rawls ne le dit pas en ces termes mais ne l'infirme pas non plus : le *raisonnable* est l'idée intuitive de base ; elle peut être appliquée aux personnes, aux normes, aux doctrines, « et à beaucoup d'autres choses ». On peut imaginer *quels principes* (de justice chez Rawls, mais le champ peut être plus ouvert) seraient choisis par des citoyens libres et égaux qui accepteraient cette conception politique commune, qu'ils jugeraient compatible avec leurs convictions. On peut supposer que les principes qu'ils mettent en œuvre, au quotidien, pour choisir d'engager une action plutôt qu'une autre, soient les mêmes pour définir cette conception politique commune. La majeure partie des individus opte (spontanément, du fait de son civisme ; ou intellectuellement, du fait de son jugement) pour des principes de justice élémentaire, qu'elle soit distributive (les biens sont répartis selon une logique prenant en compte les différences entre individus) ou commutative (les biens sont partagés selon une logique de pure égalité, sans souci des différences). Il n'y a donc pas de raison, estime Rawls, que les individus agissent différemment à l'occasion de débats portant sur les principes d'une conception politique partagée. Et si c'est le cas, par exemple si certains citoyens tentaient d'imposer leur doctrine préférée, une majorité s'y opposerait. Ou défendrait l'idée d'une conception commune, ne serait-ce que par souci de stabilité institutionnelle (d'autant plus que celle-ci leur garantit des droits ne dépendant plus d'aléas électoraux...).

Utopique, ce raisonnement ? On l'assume. Mais cette utopie politique dessine un horizon possible pour un gouvernement modéré contemporain. L'hypothèse n'est pas que théorique. Si sont ignorées les conceptions morales, religieuses et philosophiques de chacun – ce que Rawls nomme « voile d'ignorance » –, et que la conception politique commune est fondée sur ce qu'il y a de *commun* aux doctrines de chacun, sans souci d'obliger quiconque à abandonner ses convictions, et que celle-ci délaisse ce qui est extrême et se centre sur la seule *pluralité* (c'est-à-dire : sur les items majoritaires), rien ne s'oppose à une préférence majoritaire pour cette politique partagée. Celle-ci résulterait, non du vote de « députés godillots », obéissants car dépendants du chef qui les a sélectionnés et fait élire, mais d'une délibération collective, avec ce que cela suppose de moments de concertation et de confrontation argumentée.

Du réalisable

L'homme prudent, dit Aristote, s'efforce « d'atteindre le meilleur des biens réalisables pour l'homme, et le fait par raisonnement ». Un bien *réalisable* ? C'est une distinction de fond entre le réformiste et le révolutionnaire. Le premier ne déduit pas son action, à l'inverse du second, d'une idéologie qui surdétermine des finalités et leur asservit le choix des moyens. Nulle épiphanie ne prévaut à l'action qu'il engage : elle est arrimée au réel. « Possible » et « maintenant » sont les maîtres mots de son vocabulaire.

Est *possible* ce qui remplit les conditions nécessaires pour être. Mais aussi : ce qui est faisable, réalisable. Le possible *est* le réalisable : il a des chances certaines d'être. Et pas dans un lointain avenir radieux : *ici et maintenant*. On nomma, vers 1880, *possibilistes* les militants réformistes regroupés autour de Paul Brousse. Georges Sorel, qui théorisa la « grève générale » et la « violence prolétarienne », écrivit en 1902 un article (contestant l'analyse du jeune Léon Blum et son ouvrage de 1901, *Les Congrès ouvriers et socialistes français...*) où il décrit ainsi la Fédération des travailleurs socialistes de France d'avant la scission de 1882 :

> La surenchère avait fait sortir des limites du réalisable ; on parcourait l'irréalisable jusqu'à l'absolu qui est nécessairement irréel ; les réformistes modérés se décourageaient et avouaient qu'ils ne pouvaient plus s'opposer au courant ; certains théoriciens

> s'établissaient du premier saut dans l'absolu et traitaient les anciens socialistes de réactionnaires [...]. Les hommes de cette première période ne se rendirent pas un compte bien exact de leur propre activité puisqu'ils étaient dominés par des passions révolutionnaires extrêmement absorbantes. Il ne faut pas oublier que dans l'histoire des idées les violences jouent un plus grand rôle que la logique et la science[1].

Au congrès de Saint-Étienne, la scission est consommée entre les partisans de Jules Guesde et ceux de Paul Brousse. Ces derniers sont persuadés que la ligne marxiste intransigeante des guesdistes du « tout à la fois » aboutit au « rien du tout »[2]. Sorel rapporte cet extrait d'un éditorial, signé de Brousse, dans le journal *Le Prolétaire* du 19 novembre 1881 : « Nous préférons... fractionner le but idéal en plusieurs étapes sérieuses, *immédiatiser*, en quelque sorte, quelques-unes de nos revendications pour les rendre enfin possibles au lieu de... rester perchés sur les tours de l'Utopie. »

Pour le révolutionnaire Guesde, à l'inverse : « Plus l'échec est certain, plus la chose est à tenter. Les ouvriers comprendront qu'ils ne peuvent rien attendre que de leur nombre et de leur force ; cette pétition[3] servira à fabriquer des révolutionnaires » (*L'Égalité*, 18 juin 1882).

« Possible » provient du latin *possibilitas*, possibilité. Ce mot dérive de *possum*, *potui*, *posse*. Qui signifie : *pouvoir*. C'est logique : celui qui peut est un homme puissant : il fait advenir les choses. *Unus potest omnia* : « Un seul a tout le pouvoir », dit Cicéron dans une de ses lettres à Atticus. Le pouvoir, c'est cela : rendre les choses

1. Georges Sorel (avec une préface de Jean-Louis Panné), « Pour l'histoire du socialisme français », *Cahiers Georges Sorel*, 1984, n° 2, p. 137-160.

2. « C'est très joli, déclarait [Brousse] en 1897, de rêver plaies et bosses, de crier aux armes avec les cheveux en désordre, la bouche frémissante, d'aller même se faire tuer... mais tout ça n'avance à rien du tout... Il faut du temps, une action continue, beaucoup d'entente, l'association... Nous ne désirons pas une révolution trop prompte, nous préférons que la transformation se fasse lentement, logiquement... Le peuple, loin d'en profiter, souffre toujours de ces révolutions mal préparées » (*idem*).

3. Demandant la réduction du prix des loyers dans les quartiers populaires.

possibles – par l'autorité, la sagesse, la force ou la ruse. Les modérés, par leur *hic et nunc*, sont des hommes *capables*. Paul Ricœur a brossé le portrait d'un tel homme. Sur le plan individuel, il est « cet être qui peut évaluer ses actions, en estimant bons les buts de certaines d'entre elles, est capable de s'évaluer lui-même, de s'estimer bon[1] ».

Dans son *Parcours de la reconnaissance*, Ricœur propose une « phénoménologie de l'homme capable[2] » ; elle éclaire l'agir modéré (elle en brosse le portrait moral). Le sujet agissant, dit Ricœur, est d'abord un sujet *parlant* : il se nomme, il s'interpelle, il se fait reconnaître ; il est ensuite un sujet *intentionnel* : il « fait arriver » des événements et peut s'en attribuer la cause ; il est enfin un sujet *racontant* : il peut dire ce qu'il fait, pour quelles raisons et au nom de quelles valeurs ; il met en intrigue son action ; il est doté de réflexivité (il devient son propre objet d'étude) ; c'est donc un homme responsable (du latin *respondere*, « répondre » : il *répond* de son action devant tout autrui).

Les médecins ont leur serment d'Hippocrate : faire le bien (ou, du moins, ne pas nuire). Les utilitaristes ont leur algorithme pour évaluer le quantum de plaisir que génère une action : le *calcul félicifique*. Les philosophes distinguent liberté *négative* (les individus ont des droits – d'opinion, de réunion, de propriété, etc. – et nul autrui ne peut les violer) et liberté *positive* (les individus *doivent être capables* de faire les choix qu'ils désirent) – et s'efforcent de conceptualiser des droits se traduisant en *opportunités réelles*. Les sociologues cliniciens se tiennent au plus près des acteurs sociaux, attentifs à leurs désirs, émotions, souffrances et aspirations. Etc. Les responsables modérés s'efforcent de réaliser tout cela : le bien, le bonheur, l'autonomie, le *pouvoir d'agir*[3] – sans conditionner cette réalisation à la survenue d'événements sociaux, politiques, etc., qui les rendraient possibles.

1. Paul Ricœur, *Soi-même comme un autre*, *op. cit.*, p. 212.
2. Paul Ricœur, *Parcours de la reconnaissance*, Paris, Stock, 2004, p. 137-157 et 208-219.
3. Les Anglo-Saxons disent : *empowerment*. L'*Oxford English Dictionary* indique à son sujet : « *The act of giving somebody more control over their own life or the situation they are in.* » Nos amis québécois le traduisent par « autonomisation ».

De la réserve

Que signifie « être réservé » ? Ou adopter une attitude de « réserve » ? L'étude de proxémie et de la liste des synonymes proposées par le CNRTL pour ce substantif fait apparaître trois types d'usage, pour signifier : une restriction, la prudence et le respect des convenances. S'y ajoute son sens premier, du latin médiéval *reservatio* : ce qui est mis de côté, pour un usage ultérieur ou limité à quelques-uns. Ou refusé : « émettre des réserves », c'est ne pas approuver. Mais restreindre l'usage – d'une forêt, d'une rivière, d'un lieu ou d'un territoire –, c'est protéger, conserver ces entités. Soustraites aux regards profanes (la « réserve » d'un musée, ou d'une bibliothèque), elles sont offertes à d'autres regards, savants ou singuliers. La notion est complexe ; elle est donc d'une grande utilité.

Être réservé, se retenir ; l'idée est la même : s'empêcher un mouvement, contrarier son élan. Les États-Unis demandent ainsi « de la retenue » à Israël dans sa violence coloniale en Cisjordanie ; les fonctionnaires français, soumis au « devoir de réserve » dans l'expression de leurs opinions, doivent « user de modération dans leurs propos, tenus en dehors de l'exercice de leurs fonctions »[1]. Retenue et réserve sont des attitudes paradoxales : louangées si l'individu prend le temps de délibérer avant d'agir, mais brocardées si cette

1. Voir le *Guide du devoir de réserve et de la liberté d'expression des agents publics*, Paris, Nos services publics, juillet 2021.

délibération ne débouche pas sur un arrêt de décision. Est-ce une affaire de dosage, de mitigation ? Délibérer sans décider est vain ; décider sans délibérer est un coup de dé. La réserve porte sur l'option, et non sur le mécanisme de sélection des options. Se retenir et agir avec réserve ne sont pas l'inaction ou l'indécision : ce sont des actions réfléchies, circonspectes (du latin *circumspectio* : regarder autour). Quelles en sont les figures archétypiques ?

La proportionnalité. Le procédé est rationnel : les moyens s'accordent aux fins, les peines aux délits, l'impôt aux revenus ; une instance contrôle cette proportionnalité : celle-ci protège nos droits et fonde les décisions de justice. Une action proportionnée est par nature une action *réservée* ; pas d'approximation, ni d'indigence ou d'opulence : le compte y est, ni plus ni moins.

La conformité au dogme. L'action convenable est ici engagée en vertu du code normatif prescrit par une autorité (religieuse, par exemple), que les membres de la communauté sont invités à respecter. Le convenable, ici, rejoint l'obéissance (ou plutôt, l'attachement, terme moins connoté), et qui fait du clerc ou du fidèle le maître de son engagement. Mais en matière de foi et de piété, les cours possibles d'une action *qui convient* sont nombreux ; et la piété peut être (trop) démonstrative[1], ou (trop) délaissée ; l'autorité veille à ce qu'aucun excès ou manque ne soit relevé et que les normes comportementales attendues soient respectées[2]. Celles-ci évoluent ; le convenable, pareillement. Dans son étude sur les prêtres bretons au XIXe siècle, Samuel Gicquel note, à partir de 1830, d'importants changements : « la fin de la spiritualité rigoriste et le triomphe d'une piété plus festive, marquée notamment par les progrès du culte du Sacré-Cœur, du culte marial et du mouvement sanctoral ».

1. Avec, par exemple, la *zebîba*, ou *zabiba*, ou encore *tabaâ*, soit la marque au front visible chez certains musulmans assidus, résultant du fréquent frottement de leur front sur le tapis de prière (ou sur le sol) lors des cinq prières quotidiennes.

2. Voir à ce sujet « Bon prêtre et bonne carrière », le chapitre 5 de Samuel Gicquel, *Prêtres de Bretagne au XIXe siècle*, Rennes, Presses Universitaires de Rennes, 2008 : « La piété exemplaire, surtout lorsqu'elle est associée au zèle, devient dès lors une caractéristique du bon prêtre. »

À cette évolution du dogme se joint l'évolution de la société elle-même, devenue permissive sur un point, restée pudique sur un autre. De sorte que l'analyse de cette « réserve » (ou de la « modération ») du clerc ne peut s'opérer que contextualisée, en termes d'aires culturelles, de moments politiques et doctrinaires ; ce travail dépasse l'objectif de cet ouvrage. Limitons-nous à une rapide enquête : que faut-il entendre par *réserve*, d'un point de vue chrétien, en France et en ce début de XXIe siècle ? On s'appuie sur les observations de Brigitte Cholvy, anthropologue et théologienne. Dans un article au titre roboratif : « "Vivre dans le temps présent avec réserve, justice et piété" (Tt), peut-il être désirable ? », l'universitaire, commente un verset de Paul de Tarse. Dans l'épître à Tite (2,11-14) – la traduction est ici celle de la TOB[1] –, Paul invite les chrétiens de Crête « à renoncer à l'impiété et aux convoitises de ce monde, et à vivre dans le temps présent avec réserve, justice et piété ».

D'autres traductions proposent, plutôt que « réserve » : « de manière raisonnable » (Parole de vie), « d'une manière pondérée » (NBS[2]), « d'une manière sensée » (La Colombe[3]), ou encore « selon la sagesse » (Louis Segond, 1910). Nombreux sont (et furent) les commentateurs de ce verset ; il fournit une conduite sociale et morale compréhensible (même si chaque chrétien module ces recommandations selon ses préférences). L'expression « vivre avec réserve », on s'en doute, a suscité moult débats. Dans son *Commentaire sur Tite*, saint Jean Chrysostome, éminent docteur de la jeune Église chrétienne du IVe siècle, indiquait que Paul signifiait par là le devoir de rejeter « nos désirs mondains », de nous détourner « de la perversité et des passions du siècle », de « nous arracher aux biens terrestres pour nous conduire au ciel », etc. Dans les plis de cette sobriété de l'Antiquité chrétienne se dessine un objectif eschatologique : accueillir « la bienheureuse espérance et l'apparition de la

1. Traduction œcuménique de la Bible, produite depuis 1975 par des chrétiens de confession catholique, protestante et orthodoxe.

2. Nouvelle Bible Segond, proposée par l'Alliance biblique française, mise en ligne en 2010.

3. Révision approfondie et modernisée de la version originelle de Louis Segond.

gloire de notre grand Dieu et Sauveur Jésus-Christ[1] » (on croyait, à l'époque, le retour du Christ imminent).

Dans une version laïque, l'invite de Paul de Tarse – vivre avec réserve – se comprend comme un exercice subtil de constante *retenue* : ce n'est pas ne rien faire et se laisser vivre ; ce n'est pas non plus laisser croire qu'on fait (alors qu'on ne fait pas) ; ce serait plutôt, dit Cholvy : faire – et *faire bien* ! – mais sans publicité, sans ostentation. Dix-sept siècles plus tard, l'injonction à la sobriété reste prégnante – même si l'attachement obéissant à Dieu, la piété donc, prend aujourd'hui des aspects parfois militants[2], ou répond à un *commandement de soi* :

> La loi morale est en réalité une loi nouvelle, c'est le Christ lui-même[3]. Il ne s'agit pas d'une loi qui s'impose à moi mais au contraire une loi de croissance inscrite en moi-même, moi qui ai été créé à l'image de Dieu en vue de lui ressembler et de partager sa béatitude. La loi morale n'est donc pas une liste d'interdits mais plutôt *un appel à entendre ce que nous sommes* [...]. Saint Paul résumait de manière lapidaire ce qu'est la morale chrétienne : "Tout est permis mais tout n'est pas constructif" (1 Co 10, 23). Tout est permis parce qu'effectivement je peux faire tout ce qui est en mon possible : crier, hurler, frapper, aimer, détester... Mais *tout ne convient pas* car tout n'est pas adapté à ce que je suis ni au moment que je suis en train de vivre[4].

Le glissement est notable : il va du renoncement sur ordre (« à l'impiété et aux convoitises ») au choix volontaire d'un partage de « béatitude », conjoignant *souci de soi* et *action convenante*.

1. Saint Jean Chrysostome, « Commentaire sur Tite », dans *Œuvres complètes de saint Jean Chrysostome*, trad.M. Jeannin, Bar-le-Duc, L. Guérin & Cie, 1866.

2. « Soyons ardemment modérés, à la fois bouillants pour le Seigneur, zélés pour l'Évangile, et sages et équilibrés. Car il s'agit de tenir ferme, jusqu'au bout, dans le beau combat de la foi » (extrait de la page du site web « Les prédications de Vincent. Pasteur de l'Église évangélique libre de Bouffémont », consacrée à l'épître à Tite).

3. Antoine Roland-Gosselin, « Fais pas çi, fais pas ça... », Padreblog.fr, 17 mars 2017.

4. Nous soulignons.

Ce double engagement – écouter ce que nous sommes ; se conduire envers autrui de façon adaptée – est une marque de la modernité cléricale contemporaine ; comprendre son message est utile pour reconstruire une morale civique de la modération.

Le verset traduit par la TOB (vivre « dans le temps présent avec réserve, justice et piété ») couvre le champ d'une vie chrétienne : conduite personnelle modérée et raisonnée (sobriété, sagesse), comportement social altruiste et équitable (justice), et croyance en un Dieu aimant et miséricordieux. Cela constitue un triptyque de grande heuristique, permettant d'articuler trois sphères – individuelle, interindividuelle et supra-individuelle. Autrement dit : *être soi, être avec les autres, et être attaché à Dieu.* Ou, dans une version moins sacerdotale, ce que Paul Ricœur (1990) a stylisé avec sa formule « soi, autrui et la cité » en articulant ces trois éléments ainsi : *la visée d'une vie bonne, avec et pour autrui, dans des institutions justes.* Et, plus tard, de façon plus politique, en (re)nommant ces trois sphères d'activité pour qu'elles deviennent des maximes d'action, elles-mêmes retravaillées dans des « éthiques régionales spéciales » (appliquées, donc), et qu'il énonçait ainsi : « Maintien de soi, sollicitude pour le prochain, participation citoyenne à la souveraineté[1]. »

Bien sûr, piété et citoyenneté relèvent de démarches différentes : l'une est céleste, l'autre terrestre ; elles n'impliquent pas le même type d'engagement, envers la divinité *ou* vis-à-vis de l'intérêt général ; notre qualificatif de « supra-individuel » est suffisamment englobant pour que les deux approches, sacrée et profane, puissent s'y retrouver. La « vie bonne » de Ricœur est celle que décrit Aristote au livre I de son *Éthique à Nicomaque* : une vie pratique « d'agent moral », dirait-on aujourd'hui, fondée sur « une activité de l'âme conforme à la raison ». L'objectif de l'homme vertueux est d'accomplir cette tâche (être vertueux), « et de l'accomplir bien et avec succès », cela « dans une vie accomplie jusqu'à son terme » – ce qui

1. Notice « Éthique. De la morale à l'éthique et aux éthiques », dans Monique Canto-Sperber (dir.), *Dictionnaire d'éthique et de philosophie morale*, Paris, Puf, « Quadrige », 2004, vol. 1, p. 690.

laisse ainsi le temps « d'exercer et de manifester son excellence » (c'est Jules Tricot qui complète...). Il s'agit, dit Aristote, de « tendre à l'exactitude que comporte la matière traitée, et seulement dans une mesure appropriée à notre investigation ».

Qualifier de « réserve » ce souci de précision et d'ajustement à l'objectif semble pertinent : l'homme vertueux, au moment où il délibère sur l'action à engager, met « de côté » ce qu'il ne lui sert pas dans son évaluation et se concentre sur sa tâche et sur les moyens de l'accomplir. Il ne s'encombre pas, il ne se disperse pas. Cela, c'est pour la méthode ; et pour l'éthique de son action ? Les trois commandements d'Emmanuel Kant relatifs à une pensée de « sens commun » – *penser par soi-même, penser en se mettant à la place d'autrui, penser en accord avec soi-même*[1] – répondent à ce devoir de réserve de l'homme modéré : il ne pense pas par procuration ; il se garde de faire siens des pré-jugés, sans avoir lui-même mené l'enquête ; il se méfie des alchimies de son esprit, s'astreint à douter de ses certitudes, questionne ce qui lui semble des évidences, confronte son jugement à celui des autres, et l'universalise ; il s'impose une logique et une cohérence argumentatives et fait siens les principes de la pensée complexe. Dans les mots de Kant :

> Un homme d'esprit ouvert [doit] pouvoir s'élever au-dessus des conditions subjectives du jugement, dans lesquelles tant d'autres se cramponnent, et pouvoir réfléchir sur son propre jugement à partir d'un point de vue universel (qu'il ne peut déterminer qu'en se plaçant du point de vue d'autrui)[2].

Et dans son rapport *à autrui*, que met cet homme modéré « de côté » ? Emmanuel Levinas fournit quelques réponses – radicales ; mais elles délimitent le cadre d'une éthique laïque de la modération.

1. Pour une discussion au sujet de cette troisième maxime de sens commun, voir la première partie de l'article d'Éric Smilevitch, « Penser en accord avec soi-même », *Cahiers philosophiques*, 2016, n° 145, p. 73-95.

2. Emmanuel Kant, *Critique du jugement*, (1790), p. 95. Chicoutimi, « Les Classiques des sciences sociales », 2019, trad. Jacques Auxenfants.

Que met-il « en réserve » ? Son insensibilité, d'abord : il s'expose nu, se met « à découvert », souffre de la souffrance d'autrui. Sa passivité, ensuite : il tient cet autrui pour un être vulnérable, dont il *est* et *sera* responsable, sans que cette responsabilité soit conditionnée (« Le moi, devant autrui, est infiniment responsable[1] »). Sa possible tyrannie, enfin : pour ne pas envisager cet autrui comme un adversaire, « comme un ingénieur mesurant l'effort nécessaire pour démolir la masse ennemie, autrui devenant masse », pour ne pas voir « la liberté de l'autre comme une force, comme sauvage »[2] ; car sa liberté s'oppose à la nôtre dans la seule mesure où elle se tourne vers nous...

Et que délaisse l'individu agissant « avec réserve » dans son rapport à la cité (ou à Dieu) ? S'il est un décideur (ou un intellectuel) : ses certitudes, pour s'ouvrir à l'inattendu ; son désir de cohérence absolue, en pratiquant une rationalité autocritique ; sa vision simplificatrice, au profit d'une démarche qui distingue sans disjoindre, qui combine sans confondre[3]. Et s'il s'agit d'un clerc ? Brigitte Cholvy répond ainsi :

> Soit le dernier mot de l'histoire est réservé à Dieu ; soit il s'agit de garder à Dieu sa place dans le monde et dans les événements de la vie humaine, pour insuffler une dynamique critique au présent et le laisser non résolu, de sorte que la vérité de l'histoire du monde comme de l'histoire individuelle soit encore *a-venir*[4].

L'idée est lumineuse : se conduire de façon réservée, c'est refuser la subjugation des esprits, le charivari des vérités assénées, la triste sérénade des lendemains enchantés ; c'est laisser aux individus le soin d'écrire l'histoire qu'ils souhaitent – *pour la raturer sans cesse.*

1. Emmanuel Levinas, *Humanisme de l'autre homme*, *op. cit.*, p. 54 ; rééd. Le Livre de Poche.
2. Emmanuel Levinas, *Liberté et commandement*, Saint-Clément-de-Rivière, Fata Morgana, 1994 ; rééd. Paris, Le Livre de Poche, 1999, p. 45-46.
3. Ces phrases sont extraites (ou s'inspirent) d'*Introduction à la pensée complexe* d'Edgar Morin, Paris, Seuil, 2005.
4. Brigitte Cholvy, « "Vivre dans le temps présent avec réserve, justice et piété" (Tt), peut-il être désirable ? », *Recherches de science religieuse*, 2016, t. 104, p. 533-550.

De la modération en tout

« Face aux idéologies qui prétendent à une connaissance et à une maîtrise totales », écrit Cholvy, « une attitude de discrétion, de distance, de pudeur, de respect, permet de préserver la nouveauté de l'avenir ».

De la pensée de midi

« Nous choisirons Ithaque, la terre fidèle, la pensée audacieuse et frugale, l'action lucide, la générosité de l'homme qui sait » : la phrase figure au dernier paragraphe de la dernière page de *L'Homme révolté*. Paru en 1951, l'ouvrage fut louangé et stigmatisé ; il valut à Albert Camus, dira-t-il, « plus d'ennemis que d'amis (du moins les premiers ont crié plus fort que les derniers)[1] ». Pourquoi veut-il (faut-il ?) « choisir » Ithaque ? Et quel lien entretient cette île de la mer Ionienne avec la lucidité et la générosité (ou la modération) ? Considérons *L'Homme révolté* comme une lettre intemporelle, adressée à chaque membre des générations successives, pour lui rappeler le *sens de la mesure*. Ithaque avait un roi, Ulysse ; ce dernier est parti combattre dans les rangs des Grecs ; il dut effectuer un long périple pour retourner dans son île. *Choisir* Ithaque, ce n'est pas seulement revenir chez soi et sa « terre fidèle » ; c'est aussi retrouver la lumière de son pays et les philosophes qui y font commerce de leurs idées ; c'est y accueillir ceux qui veulent partager leur expérience[2] ; c'est renouer avec la joie, « qui aide à vivre et

1. *Essais*, II, p. 1629.

2. « Dans la lumière, le monde reste notre premier et notre dernier amour. Nos frères respirent sous le même ciel que nous, la justice est vivante. Avec elle, au long des combats, nous referons l'âme de ce temps et une Europe qui, elle, n'exclura rien. »

à mourir[1] » ; c'est réapprendre les limites (et désapprendre la guerre, qui autorise tout).

« Qu'est-ce qu'un homme révolté ? Un homme qui dit non. Mais s'il refuse, il ne renonce pas : c'est aussi un homme qui dit oui, dès son premier mouvement. » Un homme révolté détermine une frontière, dit Camus, et signifie à autrui qu'au-delà de ce point, ce serait dépasser les bornes ; que cet autrui est dans l'exagération ; qu'il impose sa loi en méconnaissant les droits de son interlocuteur. « L'homme révolté oppose à l'ordre qui l'opprime, écrit Camus, une sorte de droit à ne pas être opprimé au-delà de ce qu'il peut admettre ».

Dans le vibrant portrait qu'il fait de Camus dans son ouvrage *Le Courage de la nuance*, Jean Birnbaum cite cette phrase de Camus, écrite à la Libération : « Notre monde n'a pas besoin d'âmes tièdes. Il a besoin de cœurs brûlants qui sachent faire à la modération sa juste place[2]. »

Comme le rappelle Jeanyves Guérin, auteur du flamboyant *Dictionnaire Albert Camus*[3] et à propos de Camus, « son parler juste et vrai, son sens du dialogue, son souci de l'autre, son absence de manichéisme rendent ses écrits précieux aujourd'hui encore[4] ».

Même jugement chez Denis Salas, auteur d'une belle biographie intellectuelle (*Albert Camus, la juste révolte*[5]), ou Marylin Maeso, auteure d'un fort utile *Abécédaire d'Albert Camus* :

> « Il nous invite à être entièrement contemporains de notre époque. Son esprit libéral et sa défiance à l'égard de l'État, nous préviennent

1. « Alors naît la joie étrange qui aide à vivre et à mourir et que nous refuserons désormais de renvoyer à plus tard. Sur la terre douloureuse, elle est l'ivraie inlassable, l'amère nourriture, le vent dur venu des mers, l'ancienne et la nouvelle aurore. »

2. Dans *Albert Camus à « Combat »*, Paris, Gallimard, 2002, p. 430.

3. Jeanyves Guérin (dir.), *Dictionnaire Albert Camus*, Paris, Robert Laffont, « Bouquins », 2009.

4. Jeanyves Guérin, « Albert Camus : éthique et politique », *Cahiers de la Méditerranée*, 2017, 94, p. 149-159.

5. Denis Salas, *Albert Camus, la juste révolte*, Paris, Michalon, « Bien commun », 2002.

d'une concentration des pouvoirs qui est le mal français. Son humanisme intransigeant se tisse d'un socialisme libéral qui n'exclut pas la révolte contre un État hypertrophié et liberticide[1]. »
« [Camus] a su incarner, à une époque d'extrême polarisation du débat d'idées, le difficile équilibre de la nuance [...] À l'heure de l'immédiateté numérique et de la polémique permanente, il importe plus que jamais d'entendre cette pensée exigeante, tendue comme un fil d'Ariane entre des extrêmes mortifères[2]. »

« La pensée de midi » est le titre de la partie V de *L'Homme révolté*, mais aussi une section du chapitre « Mesure et démesure », dont il est une composante. Chez Camus, ces deux notions sont proches et articulées. C'est logique : penser à midi, c'est penser de façon relative et s'imposer des limites ; la mesure interdit l'absolu. « Pensée de midi » est un concept pour temps difficiles ; il rapproche deux mots du langage courant, et de ce rapprochement surgit un outil puissant. Penser, c'est *être*, dit Descartes ; mais il existe mille façons d'être – donc de penser. Et autant de façons de penser juste : *pensée de midi*, *pensée du Midi*, *penser à midi*, *midi de la pensée*, etc. L'antimétabole[3] permet de balayer le spectre conceptuel. Parcourons-le rapidement.

Avant Camus : Friedrich Nietzsche et Paul Valéry ; on ne peut que les rapprocher. En exergue de son poème, *Le Cimetière marin* (1920), Paul Valéry cite, en grec, sans traduction, les vers 61 et 62 de la troisième *Pythique* de Pindare : « Ô mon âme, n'aspire pas à la vie immortelle, mais épuise le champ du possible. »

En exergue de son essai de 1942, *Le Mythe de Sisyphe*, Albert Camus place la même citation de Pindare, mais sans le texte grec et dans la traduction d'Aimé Puech (1922). Dans la première strophe du poème de Valéry, ce vers : « Midi le juste y compose de feux ».

1. Denis Salas, « Albert Camus, l'humaniste intransigeant », *Études*, 2012, t. 416, p. 79-90.
2. Marylin Maeso, *L'Abécédaire d'Albert Camus*, Paris, Alpha, 2023.
3. Figure de style désignant la répétition de mêmes mots, dans un ordre différent, pour renverser une causalité, souligner un paradoxe, renforcer une idée.

Et plus loin : « Midi là-haut, Midi sans mouvement ». Nous avons tous ressenti cette brûlure du soleil, cet astre rayonnant, haut dans le ciel[1] ; et vécu ce temps suspendu par la chaleur, implacable[2]. La pensée de midi, c'est d'abord une pensée *solaire* : une pensée lumineuse, chaleureuse, rayonnante ; une pensée de grand air, de grand large – de grande entreprise[3]. Mais aussi : une pensée rafraîchissante, donc salvatrice[4]. Évoquer le midi, c'est également convoquer Friedrich Nietzsche. Dans *Ainsi parlait Zarathoustra*[5](1883-1885), l'invocation est constante : « Alors je veux être auprès de vous, une troisième fois, pour fêter, avec vous, le grand midi » ; « Voici, il vient, il s'approche, le grand midi ! » ; « et le soleil de sa connaissance sera dans son midi » ; « C'est maintenant seulement que revient le grand midi, maintenant l'homme supérieur devient – maître ! », etc.

Qu'est-ce ce *midi* nietzschéen, qui s'approche, se proclame et se fête ? Tout à la fois : un moment d'espérance[6] ; le sacre du *surhomme* (c'est-à-dire : l'homme devenu conscient de lui-même, se *sur*passant[7]) ; et le *moment de basculement*, quand cet homme

1. « Certainement, rien ne m'a plus formé, plus imprégné, mieux instruit – ou construit – que ces heures dérobées à l'étude, distraites en apparence, mais vouées dans le fond au culte inconscient de trois ou quatre déités incontestables : la Mer, le Ciel, le Soleil » (Paul Valéry, « Inspirations méditerranéennes », conférence de 1934, dans *Œuvres*, Paris, Gallimard, « Bibliothèque de la Pléiade », 1957, vol. 1).

2. « Au printemps, Tipasa est habitée par les dieux et les dieux parlent dans le soleil et l'odeur des absinthes, la mer cuirassée d'argent, le ciel bleu écru, les ruines couvertes de fleurs et la lumière à gros bouillons dans les amas de pierres. À certaines heures, la campagne est noire de soleil. Les yeux tentent vainement de saisir autre chose que des gouttes de lumière et de couleurs qui tremblent au bord des cils. L'odeur volumineuse des plantes aromatiques racle la gorge et suffoque dans la chaleur énorme » (Albert Camus, « Noces à Tipasa », dans *Œuvres complètes*, vol. 1 : *1931-1944*, Paris, Gallimard, « Bibliothèque de la Pléiade », 2006, p. 105).

3. Voir Colette Guedj, « L'humanisme solaire de Camus : une éthique du courage et de la lucidité », *Loxias-Colloques*, 2013, n° 4.

4. Pour une étude approfondie, voir Jean-François Mattéi (dir.), *Albert Camus et la Pensée de midi*, Montréal, Ovadia, 2008.

5. *Un livre pour tous, un livre pour personne*, le sous-titra Nietzsche...

6. « En vérité, il y a un avenir, même pour le mal, et le midi le plus ardent n'est pas encore découvert pour l'homme. »

7. « Afin de proclamer à nouveau, afin d'enseigner de nouveau aux hommes la venue du surhomme. »

en devenir d'homme se tient « au milieu de sa route entre la bête et le surhomme, quand il fêtera, comme sa plus haute espérance, son chemin qui mène à un nouveau matin ».

L'ouvrage se termine d'ailleurs sur ce matin d'épiphanie :

> Voici mon aube matinale, ma journée commence, lève-toi donc, lève-toi, ô grand midi ! – Ainsi parlait Zarathoustra et il quitta sa caverne, ardent et fort comme le soleil du matin qui surgit des sombres montagnes.

L'homme refondé et le grand midi vont de pair : le premier s'autonomise (du christianisme, de Dieu, du bien et du mal, etc.), et le second désigne son avènement, comme annoncé par Zarathoustra qui porte « la parole du grand Midi de la terre et des hommes[1] ». Camus, lecteur de Nietzsche, eut de pareils mots pour décrire *son* midi[2]. Comme dans cet hommage à l'ami René Char :

> Seul vivant parmi des survivants, il reprend à nouveaux frais, la dure et rare tradition de la pensée de midi. Char est né dans cette lumière de vérité. Il est profondément significatif que les paroles de guérison nous viennent de cette Provence hautaine et tendre, funèbre et déchirante dans ses soirs, jeune comme le monde dans ses matins et qui garde, patiemment, comme tous les pays de la Méditerranée, les fontaines de vie où l'Europe épuisée et honteuse reviendra un jour s'abreuver[3].

Ou dans ces lignes, prophétiques, de *L'Homme révolté*, où il assigne à ce midi le rôle rédempteur que Nietzsche confia à Zarathoustra et son « grand Midi » :

1. Pour un commentaire savant, voir Gilbert Merlio, « Le surhomme nietzschéen : un être singulier ou un exemple pour tous ? », dans Michel Kauffmann et Rolf Wintermeyer (dir.), *Figures de la singularité*, Paris, Presses Sorbonne Nouvelle, 2014.

2. Pour une étude d'ensemble, voir Maurice Plagnol, « Albert Camus, esprit méditerranéen », *Bulletin de l'Association Guillaume-Budé*, mars 1953, n° 1, p. 101-112.

3. Albert Camus, « Ce soir le rideau se lève sur... R. Char », dans *Œuvres complètes*, vol. 2 : *1944-1948*, Paris, Gallimard, « Bibliothèque de la Pléiade », 2006, p. 764-765.

> Jetés dans l'ignoble Europe où meurt, privée de beauté et d'amitié, la plus orgueilleuse des races, nous autres Méditerranéens vivons toujours de la même lumière. Au cœur de la nuit européenne, la pensée solaire, la civilisation au double visage, attend son aurore. Mais elle éclaire déjà les chemins de la vraie maîtrise[1].

En conjuguant soleil et posture morale, Camus ne fait que coloriser un conflit philosophique récurrent. Le conflit profond de ce siècle, écrit Camus, « ne s'établit peut-être pas tant entre les idéologies allemandes de l'histoire et la politique chrétienne, qui d'une certaine manière sont complices, qu'entre les rêves allemands et la tradition méditerranéenne, les violences de l'éternelle adolescence et la force virile, la nostalgie, exaspérée par la connaissance et les livres, et le courage durci[2] ». Et, quelques paragraphes plus loin :

> L'Europe n'a jamais été que dans cette lutte entre midi et minuit. Elle ne s'est dégradée qu'en désertant cette lutte, en éclipsant le jour par la nuit. La destruction de cet équilibre donne aujourd'hui ses plus beaux fruits. Privés de nos médiations, exilés de la beauté naturelle, nous sommes à nouveau dans le monde de l'Ancien Testament, coincés entre des Pharaons cruels et un ciel implacable[3].

Une pensée solaire est une *pensée des limites*. Soleil mais mesure, midi mais modération ? Cela frise l'oxymore ; le paradoxe n'est qu'apparent : face à la démesure du *monde des choses* – épidémies, sécheresse, tsunamis, famines, etc. –, le *monde des hommes*, lui, nécessairement, doit garder la mesure.

> Quoi que nous fassions, la démesure gardera toujours sa place dans le cœur de l'homme, à l'endroit de la solitude. Nous portons tous en nous nos bagnes, nos crimes et nos ravages. Mais notre

1. *Œuvres complètes*, vol. 3 : *1949-1956*, Paris, Gallimard, « Bibliothèque de la Pléiade », 2008, p. 319.
2. *Ibid.*, p. 368.
3. *Ibid.*, p. 370.

tâche n'est pas de les déchaîner à travers le monde ; elle est de *les combattre en nous-mêmes et dans les autres*[1].

C'est cela, penser *au midi* : se retenir, se modérer, agir avec réserve. Camus, dans *L'Homme révolté*, a cette formule : « Qu'une limite, dans le soleil, les arrête tous. Chacun dit à l'autre qu'il n'est pas Dieu. »

Dans un texte (magnifique) publié en 1948 et consacré à la beauté, *L'Exil d'Hélène*, Camus campe une Europe, *fille de la démesure*, qu'il oppose à la Grèce antique, dont les penseurs ont toujours su raison garder :

> La pensée grecque s'est toujours retranchée sur l'idée de limite. Elle n'a rien poussé à bout, ni le sacré ni la raison, parce qu'elle n'a rien nié, ni le sacré ni la raison. Elle a fait la part de tout, équilibrant l'ombre par la lumière. Notre Europe, au contraire, lancée à la conquête de la totalité, est fille de la démesure. Elle nie la beauté comme elle nie tout ce qu'elle n'exalte pas. Et, quoique diversement, elle n'exalte qu'une seule chose, qui est l'empire futur de la raison. Elle recule dans sa folie les limites éternelles et, à l'instant, d'obscures Érinyes s'abattent sur elle et la déchirent. Némésis veille, déesse de la mesure, non de la vengeance. Tous ceux qui dépassent la limite sont, par elle, impitoyablement châtiés[2].

Citant un fragment d'Héraclite (« Le soleil n'outrepassera pas ses bornes, sinon les Érynies qui gardent la justice sauront le découvrir »), Camus poursuivait ainsi :

> Nous qui avons désorbité l'univers et l'esprit rions de cette menace. Nous allumons dans un ciel ivre les soleils que nous voulons. Mais il n'empêche que les bornes existent et que nous le savons. Dans nos plus extrêmes démences, nous rêvons d'un équilibre que nous avons laissé derrière nous et dont nous croyons ingénument que

1. Nous soulignons.
2. *L'Été*, « L'exil d'Hélène », dans *Œuvres complètes*, vol. 3 : *1949-1956*, Paris, Gallimard, « Bibliothèque de la Pléiade », 2008, p. 597.

nous allons le retrouver au bout de nos erreurs. Enfantine présomption et qui justifie que des peuples enfants, héritiers de nos folies, conduisent aujourd'hui notre histoire.

La première de ces limites, dit Camus, est celle de la vie : rien n'autorise quiconque à détruire la vie ou la liberté d'autrui ; aucune cause commune ne justifie la violence à son égard. Ceux qui ont tué Georges Besse, le P-DG de Renault, le 17 novembre 1986, ou le préfet de Corse Claude Érignac, le 6 février 1998, sont des tueurs ; ils voulaient faire l'histoire, ils n'ont laissé derrière eux que des veuves. Si la révolte pouvait fonder une philosophie, estimait Camus en 1951, « ce serait une philosophie des limites, de l'ignorance calculée et du risque ».

Car la limite est fonctionnelle : elle autorise l'action mais l'encadre ; elle associe prise de risque et responsabilité personnelle ; elle fonde le discernement et le souci des conséquences. La pensée de midi préfère le « nous sommes » au « nous serons » : elle pense au *présent*, sans jamais renvoyer à des lendemains qu'on dit (faussement) enchantés. Camus a vu l'Empire nazi s'octroyer un avenir de mille ans, sacrifiant par millions les peuples d'Europe, puis s'effondrer ; il voit la Russie stalinienne forger l'*homme nouveau* en déportant et assassinant ses citoyens : le « nous serons » est un message de mort. Penser *à midi* réordonne les valeurs. D'abord, *et au-dessus de tout* : l'homme – et non *l'idée* de son bonheur, ou *l'idée* de sa liberté. En leur nom, les pires crimes se sont accomplis. « *Socialismo o muerte*[1] » : comment une doctrine peut-elle équivaloir la vie ? Le monde, écrivait Camus dans une de ses *Lettres à un ami allemand*, en juillet 1944, n'a pas de sens supérieur, mais il a du sens, et ce sens, « c'est l'homme, parce qu'il est le seul être à exiger d'en avoir[2] ».

1. « Le socialisme ou la mort ». La phrase est de Fidel Castro. Hugo Chávez la prononça le jour de sa seconde prise de mandat en tant que président du Venezuela, en février 2007.

2. 4e lettre, juillet 1944.

De la griserie

Tentons, au terme de ce dernier parcours, quelques rapides conclusions.

Modération n'est pas irrésolution, ou indécision. « Savoir se tenir ferme dans le parti que la raison a approuvé » – dans la version de Cicéron (*De officiis*, I, 14) – ou « être le plus ferme et le plus résolu en [nos] actions » (dans la version de René Descartes, livre III de son *Discours de la méthode*), est l'un des préceptes de l'homme modéré : il s'oblige à ne pas modifier constamment son avis (« à changer sans cesse de navigation », dirait Aristote). Une fois le bon choix déterminé, il s'y tient, sous peine de n'atteindre aucun de ses objectifs. La critique, simpliste, d'une modération saisie comme indécision (ou irrésolution) méconnaît ce qu'est une *décision.* Il y a d'abord délibération, puis sélection d'une option, enfin un arrêt de décision. Au cours de ces trois étapes, l'homme modéré s'oblige à veiller : à la bonne organisation de cette délibération – avec un égal accès de tous à la parole, l'obligation pour les délibérants de produire des arguments étayant leurs propositions de solution, etc. ; au bon examen, pour chacune d'elle, de leur adéquation au problème posé et de leurs possibles conséquences ; enfin, à la bonne procédure de choix, avec une règle claire d'arrêt de décision (règle majoritaire, ou à majorité qualifiée, ou à l'unanimité, etc.), une procédure *ad hoc* de suivi de son application, etc.[1].

1. Pour tous ces processus, voir le (passionnant) livre de Philippe Urfalino, *Décider ensemble*, Paris, Seuil, 2021. Voir également, avec une approche différente, mon ouvrage *Décider à plusieurs*, Paris, Puf, 2019.

Modération n'est pas mollesse, ou impéritie. C'est, au contraire, dans la formulation d'Aurelian Craiutu, *une vertu pour des esprits courageux* – et non une forme méprisable d'opportunisme et de tiédeur idéologique. Un savoureux mélange, dit-il, entre « la responsabilité, la prudence et la courtoisie, d'une part, et, d'autre part, l'enthousiasme et l'engagement passionné envers un ensemble distinctif de principes et de dispositions institutionnelles[1] ».

Modération n'est pas superfétation. « Il n'est rien que la modération ne doive régler dans la vie[2] », soutenait Cicéron. Tout est dit.

Modération n'est pas grisaille mais griserie. Et si l'on redécouvrait les vertus du gris ? Tel est le vœu de Jacques Le Goff dans sa tribune au journal *Ouest-France*. Qui dit *gris* pense grisaille, écrit-il. « Mais on peut aussi l'associer à l'idée de *griserie* par le jeu presque infini de ses camaïeux de tonalités d'ailleurs en redécouverte aujourd'hui aussi bien dans l'architecture que dans l'industrie textile et les beaux-arts. »

Le trait est juste : parce qu'il existe plusieurs dizaines de nuances de gris[3] ; parce que cette griserie peut être voluptueuse[4] ; parce que la grisaille peut être un devoir[5] quand on gouverne loin des applaudimètres, sans recourir « aux enchères de la popularité[6] ».

Modération n'est pas fraternisation. Ni syncrétisme ni œcuménisme. Ces catégories renvoient à d'autres principes (même s'ils contiennent, pour partie, des principes de la modération). À mélanger toutes les couleurs de sa palette, le peintre n'obtient qu'un marron noirâtre ; il ne peut rien en faire.

1. Aurelian Craiutu, *A Virtue for Courageous Minds. Moderationin French Political Thought, 1748-1830*, Princeton, Princeton University Press, 2012, p. 239.
2. *De officiis*, I, 39.
3. La notice du CNRTL en recense au moins vingt-quatre : « gris ardoisé, gris argenté, gris-blanc, gris-bleu, gris cendré, gris clair, gris foncé, gris laiteux, gris perlé, gris ardoise, gris argent, gris fer, gris moineau, gris perle, gris saumon, gris sauterelle, gris souris, gris taupe, gris d'argent, gris d'argile, gris de fer, gris de lin, gris de pierre, gris de plomb ».
4. « L'excitation de ses longues caresses rendait plus vive cette griserie charnelle » (Émile Zola, *Joie de vivre*, 1884 ; cité dans la notice du CNRTL).
5. « Je me fais un devoir de grisaille », avait déclaré Michel Rocard, Premier ministre, en 1988, signifiant par là sa volonté de gouverner sans tonitruer.
6. Edmund Burke, *Réflexions sur la révolution de France*, *op. cit.*

Modération n'est pas démission (ou soumission). C'est laisser s'exprimer plutôt que laisser faire ; écouter plutôt qu'ignorer ; jouer pleinement son rôle plutôt que renoncer à son devoir. Un modérateur, dans une assemblée, veille à l'égalité des temps de parole, au respect des horaires, à la qualité des débats ; il est tout, sauf une potiche...

Modération n'est pas modérantisme. Le terme a fait long feu : il ne désigne plus que par dénigrement. S'il qualifie l'opinion des hommes et des femmes s'opposant à la Terreur dite « révolutionnaire » (mars 1793-juillet 1794), c'est par inversion des qualificatifs : ils étaient des citoyens engagés, et leurs ennemis : des guillotineurs. Peu importe si « les circonstances » l'exigeaient : couper des têtes supprime des personnes, jamais les problèmes. Et ce quels que soient les idéaux pour lesquels on guillotine[1].

Modération n'est pas concorde. Ni discorde, d'ailleurs. Les modérés ne recherchent pas le conflit, la querelle, la dissension ; mais s'ils y sont mêlés, ils veillent à en sortir – méthodiquement, et de façon satisfaisante pour tous les protagonistes. Les modérés sont des pragmatiques : le conflit est un mode de socialisation ; et tout combat est un débat.

Modération n'est pas monisme. Mais pluralisme, par raison et par conviction. Ce n'est pas un hasard si Montesquieu, qui vanta les vertus politiques de la modération, vanta aussi celles de la division des pouvoirs. Non parce que ceux-ci risquaient de ne jamais s'accorder ; *mais pour qu'ils rivalisent entre eux*, affirma le sociologue Émile Durkheim, « afin qu'aucun ne s'élève au-dessus des autres et les réduise à néant[2] ». De même, la domination absolue

1. C'est pourquoi tombe à plat la critique par Antoine Chollet (« La modération politique, une vertu ? », *La Vie des idées*, 15 octobre 2012) de l'ouvrage déjà cité d'Aurelian Craiutu, *A Virtue for Courageous Minds*... Opposant les vertueux (Aristote et Machiavel) aux tièdes « modérantistes », il condamne les seconds parce qu'ils s'opposeraient « à toute aventure institutionnelle ou politique, même lorsqu'elle est entamée au nom de la liberté ». Rappelons-lui que toutes les révolutions engagées pour cette « liberté » ont à chaque fois produit des régimes liberticides...

2. Émile Durkheim, *Montesquieu et Rousseau, précurseurs de la sociologie*, Paris, Marcel Rivière, 1953, p. 64 ; cité par Dominique Casajus, « Montesquieu, Tocqueville, Durkheim : variations autour d'une typologie », *L'Homme*, 1996, 140, p. 7-24.

d'un seul parti signifierait la fin de la liberté et de l'État de droit ; le soviétisme en est l'illustration.

Modération n'est pas un courant politique, comme le furent le radicalisme sous la IVe république, la social-démocratie en Europe du Nord ou la démocratie chrétienne en Italie. Pas plus qu'elle n'est une tradition politique cohérente, avec un corpus doctrinaire, des théoriciens reconnus, des revues politiques, des fondations d'étude et des centres de documentation. La modération est d'abord une disposition à agir selon certains principes. Si on peut en dresser la liste, ils ne sont pas intangibles et varient dans chaque aire culturelle ; ils y sont d'ailleurs diversement appliqués. Cette contingence fait leur force.

Modération n'est pas un dogme. On peut être modéré sur un sujet, radical sur un autre ; si la modération est un trait de caractère, elle ne détermine pas la totalité d'un comportement[1]. L'homme est pluriel : il joue différents rôles sociaux, possède des identités multiples ; il est mû par des valeurs et des convictions parfois non convergentes – ou changeantes.

Modération n'est pas une école unique. On devrait donc dire « les modérations », tant la modération prend de multiples figures. Cette étude a tenté de les découvrir. Comme le note Aurelian Craiutu :

> La modération peut être utilisée pour désigner un gouvernement modéré ; un antidote au fanatisme ; une disposition au compromis ; une puissance « neutre » ou « tierce » au-dessus de toutes les autres puissances ; un centre politique ; ou un juste milieu entre les extrêmes. Aucune de ces connotations n'épuise cependant le(s) sens de la modération.

1. Aurelian Craiutu, dans son ouvrage déjà cité *A Virtue for Courageous Minds*..., relève que Mme de Staël, connue pour son combat politique pour un gouvernement modéré, était d'une grande excentricité...

De la modération radicale

The Radical Moderate's Guide to Life. Ce site se découvre, un peu par hasard, dans les arcanes du Web. L'intitulé intrigue. Que peut-être une modération *radicale* ? La page d'accueil explique ce qu'elle n'est pas : ni un plaidoyer pour le compromis et l'évitement des conflits ; ni un point de vue relativiste ; ni une approche valable pour n'importe quel problème social. La page explique ensuite ce que veut dire *radical moderation*. Comme l'indique l'*Oxford English Dictionary*, c'est l'évitement des extrêmes, dans son comportement comme dans ses idées politiques. Définition insuffisante car, nous dit-on, elle ignore sa fonction principielle : *la modération radicale est la façon la plus défendable de vivre nos vies*. Extraits :

> « Les affaires humaines sont nécessairement complexes, diverses et contingentes. Cette complexité signifie que les solutions simples ne fonctionnent pas. Les personnes immodérées, elles, recherchent des solutions simples et uniformes aux problèmes complexes. »
> « Le refus de reconnaître l'existence de compromis est la principale raison d'une grande partie de la démesure que nous constatons dans la vie quotidienne des Américains. »

L'animatrice de ce weblog s'appelle Lauren Hall. Elle est professeur de science politique au Rochester Institute of Technology College of Liberal Arts, à Rochester, dans l'État de New York. Son travail d'universitaire, dit-elle, est de comprendre « comment penser, formuler et défendre le principe de modération dans un monde immodéré et sans principes ». Son site est récent (2020), assorti de nombreuses et belles photographies ; les billets sont rédigés dans un style simple ; le lecteur, tutoyé, y est fréquemment interpellé. Quels principes structurent cette approche de « modération radicale » ? *Un état d'esprit d'humilité*, d'abord : « Nous reconnaissons », écrit Lauren Hall, « que nous avons parfois (souvent !) des données incomplètes, une faible expérience, ou plus simplement : un manque d'omniscience. Attendons-nous à nous tromper. Beaucoup ! » Puis *la conviction* que les collectifs peuvent prospérer grâce à cette modération (ou, à l'inverse, en être empêchés). Enfin, *l'accent mis sur la civilité*, non parce que tous les points de vue méritent d'être traités de manière égale, « mais parce que ces points de vue sont défendus par des êtres humains ». Le fait d'être incivil, dit-elle, « s'accompagne souvent de la conviction que sa position est absolument juste. En tant que modérés radicaux, nous encourageons l'humilité, qui peut et doit encourager la civilité par extension. L'incivilité détruit le dialogue, détruit la diversité des points de vue et se prête à des groupes cloisonnés où la démesure peut prospérer ».

Le texte poursuit ainsi :

> Si nous pouvons résumer en quelques mots la modération radicale [...], ces mots seraient : l'humilité, le respect de la complexité, la valorisation de la diversité, l'engagement envers les collectifs, la courtoisie, l'importance des compromis, et, *in fine*, un profond respect pour l'être humain. Ce sont là nos points de départ pour penser le monde.

On conviendra qu'ils sont solides. Être *radicalement modéré*, en ces temps d'outrance ordinaire, d'exaspération sociale et de chaos du monde, est une nécessité.

Table

PARCOURS 2

Le juste milieu

Table

PARCOURS 3

De la modération en tout

Composition et mise en pages
Nord Compo à Villeneuve-d'Ascq

PEFC
10-31-3532
Certifié PEFC
Ce produit est issu de forêts gérées durablement, de sources recyclées et contrôlées
www.pefc-france.org

Imprimé en France sur papiers
issus de forêts gérées durablement

Sepec Numérique

1, rue de Prony - ZA des Bruyères
01960 Peronnas

IMPRIM'VERT®

Achevé d'imprimer en janvier 2025
Numéro d'impression : N17932241157